天边已发亮

TIAN BIAN YI FA LIANG

麦修 著

中国农业大学出版社
·北京·

内容简介

本书主要讲述的是人类的文字史。它以人类古代文明的发源地为线索，概要地讲述了古埃及的象形文字、两河流域的楔形文字、腓尼基人的腓尼基字母、古希腊人的线形文字和希腊字母、古罗马人的拉丁字母、阿拉伯半岛的阿拉伯字母、印度河流域的印度河文字、古代中国的甲骨文、日本文字、朝鲜文字以及中美洲的玛雅文字的发展历程。还讲述了几种古文字在从历史舞台上消失、湮没之后重又被发现、被释读的一些故事。同时，还讲述了人类用其他工具和载体来记录人类生活和情感的方法，如结绳记事、音乐等。

图书在版编目(CIP)数据

天边已发亮/麦修著. —北京：中国农业大学出版社，2011.5
ISBN 978-7-5655-0263-7

Ⅰ.①天… Ⅱ.①麦… Ⅲ.①世界史：古代史：文化史-普及读物
Ⅳ.①K12-49

中国版本图书馆 CIP 数据核字(2011)第 075862 号

书　名　天边已发亮
作　者　麦　修　著

策划编辑　汪春林　　**责任编辑**　童　云　何志勇
装帧设计　张一弛　　**责任校对**　陈　莹　王晓凤
出版发行　中国农业大学出版社
社　　址　北京市海淀区圆明园西路 2 号　　**邮政编码**　100193
电　　话　发行部 010-62731190，2620　　读者服务部 010-62732336
编辑部 010-62732617，2618　　出　版　部 010-62733440
网　　址　http://www.cau.edu.cn/caup　　**E-mail** cbsszs @ cau.edu.cn
经　　销　新华书店
印　　刷　涿州市星河印刷有限公司
版　　次　2011 年 5 月第 1 版　　2012 年 4 月第 2 次印刷
规　　格　787×1 092　　16 开本　　25.75 印张　　350 千字
印　　数　2 001～4 000
定　　价　48.00 元

图书如有质量问题本社发行部负责调换

目　　录

历史与人生
（代序）

历史是个值得玩味的东西。

人类的历史更是绚丽多彩、扑朔迷离，它充满了刺激、悬疑、辉煌、磨难，也充满了智慧、好奇、斗争、杀戮。人类的历史是一部宏大的、可歌可泣也可悲可叹的故事集。

人类历史里面有好多好玩的事情，那些蛛丝马迹、那些蹊跷牵绊、那些意外发现、那些乱世英雄都是一个个的好故事、一出出的好戏。

探索历史也是个好玩的事情，事件、故事、人性、心境都在其中。一个人要活得有意义，其实很简单，只要把人类的历史琢磨透了、看透了，这人生就足够了。把人类的历史琢磨透了、看透了，人生的真谛也就尽在你手中。

是的，为了让人生更有意义，就多多地来探索历史吧！尤其是人类历史！

好了，言归正传，还是开始说本书要说的事情吧。

本书主要讲述的是人类的文字史。它以人类古代文明的发源地为线索，概要地讲述了下面这几种文字的发展历程：古埃及的象形文字、两河流域的楔形文字、腓尼基人的腓尼基字母、古希腊人的线形文字和希腊字母、古罗马人的拉丁字母、阿拉伯半岛的阿拉伯字母、印度河流域的印度河文字、古代中国的甲骨文、日本文字、朝鲜文字以及中美洲的玛雅文字。

书中还讲述了几种古文字在从历史舞台上消失、湮没之后重又被发现、被释读的一些故事，如：法国士兵发现罗塞塔石碑的故事、商博良等一些学者释读古埃及象形文字的故事、罗林森等一些学者释读楔形文字的故事以及中国学者王懿荣等发现并释读甲骨文的故事。

书中还讲述了人类用其他工具和载体来记录人类生活和情感的方法，如结绳记事、音乐等。

当然，书中还讲述了人类自身的发展历程。

书中所讲的内容可能会有一些不准确甚至错误的地方，非常欢迎读者批判指正。

跟随心中的英雄

1. 乱世出英雄

事情还要从公元18世纪末的法国说起。

这段岁月里，正是法国大革命时期，社会急剧动荡，政治舞台上的人物像是走马灯一样，你上我下，人鬼不分。

公元1789年7月14日，巴黎人民起义，攻打巴士底狱。这一天标志着法国大革命的爆发，也可以说是小民暴动成功。

公元1793年1月21日，国民公会经过审判以叛国罪判处国王路易十六死刑，路易十六被送上了断头台。此事可悲可叹。可悲的是，这个断头台正是喜欢摆弄锁具的路易十六自己为了提高砍头效率而精心设计的，自己的脑袋被自己设计的断头台砍了下来，可悲；可叹的是，国王获斩的罪名是叛国，这就像后来的一个党的总书记要分裂这个党一样，怎么听起来都觉得别扭，可叹。

公元1794年7月27日，激进的革命党雅各宾派又被热月党人推翻，雅各宾派领袖罗伯斯庇尔当天也被送上了断头台，革命党人被革命。

与此同时，法国的保皇党还在四处作乱，随时准备复辟旧王朝；而欧洲各国的封建王朝眼见邻国的小民暴动翻天，杀了国王，又自相残杀，自然寝食不安，于是组成了反法同盟，在法国周边的战场上同法国军队进行着殊死的较量。

就在这急剧动荡不安之际，法国的军事、政治舞台上出现了一位身材矮小的年轻军官的身影。这位年轻的军官就是拿破仑•波拿巴。

拿破仑，公元1769年出生于科西嘉岛阿雅克修城一个没落的意大利贵族世家。就在拿破仑出生的这一年，科西嘉岛被热那亚人出卖而成为了法国的一个省。9岁的时候，拿破仑被父亲送到法国布里埃纳军校接受教育，几年之后，拿破仑又以优异的成绩进入巴黎军官学校学习。这段时期，正是法国大革命爆发的前夕，社会上各种思潮泛滥。在学校及随部队驻防各地期间，拿破仑阅读了大量的启蒙思想家的著作，对旧有的王权政治产生了怀疑，也逐渐树立起了“生当作人杰”的信念。公元1789年，法国爆发了大革命，拿破仑认为出人头地的机会来了，趁机回到了科西嘉岛，企图发动科西嘉的独立运动，但没有成功，于是他又偷偷潜回法国，继续他的军人生涯。公元1793年，在一次带兵攻打保皇党城堡的战役中，拿破仑因为带兵出色而受到重视，被提升为旅长。公元1795年，拿破仑带兵在巴黎成功平定了保皇党的一次叛乱，因而一夜成名，被当时法国的督政府任命为法国陆军少将兼巴黎卫戍司令。拿破仑终于跳上了舞台，开始在军界和政界崭露头角。

公元1796年，拿破仑又被督政府任命为法兰西共和国意大利方面军总司令，其任务是赶赴意大利战场，同反法同盟军作战。接到任命后，拿破仑闪电般地和巴黎交际场上的名花约瑟芬完婚，婚后即开赴意大利战场。在接下来的战斗中，这个年轻气盛的司令官，在战场上大胜神圣罗马帝国与普鲁士、萨丁、英国、荷兰和西班牙组成的第一次反法同盟，迫使这个同盟投降议和。拿破仑凯旋而归，成了法国人心目中的英雄，其名望堪比当年的恺撒。

然而，事情开始变得微妙起来。掌握政权的督政府对拿破仑不放心了，他们不能容忍一个既年轻又有才华又锋芒毕露的军队指挥官脱颖而出而且名望震天，他们感到了一丝威胁，戒心与嫉妒心逐渐产生，于是他们策划要让拿破仑远离巴黎，远离这个权力中心。公元1798年4月12日，拿破仑又被任命为法兰西共和国埃及方面军总司令并被指令迅速率兵攻打埃及。督政府希望此举可以两得，既让拿破仑远离法国，又可以让这位能干的军人率领部队染指北非及亚洲等地，从而对英国在亚洲的殖民地构成威胁。

拿破仑是个很聪明的军事指挥家，他不光知道如何使用大炮、如何调动军舰，他还知道如何带兵、如何使用恰当的战略战术。所以在短短的几年里，他就从一个默默无闻的下级军官一跃而为法国陆军少将兼巴黎卫戍司令，后来又被任命为意大利方面军总司令、埃及方面军总司令。

拿破仑还是个很有心计的野心家，他不光有知识、有才华、年轻气盛，而且他也有城府、有抱负、目光远大。当他得知自己又被任命为埃及方面军的总司令后，他并没有头脑发胀、不可一世，也没有忿忿不平、牢骚满腹，而是看清了这个任命背后的玄机并开始策划自己的前程。

拿破仑知道，埃及是个既古老又神秘的国家，那里有数不清的历史遗迹，有数不清的王陵和金字塔，有漂亮如画般但却没有人能读懂的象形文字，还有像埃及艳后一样美丽的东方美女。拿破仑想到了恺撒，想到了安东尼，想到了那个叫克丽奥佩特拉的埃及艳后，想到了1 800多年前这三人的尔虞我诈、意乱情迷。拿破仑知道，要征服这样一个地方，光靠武力是不行的，武力只能征服一时但不能长久，而要想长久地占领一个地方，让那里的民众臣服于你、朝贡于你，且心服口服、相安无事，恐怕还要靠另外一种力量，这种力量就是文化的力量，只有文化的力量才能将人彻底地征服。

在离开巴黎远赴埃及前的一天，拿破仑来到了法兰西学院。法兰西学院是法国的最高学术研究机构，其前身是公元17、18世纪以来成立的一些皇家学术机构，后在法国大革命时期被迫中止活动，后来又重新筹措开设并归总为法兰西学院，将几乎全法国的科学家、艺术家、工程师们都纳入其旗下进行科学研究和艺术创作活动。靠着自己在战场上的成绩，靠着自己的盛名，这天，拿破仑将巴黎所有的科学家、艺术家、工程师们都召集到了法兰西学院，向他们进行鼓动，鼓动他们随他一起到埃及去。当时，身为法兰西英雄的拿破仑来到法兰西学院的大厅，站在讲台上，面对台下一大片法国社会的精英们侃侃而谈。他一手舞动着拳头，一手敲打着讲坛，两片嘴唇上下翻飞，向台下面的知识分子们鼓动着，鼓动他们到最艰苦的地方去锻炼。拿破仑是个出色的演说家，很多知识分子被这个小个子的热情讲话打动了，当即表示愿意随他前往埃及，前往这个古老的国度去探寻人类的文化遗迹。

就这样，当拿破仑率领他的大军整装待发时，他的麾下不但有战舰400余艘、军队近5万人，居然还有法兰西学院的天文学家、数学家、化学家、矿物学家、东方学家、画家、诗人、文学家、技术人员等200余人。拿破仑的大军真可谓文武兼备。

就在拿破仑的舰队即将出发前往埃及之际，拿破仑派人放出风来，佯称是要绕道直布罗陀海峡去攻击英国。游弋在地中海内的英军舰队得到这一情报，便迅速将舰队主力调往直布罗陀海峡，地中海内便空水无帆、任尔游荡了。这是一出小小的调虎离山计，这样的小把戏对拿破仑来说已经是谙熟于心、游刃有余了，而上当受骗的则是英国号称“皇家海军之魂”的海军少将、独臂独眼将军霍拉肖•纳尔逊。

公元1798年5月19日的凌晨，拿破仑在完成调虎离山之后，即挥师东下。庞大的舰队横跨地中海，目标直指埃及。

拿破仑希望借助在埃及的新胜利来实现自己更大的理想。

2. 剑指东方

这是一个极黑的夜，没有星，也没有月。拿破仑舰队的几百艘战舰都静静地蛰伏在法国南部的土伦港内。

凌晨时分，当天水交际处开始出现极微弱的些许亮光时，战舰开始缓缓移动，一艘接着一艘悄悄地驶出了土伦港，驶向300海里之外的马耳他，驶向600海里之外的克里特岛。但这个舰队的最终目标是900海里之外的埃及亚历山大城。

庞大的舰队启航了。400艘战舰，载着5万余人浩浩荡荡地、但又鬼鬼祟祟地启程了。舰队估计要在地中海内航行一个多月的时间，而且沿途还要有一些舰船分别从科西嘉、热亚那等地加入到这个庞大的舰队中来。

庞大的舰队启航了。拿破仑始终站在旗舰“东方号”的指挥舱里，目光深邃地望着前方仍然漆黑一片、不见尽头的海水。许久许久，他踱步走到航海日志的写字台前，翻开航海日志的第一页，用鹅毛笔在上面写下了这样的话：

欧洲已经不重要了，一切都成了破铜烂铁。过去的光荣已经结束，这个小欧洲已不复留恋。我们非去埃及不可，我们要到亚历山大去，未来的光荣历史都将在那里写下。

写完这些话，将鹅毛笔扔到一边，拿破仑才稍微有些心满意足地回到了他的卧舱。航程还远着呢，来日也方长，应该好好地睡一觉，但拿破仑倒在床上，怎么也睡不着，这几年的奋斗经历，他心底出人头地的宏伟计划，督政府的出尔反尔反复无常阴阳两面，此时此刻都一下子浮现在脑海里了，他在琢磨着自己的未来，盘算着自己的前程，也在衡量着这次远征东方的利弊得失……

拿破仑是个精明的军事指挥家，也是个有远大抱负的野心家，他的出现对整个世界的历史都产生了重大的影响，后世对他的评价也褒贬不一。远征埃及是拿破仑一生中几次重大军事行动中的一次，但这次的军事行动，就连拿破仑自己都对它真正的目的意义没有彻底搞清楚，难怪他躺在床上睡不着觉。是啊，这里面有什么玄机呢？该如何利用它呢？拿破仑苦思冥想。

历史上的事情往往是很难说得十分准确的，只能是尽可能地向真相去靠拢。此时我们这些后人，也只有趁着舰队在黑夜中潜行的当口，来分析一下拿破仑远征埃及的原因吧。

拿破仑为什么要远征埃及呢？这其中的目的意义到底是什么？我们尝试着从下面几个方面来探讨。

（1）资产阶级政治上的反动性使然

这一点可能是拿破仑及督政府最不能意识到的一点。刚刚掌握政权的法国资产阶级督政府从一登上历史舞台开始，就显示出来它的历史局限性和政治反动性。尽管资产阶级是由于启蒙思想而萌生出自由、民主意识的，但一旦它自己掌握政权之后，便暴露出侵略扩张的念头，而对侵略扩张必然会对他人的自由和民主进行剥夺这一点却全然不顾了。拿破仑是资产阶级的一个代表人物，他虽然具有一定的自由民主意识，但他头脑中更多的还是王权意识。他的王权意识和封建王朝的王权意识所不同的地方只不过是这种王权已不是世袭永远、神授不可侵犯，而是“你方唱罢我登场”而已。在这种王权意识的支配下，什么民主、什么自由、什么博爱，统统都抛到九霄云外了，只要对我有利，即是可为。所以，对外侵略扩张即是法国这个新生的资产阶级政府的一大任务。埃及的土地、粮食、牲畜、珍宝甚至文物、古迹都是法国需要的。埃及是一块东方的肥肉，靠军事力量夺取之、享用之，理所应当。几年前刚刚被法国资产阶级政府发布的《人权与公民权宣言》此时已完全被拿破仑和督政府抛到了脑后。去他妈的吧，什么人权，什么公民权，此时，我们只认强权。

（2）军事上的斟酌思量

公元1796年拿破仑在意大利大胜第一次反法同盟后刚刚凯旋回巴黎，督政府即命令拿破仑准备攻打不列颠群岛。拿破仑热情饱满地接受了任务，并到英吉利海峡沿岸视察，同时对由一位叫霍奇的法国将军所拟订的攻击不列颠群岛的计划进行了研究。但拿破仑对这个计划研究得越多，他越不喜欢这个计划，他认为霍奇计划是个极为冒险、胜算不多的计划，或者说是个没有智慧的计划。拿破仑认为，英国在英吉利海峡部署了强大的海军，法国海军是敌不过英国的，硬拼之下，必定惨败，所以应该想个法子将英国的海军调离欧洲水域，然后再翻过头来攻击不列颠群岛。拿破仑将他的想法向督政府进行了汇报，但督政府的执政者们却对拿破仑的观点嗤之以鼻，反而认为拿破仑胆小无能。于是，拿破仑提出了他自己的详细计划。他认为，如果先攻打埃及，可能会好一些，埃及也是英国觊觎已久的地方，法国若攻打埃及，英国必然会干涉，这样可以把英国的海上舰队调往东方，远离英吉利海峡，待英国的舰队主力离开英吉利海峡后，法国再乘虚攻打不列颠群岛，岂不更好。督政府被拿破仑说动了，遂开始筹划攻击埃及。所以可以说，远征埃及其实是督政府和拿破仑共同谋划的一次侵略行动。

（3）商业上的考虑

拿破仑之所以要选择埃及作为攻击对象，还有一个原因就是，埃及是英国与印度之间商贸往来的必经路线，控制了埃及，便阻断了英国发财致富的一条路。拿破仑还提出，征服埃及后，法国还可以进而去征服印度，而印度是英国的物资、财富的发源地，若能进而控制了印度，也就彻底挡住了英国的财路，这将是对英国的一个沉重打击。督政府在听了拿破仑的种种陈述后，也认为攻打埃及于英国的商业贸易是个阻碍，所以这一条也算是督政府同意拿破仑远征计划的一个原因。

（4）远离巴黎政治中心

拿破仑可能还有一个心结，即想通过在远方的军事行动来远离巴黎这个权力中心。他清楚，督政府的那些官老爷执政官们自己什么都不干，整天吃喝玩乐、歌舞升平，不是权力场上斗狠，就是交际场里调情，对别人还指手画脚、颐指气使。拿破仑通过在意大利的军事胜利这件事感到，若要有一番作为，必须远离巴黎这个政治中心。将在外，一切随心所欲，胜利之后再和当权者理论。否则，听督政府的指手画脚，什么事也做不成。当然，督政府其实也很想让这个年轻气盛的军官远离巴黎，因为他们已经感觉到，这个年轻的军官日后很有可能会成为他们的掘墓人。双方都在盘算，双方都有远离对方的心愿，所以远征埃及也就势在必行了。

（5）跟随心中的英雄

英雄情结恐怕是拿破仑远征的最重要的一条原因。看看他在航海日志上所写下的文字便可知晓。但谁是拿破仑心中的英雄呢？恺撒当然是一个。在意大利，拿破仑已经当了一回恺撒，但更重要的一位显然是亚历山大。拿破仑从心底里崇拜亚历山大，他要远征埃及，他要重走2 100多年前亚历山大的路线，重温亚历山大帝国的美梦。

亚历山大大帝，古代马其顿国王，世界古代史上著名的军事家和政治家，曾师从古希腊著名学者亚里士多德，18岁随父出征，20岁继承王位。他足智多谋，在担任马其顿国王的短短13年中，以其雄才大略，东征西讨，先是确立了在全希腊的统治地位，后又灭亡了波斯帝国，继而在横跨欧、亚的辽阔土地上，建立起了一个西起希腊、马其顿，东到印度恒河流域，南临尼罗河第一瀑布，北至药杀水的以巴比伦为首都的庞大帝国，促进了东西方文化的交流和经济的发展，对人类社会的进展产生了重大的影响，创下了前无古人的辉煌业绩。亚历山大每征服一地，便要以他的名字命名一座城市，而埃及的亚历山大城便是这其中最大的一座城市。在亚历山大统治期间，埃及的亚历山大城居然建造了世界上第一座图书馆，图书馆内收藏了埃及的大量古代文献和文物。单从这一点来看，亚历山大就不单单是一个军事家，他还是一个政治家、野心家。

当然，拿破仑崇拜亚历山大恐怕还有另外一个原因，那就是，据说在亚历山大多年的军事征战中，他没有打过一场败仗，是一个不折不扣的百战百胜将军。拿破仑自诩为亚历山大和恺撒，他也要做一个百战百胜的将军。

（6）对埃及和东方文化的好奇与探索

这一点也是拿破仑远征埃及的一个重要原因。从拿破仑离开巴黎之前的所作所为可以看出，当军务紧急且又需要保密的情况下，拿破仑居然跑到法兰西学院去讲演，鼓动那些文人们随他一起前往埃及。难道他不怕泄露军情吗？显然，对埃及古文明的好奇压倒了一切。从拿破仑纠集一群社会精英共同前往埃及的做法中，也可看出，拿破仑不光是一介武夫，他还是一个文化爱好者，一个有长远头脑的军事指挥官，一个有野心、有雄才大略的政治家。

传说，当拿破仑的大军打到了埃及后，拿破仑曾经一个人潜到了胡夫金字塔中呆了一整夜。第二天，他从大金字塔中出来时脸色苍白、失魂落魄，别人问起他这一夜看得到了什么，他摇头晃脑、语焉不详，所以没人知道他看见了什么。但无论他看到了什么，拿破仑对埃及文化的好奇与崇拜可见一斑。

综合以上几点，大致可以分析出拿破仑远征埃及的动机和目的。但无论如何，不可否认的是，拿破仑远征埃及是一场侵略战争。而这一场侵略战争产生的副产品竟是向全世界拉开了探索古代埃及文明的大幕。

3. 游弋地中海

公元1798年6月9日，拿破仑的舰队在地中海内航行了大约20天后，到达了马耳他。这是一个在地中海内很小的一个岛国，岛上的居民只有3万人，而负责守卫该岛的军队则是一些懒散的所谓“圣约翰骑士团”宗教军事力量。

这天早上，当岛上的军民突然发现水里已是樯帆如林的法国舰队时，哪里还有抵抗的心思，乖乖地投降了事，拿破仑几乎不费吹灰之力就占领了马耳他。拿破仑的舰队在马耳他逗留了10天。10天内，拿破仑改组了当地政府，废除了“圣约翰骑士团”，宣布该岛为法兰西共和国的一部分，并为庞大的舰队补充了给养，留下4 000名法军据守该岛，以保证地中海的法军航线畅通无阻。然后，于6月19日，离开马耳他岛，奔克里特岛而去。

前面提到，拿破仑曾用调虎离山的计划将英国海军独臂独眼少将纳尔逊的舰队从地中海内诓骗到了直布罗陀海峡，从而大摇大摆地横渡地中海。那个曾经一直聪明的纳尔逊少将火急火燎地赶到直布罗陀海峡后等了好长时间，也不见拿破仑的踪影，这才醒悟过来：哦！原来是上当了！纳尔逊率领他的舰队迅速返航地中海，希望在地中海内搜寻到拿破仑的舰队，并一举将其歼灭。两只庞大的舰队曾在地中海内擦肩而过，距离之近，以至于法国舰队都可以听到英国舰队上的信号枪的枪声。这样的距离若是在晴朗的白天靠肉眼都可以互视到的，然而，那天大雾，又是黑夜，所以英国舰队功亏一篑，竟从法国舰队的侧旁插了过去。6月22日，纳尔逊得到情报，称拿破仑的舰队已经攻陷马耳他，并于6月16日离开马耳他岛向东而去。这是一则时间有误的情报，而真实情况是，拿破仑的舰队是6月19日才离开马耳他。纳尔逊根据这个有误情报认定，拿破仑的目标必定是埃及的亚历山大城。于是，纳尔逊率领他的舰队朝亚历山大城扑去。

拿破仑的舰队并没有从马耳他直接奔向埃及的亚历山大城，而是先到达了克里特岛。到达克里特后，却没有登陆，而是从克里特南岸驶过，继而才转向东南方向。拿破仑的这个举动，既有航线上的考虑，也有施放烟幕、掩人耳目的效果。

连续多日的航行后，终于亚历山大城就在前方了，拿破仑在“东方号”旗舰上又睡不着了。他的脑海里又浮现出了恺撒、安东尼、埃及艳后，浮现出了金字塔下美丽的东方少女，浮现出了那神秘、古怪的象形文字。是啊，那个地方太让人向往了！

然而，拿破仑的脑海里想得更多的却是亚历山大，但不是亚历山大这个城市，而是以他的名字命名这个城市的那个人——亚历山大。

拿破仑心中的真正英雄其实就是这个人。

那好，就趁着拿破仑在黑夜中驶向亚历山大城、他心中在默想亚历山大的当口，我们来说说亚历山大吧。

4. 亚历山大

亚历山大，公元前356年出生在当时的马其顿王国一个显赫家庭里。

在东方，这个年代正是中国的战国时期，中国的一位大思想家、哲学家，整天念叨“民贵君轻”的孟子几乎就是这个时代的人。而后来的那个几乎和亚历山大同样声名远扬、同样战功辉煌的秦始皇则要比亚历山大晚出生了大约100年。

马其顿是希腊半岛东北部的一个王国，自从公元前7世纪建国以后，300多年间马其顿王国在希腊诸国中一直默默无闻。公元前359年，腓力二世继位。腓力二世是个野心家，不甘心自己的国家总是低人一头，他要统治整个希腊地区，甚至于小亚细亚。于是，他对马其顿军队进行了一场革命性的改造，将传统的民兵变成了国家供给的职业军队，并研究战术，使步兵和骑兵能最有效地发挥作用，这样马其顿开始强大起来。

说亚历山大出生在一个显赫家庭里一点都不假，因为其父就是马其顿的国王腓力二世，号称是希腊神话中半人半神海格立斯的后代。其母奥林匹娅也不简单，号称是希腊神话中半人半神阿喀琉斯的后代，但这个母亲却是个个性古怪、既专横又神秘的女人，对丈夫横眉冷对，对旁人也是剑拔弩张，唯独对自己的儿子却非常爱护，相信自己的儿子将来一定会成为一个比她丈夫还要有本事的人。亚历山大由这两个半神半人的后代所生，其人也可想而知了，定是神力在身。日后亚历山大所创建的丰功伟绩，似乎也说明了这一点。

亚历山大小的时候，老国王腓力二世就聘请了当时希腊最著名的哲学家亚里士多德来做他的家教。亚里士多德对亚历山大进行了完整系统的训练，其中包括文学、数学、医学、哲学和音乐，训练的目的绝不是为了高考应试，而是为了将来真的有用。亚历山大仗着自己天资聪慧，又勤奋好学，对这些课程自然心领神会、融会贯通。但除去这些之外，亚历山大对马术和驯马好像更加偏爱，这可能是受了父亲潜移默化的影响。据传说，当然这只是一个传说，多半是后人演绎的故事，在亚历山大12岁的时候，一次，他偶然看见一些人正在驯服一匹马，但是这匹马倔强得很，无论如何都不听人指挥，只要人一靠近，便会前仰后蹶、四蹄腾空；亚历山大凝神看了好一会儿，心中逐渐升起了一股神秘的力量，他上前劝退众人，自己只身走近烈马，对着烈马的耳朵轻言数语，那马便登时安静了下来，乖乖地听从亚历山大的调教了；众人被这一幕惊呆了，自然称亚历山大为神童；老国王听到这件事后，也很高兴，开始对自己的这个儿子更加重视，他对亚历山大说："我的儿子，马其顿这个地方对于你来说太小了。你应该有一个与你相称的王国啊！"

父亲的权势，母亲的呵护，老师的智慧，加上个人的天赋，使得亚历山大在少年时代迅速成长起来，他比别的少年都显得成熟和智慧，尤其是通过驯马这个似真似假的故事，可以看出或者暗示出亚历山大具有不同寻常的沟通能力与驾驭能力。

公元前340年，腓力二世领兵出战拜占庭城邦，16岁的亚历山大留守国中并代父统治马其顿。这期间，马其顿北部爆发起义，亚历山大毫不留情，果断率兵平定了叛乱，并在那里建立了城市。

公元前338年，18岁的亚历山大又在"切罗尼埃战役"中指挥马其顿军队的左翼，消灭了底比斯城邦的精锐部队，为腓力二世成立"科林斯同盟"铺平了道路。而这个所谓科林斯同盟，就是腓力二世在公元前338年末至337年初创建的一个希腊城邦同盟，其目的在于联合整个希腊世界的军事力量以便与波斯国进行较量。因这个同盟定期要召开代表大会，大会地点定在科林斯城邦，所以，这个同盟就称为"科林斯同盟"。这个同盟的条款中规定，腓力二世是同盟军的最高统帅，且可以在科林斯、底比斯等城邦驻军，可见，这个同盟对于腓力二世有着多么重大的意义。而亚历山大在这个事件中战功卓著，日后接班老国王腓力二世，自然也是顺理成章的事情了。

然而，事情却突然有了变化。老国王腓力二世赢了战争，成立了科林斯同盟，便开始腐败起来了，他看中了马其顿一个贵族阿塔鲁斯的漂亮侄女克丽奥佩特拉。这个小侄女到底有多漂亮，现在已没有照片或画像可考，但光从名字上看，就知道一定是个美人了——因为200多年后的那个大名鼎鼎的埃及艳后也叫这个名字。

老国王娶小老婆还不算，竟然抛弃了原妻，和亚历山大的母亲奥林匹娅离婚了。亚历山大对此自然愤怒不已。这天，在老国王和小侄女的婚礼上，歌舞升平，酒过数巡，贵族阿塔鲁斯更是兴高采烈，因为，他从此攀上了一门权贵。醉醺醺地，阿塔鲁斯向腓力二世献媚道："看，我那侄女克丽奥佩特拉多漂亮啊，将来你们的孩子一定也是人间之神，定能继承您的大业！"

亚历山大本来就不爽，闻得此话，更是怒火中烧：妈的，人还没出生呢，就已经骑到我脖子上了。他向阿塔鲁斯怒吼道："你这个马屁精，拍马屁也不看看场合，我还在这呢！难道我是丫头养的吗？"随着怒吼，手中的酒杯像弹丸般砸向阿塔鲁斯。

老国王见亚历山大无礼，竟然在自己的婚礼上用酒杯怒砸老丈叔，于是宝剑出鞘，跳上一张桌子，要对儿子动武。然而，老国王毕竟老了，又因迎娶新娘喝了许多酒，竟然重重地从桌子上摔了下去。

亚历山大没有去扶父王，而是咧咧嘴，忿忿地转身离去。

就这样，亚历山大和他母亲都被老国王腓力二世驱逐了，驱逐到马其顿西部一个叫伊庇鲁斯的地方。但毕竟亚历山大是老国王从小聘请亚里士多德悉心培养的儿子，加上亚历山大也确实显现出了不同于常人的既聪慧又勇猛的品性，不久，老国王就将亚历山大召回了马其顿。

次年，即公元前336年，腓力二世在为自己的女儿举行婚礼时被一名皇家保镖刺杀身亡。而刺杀的原因和幕后指使至今也没有得到历史学家的一致认可。有人认为是亚历山大的母亲奥林匹娅在幕后策划的这个行动，因为据说凶手与奥林匹娅的流放地伊庇鲁斯有着某些关系，而且奥林匹娅在前夫遇刺后也曾公开表示过高兴。也有人认为，凶手是受波斯国王大流士三世的指使。而亚历山大自然坚持后一种观点，一则他不可能承认自己的母亲指使别人刺杀自己的父亲，二则这也就成为他日后向波斯进攻的一个绝佳的理由了。

公元前336年，亚历山大继位为马其顿的新国王，这年他整整20岁。

即位后的亚历山大，在王位上统治了13年。在这短短的13年中，他大概做了三件事。

第一件事就是在内部清除自己的政敌。几个同样有继位权的同父异母兄弟被处死，那个善于阿谀奉承的阿塔鲁斯也被杀掉；母亲奥林匹娅也借着儿子的权势，将那个腓力二世的小老婆克丽奥佩特拉以及她那刚出生不久的儿子也杀掉了。做这件事，亚历山大花了很短的时间。

年纪轻轻的亚历山大，在刚刚掌握政权之时，就连连出手，既快又狠，毫无情面，终于靠血腥屠戮强化了自己的地位。这些权谋手段难道都是那个大哲学家亚里士多德教出来的吗？还是亚历山大天生神赋就有的？无论如何，如此看来，历史上任何君王若要成就一番大业或要维护自己的统治都少不得血腥开路啊！

第二件事就是继续维护和强化老国王确立的科林斯同盟。老国王腓力二世被刺身亡后，原先被迫与腓力二世结盟的雅典和底比斯都把这一事件看作是重新赢得独立的机会，纷纷开始反抗马其顿，并组成了一个反马其顿联盟。亚历山大靠着年轻气盛，根本不把这些心口不一、喜欢耍两面派的城邦放在眼里，他指挥马其顿的军队，开始对这些城邦一一征讨。亚历山大用兵神速，还没有容得那些城邦做准备，他已经率兵到了城下，特萨利、色雷斯、斯巴达、底比斯等城邦在短短的时间里就被纷纷打败，希腊城邦中最强大的雅典见大势已去，只好向马其顿投降。就这样，亚历山大重新登上老国王腓力二世以前的霸主地位，统领希腊各城邦。做这件事，亚历山大花的时间也不多

第三件事就是向东方的远征了。这件事几乎占据了他全部的统治时间。

5. 军事达人

远征东方。

这是亚历山大短暂一生中最为辉煌的一段生涯，也是人类史上最为著名的一段战争历史。

古希腊各城邦与古波斯帝国的敌对大约从公元前6世纪就开始了。这里所说的古波斯帝国是指大约从公元前6世纪开始到被亚历山大征服这段历史，前前后后大约经历了200年。古波斯帝国的中心位于西亚，是一个奴隶制国家，它是通过不断征伐而发展起来的大帝国，到了大流士统治时期，即公元前522年至公元前486年，古波斯帝国开始走向辉煌，一方面，它大肆进行军事征服，建立了一个东起印度河流域，西抵小亚细亚，北至欧洲的色雷斯，南及尼罗河第一瀑布的庞大帝国；另一方面，它在政治上厉行改革，采取了一系列行之有效的措施，使得其在各方面都取得了令人瞩目的成就。所以，它已成为当时世界上第一个横跨欧、亚、非三洲的大帝国。

公元前5世纪初，古波斯帝国开始向希腊各城邦进犯。公元前490年开始了第一次入侵，经过马拉松战役后失败而归。公元前480年开始第二次入侵，经过温泉关陆战、萨拉米湾海战后又失败而归。尽管古波斯帝国对希腊各城邦的入侵均以失败告终，但希腊城邦对古波斯帝国的仇恨却久久挥之不去。尤其是对古波斯帝国火烧雅典卫城及其他被认为是渎神的行为更是铭心刻骨。

马其顿的老国王腓力二世已经看出了这一点，他要利用整个希腊地区对波斯的这种仇恨来消灭波斯帝国。但他还没有达成愿望，自己却被刺杀了。亚历山大即位后，继承老国王的遗志，他要完成老国王的未竟事业。

于是，亚历山大开始了他长达13年的远征东方。

考察这段著名的战争历史，是一件饶有兴味的事情，它可以使我们明白这样一些道理：为什么一个小国家、小民族可以逐渐发展成一个大帝国？为什么一个大帝国在经历了百年辉煌后，往往又会败在一个相对弱小的国度手下？军事上，一个相对弱小的国度如何才能战胜相对强大的国度呢？对于这些问题，亚历山大的东征可能会给我们一个较好的解释。

为了更好地了解亚历山大的东征，我们还是将这个战争故事分成几个阶段来叙述为好。

第一阶段，初征古波斯帝国。这段历史大约在公元前334年至公元前333年，也就是亚历山大继位为马其顿国王的两年后。

以父亲被波斯人刺杀为借口，公元前334年，亚历山大出征小亚细亚。尽管在军队数量上与波斯部队相比，亚历山大是敌众我寡，但亚历山大仍对波斯军队致以一系列的小规模的打击，均取得了胜利。亚历山大初露锋芒即告胜利，这大致有三个因素：一是老国王腓力二世留给他的军队训练有素，因为老国王一心要征服波斯，对军队下过大力气进行整顿，军事上绝对过硬，政治上绝对可靠；二是亚历山大本人有勇有谋，一般情况下不会蛮干，冒险的仗他从来不打；三是亚历山大本人率先垂范、英勇无畏，虽然每场战斗的初期亚历山大是在后方坐镇指挥，但一旦如果部队发动决定性进攻，他则立马身先士卒，所以亚历山大本人屡次受伤，但士兵们看到亚历山大与他们生死与共，则士气倍增，亚历山大的军队在精神上盖过了敌人。

这是亚历山大远征东方的第一个阶段。对于亚历山大的军队来说，这一阶段的战争可以用“初露锋芒”四个字来概括。

第二阶段，由西亚转战北非。这是整个东征决定性的阶段，也是最为激烈、最为斗智斗勇的阶段。时间大致为公元前333年至公元前332年。

在初战波斯之后，亚历山大发现，波斯军队不光数量很多，而且其海军更占有绝对的优势。波斯海军经常出没于地中海沿岸，对希腊和亚历山大的军队发动突袭，这对亚历山大远征计划产生严重困扰。但在当时，希腊各国以及马其顿都还没有足够强大的舰队来应对波斯海军，制海权在波斯人手里。面对此种情况该怎么办呢？

是盲目地匆忙建设一支海军来和波斯抗衡吗？亚历山大审时度势、权衡利弊，决定采取一个笨办法来消灭波斯海军，那就是从陆地上一个个地攻占波斯人所有的港口和海军基地，以使波斯海军成为海里的丧家之犬，让它永远靠不了岸，总在海里漂着，直至力竭而亡。

想法很好，重要的是实施。亚历山大首先率领4万大军攻克了小亚细亚，消灭了驻守在那里为数不多的波斯部队，随后向叙利亚北部挺进。此时，波斯皇帝大流士三世闻知乳臭未干的亚历山大竟率三四万军队远征而来，于是便御驾亲征，并从亚洲腹地征调了十几万大军，企图毕其功于一役，将亚历山大一举消灭。于是，亚历山大东方远征中的一次重要的战役——伊苏斯会战拉开了战幕。此时是公元前333年的秋天。

波斯皇帝大流士三世也是久经沙场、老奸巨猾之辈，他深知虽然波斯军队在数量上占多数，但军队士气、技术本领、思想素质远远不能跟亚历山大的军队比，正面冲撞未必有好结果。于是，大流士三世率十几万的大军竟然悄悄地绕到了亚历山大军的后部，占领了一处叫伊苏斯的地方，切断了亚历山大军队的后方补给线。

大流士三世的举动确实给亚历山大一个不小的震惊。他万没料到一个十几万的军队会不与自己正面交锋，而是绕到了后面。但亚历山大不愧是军事天才，他在听到这个消息后并没有惊慌，而是派出密探，多方打听敌人的情况，最后决定回师迎击波斯军队。

无数历史教科书、军事教科书上都有关于这场伊苏斯战役的详细记载。总之，这场战役非常壮观、非常惨烈，也是战争史上一个以少胜多的经典范例。

伊苏斯之战，亚历山大充分展现了自己的军事天才，他运用操练已久的军事战术，依靠骑兵、弓箭手，使得几倍于己的波斯军一败涂地。

是役，亚历山大军队阵亡450人，受伤4 500人，而波斯军阵亡人数估计在2万以上。是役，亚历山大军队缴获了大量的武器装备和金银财宝。是役，亚历山大俘获了波斯皇帝大流士三世的母亲、王后、两个成年的公主及年仅6岁的王子，而大流士三世本人侥幸逃脱。得胜后的亚历山大很得意，但他没有虐待波斯的这些王室成员，而是将这些王公贵族妥善安置，还给予王室应有的待遇。仅仅观此一举便知，日后亚历山大不称霸便是无道理了。

伊苏斯战役之后，亚历山大并没有去穷追大流士三世，而是按照原先的计划，继续向南逐个征服地中海沿岸的港口。几个月后，岛屿城邦推罗城被攻陷。

拿下推罗之后，亚历山大继续向南，向尼罗河畔的埃及进发。驻扎在埃及的波斯守军听说亚历山大到来，早已闻风丧胆，一箭未发而自动投降。亚历山大在埃及停留了一段时间，以便军队喘息调整，同时在尼罗河河口之处开始建立亚历山大城。

这一年是公元前332年，亚历山大24岁。这一年，在埃及，亚历山大被誉为法老，并被称为太阳神阿蒙之子。

这是亚历山大远征东方的第二个阶段。这一阶段的战争可以用"乾坤颠覆"四个字来概括。

第三阶段，彻底征服波斯。

在埃及修整了一段时间后，亚历山大又率军返回亚洲，北上向波斯的腹地进发，准备和大流士三世作最后的决战。

公元前331年秋，亚历山大在底格里斯河左岸的阿贝拉城附近与波斯军又进行了一场著名的战役。战争双方的力量对比仍然是亚历山大方4万人左右，波斯方20万人左右，但战争的结局却仍然同伊苏斯战役一样，波斯人大败而去，大流士三世再次逃脱。此次战役史称阿贝拉会战。

阿贝拉会战之后，亚历山大顺势攻占了苏萨和波斯波利斯这两座古城，整个西亚地区即将唾手可得。此时，波斯帝国内部又生内讧，大流士三世手下的几个军官眼见这个国王实在无能，又有投降的迹象，这不又是叛国吗，于是乎，三下五除二，将皇帝大流士三世给杀了。皇帝都死了，波斯更是没了战斗力。公元前330年，亚历山大彻底征服波斯。

亚历山大在荒郊野外找到了大流士三世的尸首，并将其运回巴比伦，以国葬规格葬之。至此，亚历山大远征的第三阶段结束，可以用“摧枯拉朽”四个字概括之。

第四阶段，远征阿富汗和印度。

波斯灭亡了，大流士三世成了波斯的亡国之君，亚历山大也基本上完成了父王的遗愿，亚历山大可以衣锦还乡了。但，亚历山大的欲望远远超出了父王腓力二世，波斯只是他远征中的一个里程碑而已，而绝不是终点。亚历山大将目光瞄准了更远的地方。

亚历山大在征服波斯之后，继续挥军进入阿富汗，又从阿富汗穿过兴都库什山脉进入印度，与印度国王波拉斯打了他人生中的最后一仗。波拉斯终于敌不过亚历山大，战败被俘。亚历山大故伎重演，不但释放了波拉斯，而且还让他继续做印度国王。亚历山大的政策很是奏效，尽管波拉斯的两个儿子和一个孙子都在战场上阵亡了，但波拉斯本人却从此对亚历山大敬佩有加、效忠到底。

这是亚历山大远征的第四个阶段，时间大约是从公元前330年至公元前325年。用“功德圆满”四个字来概括应该比较恰当。

亚历山大确实不简单，在短短的10年时间里，他从一个小小的马其顿王国出发，横扫欧亚非大陆，建立了一个其领土要比马其顿领土大出几百倍甚至上千倍的庞大帝国。但毕竟，十年征战，人累马困，军队开始厌战，亚历山大不得不开始西归。在西归的途中，他还派人进行了一系列探险活动，包括查明印度河入海口，寻找波斯湾，并绘制海岸地形图，还想查清里海究竟是海还是湖，等等。

公元前324年，亚历山大回到波斯。这之后，亚历山大用了近一年的时间对他的帝国和军队进行改编，这是一次重大的改革行动，也是亚历山大留给后世的一份重要遗产。其重要性绝不小于其东方远征。

亚历山大从小就被灌输了“希腊民族是唯一真正的开化民族，而所有非希腊民族都是野蛮人”这样的观点。这当然是在整个希腊世界流行的观点，甚至连亚里士多德也有这种看法。然而经过多年的征战，尽管亚历山大彻底打败了波斯军队，灭了波斯帝国，但是他在与波斯人的交往中，在目睹了波斯帝国的灿烂辉煌后，他逐渐认识到波斯人不是野蛮人，他们与希腊人一样具有智慧和才能，一样值得尊敬。因此他逐渐产生了将他的这个庞大帝国充分融合的想法，也就是说，要将波斯人和希腊人充分融合。所谓融合其实就是通婚，亚历山大希望借此可以创造出一个“希腊波斯民族共和王国”。

亚历山大强迫两个民族通婚的行动就如同他的军事行动一样，雷厉风行，说一不二。他将大量的波斯军人混编到希腊人的军队中，同时他还举办了一场人类历史上最大的一次集体婚礼，而且是“东西合璧”的集体婚礼。在这个婚礼上，几千名欧洲士兵同几千名亚洲妇女结为夫妻，亚历山大自己也以身作则，又娶了个波斯贵族的女儿作为他的第n个老婆。亚历山大希望从此西方文明与东方文明连珠合璧，他的这个“希腊波斯民族共和王国”日益昌盛、且人人都是混血儿。

除了人口的改造政策之外，亚历山大还打算继续扩大他的版图，阿拉伯半岛、中亚地区、迦太基、西地中海地区，还有罗马，这些地方都还没有去过呢，他周游世界的计划才刚刚开了个头啊。

公元前323年6月，亚历山大在巴比伦突然病倒，仅10天后就去世了，时年33岁。

亚历山大死得太突然，以至于历史学家们至今还在探讨这个死因到底是什么。

亚历山大死得太突然，以至于没能安排好继承人。据说，亚历山大在弥留之际，只是含含糊糊地说了这样一句话：“让最强者接我的班吧。”

亚历山大死后，他的将领们开始内讧，继而引发内战。内战中，亚历山大的母亲、几个妻子和若干儿子都遭杀身之祸。公元前301年，内战告一段落，亚历山大当年的3位部将将亚历山大开创的帝国一分为三，分别为以埃及为中心的托勒密王国、以叙利亚为中心的塞琉西王国和以马其顿为中心的马其顿王国，亚历山大帝国终于宣告结束。

尽管亚历山大帝国在历史上只存在了很短的时间，但其影响力却不可小视。尤其是由于亚历山大的东方远征，使得以希腊元素为主的文化在小亚细亚、在地中海东岸、在西亚、在北非都大行其道，以至于即便是亚历山大帝国灭亡后，这以希腊元素为主的文化仍然绵延不绝甚至繁衍兴旺达几百年之久，以至于历史学家们不得不给这段历史时期一个特殊的名字——“希腊化时代”。

6. 剖析亚历山大

拿破仑的舰队还在地中海上游荡着，当然绝对不是旅游、钓鱼，而是整装待发却又鬼鬼祟祟地朝着那个既定的目标在前进。那个既定的目标就是亚历山大城。

又是一个黑夜。拿破仑知道，再有几个黑夜过去，目的地就到了。他在船舱里来回地踱着步子，脑子里却始终萦绕着那个名字——亚历山大。

亚历山大死了，死得很突然，死的时候很年轻，但死因却至今不明。现在大多数学者认为是死于中毒，但中何毒，如何中毒都莫衷一是。亚历山大之死是历史上一大悬案、谜案。

亚历山大的一生很短暂，然而，在他短短的一生中，却充满了战绩和辉煌，也充满了是非与功过。后世评论虽众说纷纭，但大部分都充满了演绎和神化的色彩，令后世之人心潮澎湃、心神向往。

是的，这位“神人”不简单，难怪连拿破仑都对他佩服得五体投地。此时，我们就趁着这地中海的夜色，趁着天还没亮，再来剖析一下这位由“半神半人”的父母生下的“神人”吧。

首先，不可置疑的是，亚历山大是一个天才的军事家和军事指挥官。

亚历山大的军事指挥才能几乎可以说是天生的。亚里士多德老师教过他数学、文学、医学、哲学，甚至还有音乐，但唯独没有军事学，而亚历山大同学在日后的突出表现却主要在军事上。公元340年，马其顿老国王腓力二世进攻小亚细亚，那时的亚历山大只有16岁，便留守国中，坐镇马其顿，并成功地击败了色雷斯人的叛乱。两年后，他又在与希腊城邦联盟的抗击中，指挥马其顿军左翼，全歼底比斯神圣军团。

而当亚历山大继位马其顿国王后，其军事才能得到更大的发挥。他在10年的时间里，横扫小亚细亚、北非、西亚，及至印度，建立了一个强大的亚历山大帝国，这些都是靠军事上的胜利为前提的。在亚历山大远征的若干次战役中，不乏成为后世楷模的经典之战。

比如，当亚历山大知道，自己的海军舰队与波斯的舰队实力相差很大，如若在海上进行较量必将失败，所以亚历山大逆向思维，便充分发挥自己陆军的优势，沿着地中海东岸一路打下去，将波斯海军舰队的港口一个个地拔除，使这些波斯的舰队成了断线的风筝，只能在海上漂来漂去，失去了给养基地，失去了战斗力。

亚历山大在他十几年的军事征战中，竟然没有打过一次败仗，我们不能不说，这是一位不世出的军事指挥家或军事思想家。

其次，亚历山大重视科学，重视文化，有哲学素养。

亚历山大在其远征军中招募了众多的科学家、工程师、勘探家、绘图员等人才，从亚历山大的这一举动中可以看出，亚历山大不是一个盲目的军事指挥官，而是一个经验丰富、眼光远大的人。每当亚历山大的远征军征服一处，便立即派人考察当地的地形、地貌，甚至人文风情与文化。他还建立了许多以他的名字命名的城市，在这些城市中，他还建立了图书馆、研究中心等机构。显然这些举动与亚历山大童年时受亚里士多德老师的贴身教育是分不开的。

亚历山大受亚里士多德的影响很深，除了数学、音乐、医学等课程外，亚历山大更从老师那里学到了善辩的口才。一次，亚历山大和他的副将帕尔梅尼奥在是否要接受大流士三世的投降问题上发生了争论，大流士三世提出了很丰厚的条件向亚历山大的远征军投降，帕尔梅尼奥见条件丰厚，认为应该接受投降，而亚历山大却似乎看破玄机，认为这是大流士三世利用假投降来换取时间，是典型的缓兵之计。为此亚历山大和帕尔梅尼奥争论不休。帕尔梅尼奥生气地说道："我要是亚历山大，我就会接受这个投降。"而亚历山大听后，却反唇相讥："我要是帕尔梅利奥，我也会接受这个投降。"

亚历山大虽然受到亚里士多德的很强影响，但在有一点上却和亚里士多德不尽一致。亚里士多德认为，希腊人是最高贵、最聪慧的，而其他民族都是劣等民族。亚历山大在远征的过程中，却发现亚里士多德的观点有误。当亚历山大的远征军开到小亚细亚、波斯等地时，他发现，这里的人民也都很勤劳、富有智慧，他们创造的财富、文化一点都不比马其顿或希腊差到哪里。他决心要让希腊民族与亚洲民族融合在一起。他带头娶了波斯贵族的女儿为妻，并号召军队中的将士人人都娶亚洲老婆。为此，亚历山大还特意举办了一次盛大的集体婚礼，几千军人同时与亚洲妇女成婚。

亚历山大的远征在军事上是残暴的、无情的，但也大大地促进了东西方的文化交流。随着远征军的东进，东方文化借此流传到欧洲，而希腊文化则渗透到了几乎所有亚历山大涉足之处，以至于在亚历山大死后，一批泛希腊国家迅速兴起。

三者，亚历山大也是个残暴的君主，傲慢自大，独裁欲望极强。

亚历山大同历史上很多的君王一样，为了权力，为了达到自己的目的，可以不择手段，滥施暴力。继位初期，亚历山大便杀掉了众多的潜在政敌和王位竞争者。战争中，亚历山大也是随兴所至，滥杀战俘。亚历山大远征军的副将帕尔梅尼奥，因与亚历山大在一些军事问题上看法相左，亚历山大便疑心四起，将帕尔梅尼奥与他的儿子一起都杀掉了。后来的很多历史学家都证明其实帕尔梅尼奥是一个头脑很冷静的军事指挥官。亚历山大原本还有一位特别信任的指挥官克里图斯，与亚历山大一起出生入死，忠心耿耿。然而，一次战后的酒宴上，两人都喝多了，发生了一些争吵，亚历山大竟一剑将克里图斯杀死，事后还判克里图斯犯有叛国罪。军事达人此时竟变成了酒后狂徒。

有一个故事可以说明亚历山大在这方面的性格趋向。公元前334年春，亚历山大远征的初期，在小亚细亚的格拉尼科斯河畔，亚历山大击败了四倍于己的波斯大军，迅速占领了广大地区。当亚历山大到达一个叫戈尔迪乌姆的地方时，有人前来拜见，并呈上了一个奇妙的绳结，对亚历山大说，按照当地的神谕，谁能解开这个绳结，谁就能统治亚洲。亚历山大闻后，拿过绳结端详了片刻，见确实很难解开，于是冷笑两声，随即从腰间抽出宝剑一剑将绳结切为两半。众人大惊，亚历山大却泰然自若，付之一笑，转身离去。

随着军事上的节节胜利，亚历山大的个人欲望也逐渐膨胀。在占领波斯帝国后，他曾希望人们在拜见他时，以波斯的宫廷礼仪匍匐礼来见他，但遭到了很多人的反对，没能实行。因为这种礼仪在波斯人朝拜国王时常常使用，而对于希腊人和马其顿人来说，该礼仪意味着拜神，于活人面前不可。尽管这个礼仪没有被执行，但亚历山大日后却往往将自己与神作比较，在他的内心深处，他已经把自己看成是神了。这也难怪，谁让他的父母本来就是"半神半人"呢。

亚历山大是个不世出的军事家，有天分，智商足够，再加上有一个绝好的家教老师，自然有教养，博学早慧，又遇上父王早亡使得他在风华正茂的年纪获得了一个绝佳的机会，让他在欧亚非大陆上一试身手，尽显才华。亚历山大是历史的宠儿，是时代的产物，但绝不是神。

拿破仑在黑夜中的船舱里，还在为亚历山大到底是神还是人苦苦思索着，久久地思索着。过了好久好久，那个亚历山大的名字好像慢慢地变了，变成了他自己的名字——拿破仑。

拿破仑开始思索这个问题：我拿破仑到底是神呢还是人？

7. 大幕揭开

公元1798年7月1日清晨，拿破仑的舰队终于抵达了亚历山大城。这是一个港口城市，地处尼罗河在地中海的入海口处，2 000多年前由亚历山大大帝建立，并以他的名字命名。2 000多年过去了，斗转星移，物是人非，然而这座城市却依然屹立在这里，而且依然沿用着这个光辉的名字。

晨曦中，拿破仑站在旗舰“东方号”的舰首。透过薄雾，他可以隐隐约约地看见海岸了，继而看见了海港，但一切都在朦胧之中，一切都显得是那么神秘、深不可测。海水轻轻地拍打着战舰的双舷，托着战舰向那尼罗河的入海口处漂去。拿破仑依然站在舰首，他在心里暗暗发誓，一定要像心中的英雄一样，在这东方的土地上有所作为。

然而，以后事情的发展却是大大出乎拿破仑的预料。拿破仑没能成为第二个亚历山大，更没有成为神。

拿破仑不仅自己没能彻底完成这次雄心勃勃的东方远征，半途而退，而且整个远征军也惨遭失败，远征计划泡汤。

而与此同时，还有一个事情也出乎拿破仑及当时世人的预料，那就是，拿破仑的这次东方远征，竟然在有意无意间，为全世界拉开了探索古代埃及历史、探索古代埃及文明的大幕，古代埃及的神秘面纱就此被渐次揭开。

石破天未惊

1. 魔鬼的儿子

公元1798年，拿破仑率法国军队远征东方埃及。

拿破仑的舰队在地中海上和英国的舰队兜着圈子，玩着猫捉老鼠的游戏。英国舰队的独臂独眼将军纳尔逊终究不是拿破仑的对手，先是被骗到直布罗陀海峡苦等了好长时间，等到他醒悟过来知道上当时，时间已经过去了一个多月，纳尔逊转而掉头向东继续在地中海上寻找拿破仑，又是一个多月过去了，仍没有找到，也不知道拿破仑舰队的目标所指是哪里。当纳尔逊最终得到情报说拿破仑舰队已从马耳他启程，目标是埃及时，随即命令英国舰队全力以赴、如虎狼般地朝埃及扑了过去。谁知，这情报有一些小小的误差，将拿破仑从马耳他启程的时间提前了几天。待到纳尔逊赶到埃及亚历山大港时，拿破仑还在赶往这里的航程上呢。纳尔逊看不到拿破仑的踪影，很是郁闷，心想：这拿破仑难道会在海上蒸发了不成，不行，一定要找到他。纳尔逊的舰队没有在亚历山大港多停留，又向北开去了。纳尔逊决心要在海上寻到拿破仑，在海上将拿破仑一举歼灭。

有一句话说，魔鬼的儿子必有魔鬼的运气。拿破仑不是神，但应该算是魔鬼的儿子，他也有这样的运气。纳尔逊得到的错误情报给了拿破仑运气。

这年的7月1日，清晨，拿破仑的庞大舰队到达了埃及亚历山大港，此时，英国纳尔逊的舰队离开这里刚刚几天。

拿破仑派了先遣人员先行登陆。先遣人员返回来后告诉拿破仑，英国纳尔逊的舰队3天前刚刚离开这里。拿破仑听到这个消息后，倒吸一口凉气：老天保佑，没有让我在海上遇到纳尔逊。先遣人员还告诉拿破仑说，如果法国军队在埃及登陆，可能会遇到强大的抵抗。

拿破仑分析了一下形势，认为必须尽早登陆，不然，纳尔逊说不定什么时候就会醒悟过来，然后快速地折返而来。那时，法国的军队和训练有素的英国海军在海上相遇，可不是好玩的。

傍晚时分，拿破仑下达了登陆的命令。拿破仑亲率士兵，绕开重兵把守的港口，从几海里外守卫薄弱的地方强行登陆，然后再从陆地攻击亚历山大港。拿破仑的这一战术颇有当年亚历山大的风采。

守卫埃及亚历山大港的是马穆鲁克士兵。尽管马穆鲁克士兵很英勇，但在拿破仑的强大军队面前却不得不败下阵来。拿破仑轻易地拿下了亚历山大港。

东方远征首战告捷，拿破仑很是得意，他又朝着他心目中的英雄靠近了一步。

2. 文明发源地

前面讲到守卫埃及亚历山大港的是埃及的马穆鲁克士兵。这马穆鲁克士兵是什么样的人？马穆鲁克又是什么？所以，说到这里，我们不得不说说此时的埃及和古代埃及的一些历史情况了。而在讲述埃及和古代埃及的历史情况之前，我们还必须得简要说说世界上几处古代文明发源地。

1万年以前的时候，当人类已经出现了几百万年之后，这个世界上开始到处都是人类的踪迹了。但大部分的人类还处于蒙昧、懵懂阶段，靠采集果实和打猎为生，没有金属的工具农具，没有国家体制，没有城市，尤其是没有文字。在公元前8000年至公元前2000年左右这个时候，几乎整个人类还处于石器时代，或者是处于新石器时代向农耕时代转变的阶段。然而，就是在这个时候，在世界上几个不同的但很有限的地方，出现了文明的曙光，而且其文明之发达达到了让后人叹为观止、甚至不可思议的程度。

这几个率先出现文明曙光的地方，首推就是尼罗河畔的古埃及文明。

根据考古学家和科学家们的推测、考证，古代埃及文明大概可以追溯到公元前3100年左右，也就是距今5 000多年前了。古埃及人学会了种植农作物，创造了象形文字、金字塔，创造了国家。

第二个是两河流域文明。

在1万多年以前，一股被称为苏美尔人的人类从山里走出来，来到了亚洲的两河流域，并在这里繁衍生息，创造文明。公元前8000年左右时，苏美尔人学会了种小麦。公元前4000年左右时，苏美尔人创造出了楔形文字。公元前3000年左右时，苏美尔人已经在两河流域建立了众多的城邦，到公元前2900年左右，两河流域进入了“诸国争霸”的时代，至此，国家、军队等体制都已经出现。

第三个是爱琴海文明。

公元前3000年左右，爱琴海的克里特岛上就开始发展起来了以统治者米诺斯的名字命名的一种文明，到公元前2000年左右，克里特岛上已经开始建造宫殿，雕刻、壁画、陶器和金属制品都发展到很出色的阶段，米诺斯文明达到了全盛时期。几乎是同时代，公元前2000年左右，伯罗奔尼撒半岛的迈锡尼文明崛起，其城堡、雕刻、壁画至今犹在。

第四个是华夏文明。

公元前3000年左右，在现中国四川的地方出现了三星堆古蜀国文明。公元前3000年左右，在现中国浙江的地方出现了良渚文明。公元前2100年左右，在现在中国河南的地方，出现了夏朝文明。当然对于上面这些在中国境内发现的古代文明，现在还有很多争论，这里暂且不去仔细讨论。

第五个是古印度文明。

公元前2500年左右，印度河流域的达罗毗荼人开始创造印度河文明，历经大约800年，然后衰落。公元前1500年左右，由印度西北方入侵的游牧民族雅利安人开始在印度河、恒河流域创立了一种更为持久的文明，到公元前600年左右，雅利安人已经在印度形成了16个国家，然后又经过长期的兼并战争，到公元前400年左右，雅利安人在恒河流域建立起以摩揭陀为中心的统一国家。

第六个是玛雅文明。

玛雅文明位于中美洲，主要分布在墨西哥南部、危地马拉、伯利兹以及洪都拉斯和萨尔瓦多西部地区，约形成于公元前2500年，公元前400年左右建立早期奴隶制国家，公元3世纪至9世纪为繁盛期，公元15世纪衰落，最后为西班牙殖民者摧毁，此后长期湮没在热带丛林中。

第七个是印加文明。

印加文明位于南美洲西部、安第斯山脉地区，公元前8000年的时候，已经有农业出现，公元前10世纪至公元6世纪，在这一地区形成了若干个文化中心，公元13世纪，印加部落开始崛起，到公元15世纪时，形成印加帝国，辉煌一时，公元16世纪，被西班牙入侵者灭亡。

这几个地方被我们称为“文明的发源地”，也就是说，很有可能，在这几个地方出现的文明是原生的，而非由其他地方传播过来或受其他地方很多影响而生成的。

这个世界上还有别的文明原生地吗？可能还会有的，相信应该还会有的，只是现在还没有被我们发现或考证出来。

上述几个“文明的发源地”，肯定是“原生”的吗？这就不能百分百地肯定了。只能说，到目前为止，历史学家和考古学家们认定它们是原生的，而非另一个文明的旁支或受另一个文明的重大影响。但考古学家和历史学家们在考证这些文明的遗迹时，也或多或少地看到一些这些文明之间的或联系、或相像的蛛丝马迹，但不能确凿地认为其中一个是另一个的旁支。

过去，我们中国中学的课本里经常出现“四大文明古国”这样的称呼，它是指古代文明的发源地中国、古印度、古埃及和古巴比伦，而这“四大文明古国”的提法最早出现在梁启超于公元1900年写的《二十世纪太平洋歌》中。但现在，很多学者对“四大”和“古国”这些提法都有异议，颇有争论，所以，梁氏的这个提法恐怕有商榷之处。鉴于此，上述古代文明历史简介中采用了“古代文明发源地”的提法，应该是比较恰当的。至于是6个还是7个、8个，也都不是什么大问题，玛雅文明和印加文明可以算两个，黄河流域与长江流域也可以算两个。

好了，本文非学术文章，不想花太多笔墨于拗口、微妙的名词上面纠缠，我们还是以讲故事为主吧。

3. 文明？文化？

这几个率先出现文明曙光的地方，除了尼罗河流域与爱琴海的距离稍微近一些外，其余几个地方的地理位置彼此都相距较远。科学家到现在为止，也没有发现足够的证据来证明这些文明之间有些什么联系。在中国四川发现的三星堆文明中，有专家指出，那些出土的青铜人像雕塑，其面目有些像西方人种，所以怀疑此文明是否西方某种文明的漂移、演变或伴生，但没有直接证据可以证明，只能是猜测。所以，我们可以说，这些文明到目前为止都是源生文明。

但什么是“文明”？什么又是“文化”呢？这两个名词又如何加以界定呢？虽然不想纠缠在这些名词的定义与解释上面，但为了想尽量让故事讲得通顺一点，还是要花点时间来说说。

尽管我们在日常生活里面经常将“文明”、“文化”这两个词混同，或替换使用，比如我们说某一国家或地区的人们文明程度很高、具有很好的文化素养，此时，“文明”和“文化”这两个词所表达的意思基本一致，但是在学术上，尤其是现代考古学和人类学，这两个词却是严格的两个概念，而不能混同。

一般意义上来讲，“文化”和“文明”都是指人类社会在科技、文艺、教育、精神生活等方面所达到的总成就，如中国文化、文化遗产、物质文明、精神文明等。

但是在考古学和人类学的学术领域里，“文化”一词是指自从人类进入石器时代使用工具以来所有创造物的总称。例如在考古中，我们会发现属于同一时代、分布于共同地区、并且具有某些共同的特征的一群遗存，这些有着特定组合关系的遗存就可以称为“文化”。我们常听到的“红山文化”、“龙山文化”、“仰韶文化”、“河姆渡文化”等就是这个意思。

而“文明”则是指人类社会发展的一个阶段，相对于人类社会的“野蛮”和“蒙昧”阶段而言。有学者指出，一个社会要达到文明阶段，必须要有如下一些特征：第一，开始出现农耕，人们的食物由过去的采集、狩猎转变为种植、畜牧，开始出现农作物和家畜；第二，金属冶炼技术出现，金属的工具、农具出现；第三，在社会中出现了阶级分化，尤其是在政治上出现了统治工具，如军事组织；第四，出现了城市、城邦、国家，权力机构；第五，出现了文字和文献记录；第六，开始出现宗教。这当中，尤其以文字最为重要，文字成为一个社会进入文明阶段的典型特征。

但这也不是说一个社会必须要具备了以上所有这些特征才可称为“文明”，具备了大部分特征，或在某一个特征方面创造出了辉煌的成绩，这个社会也可称为“文明”社会。

中国的三星堆古蜀国中，据考证，有城邦，有国家制度，有宗教，金属冶炼技术达到辉煌，也显现出是一个以农耕为主的生活群体，但唯独没有发现文字。这样的社会算不算“文明”社会呢？学者们有争论，这里暂且存疑吧。

4. 埃及是这样的

讨论了很多文明发源地以及关于“文化”与“文明”的关系，我们再回到埃及来吧，看一看埃及的历史，可能有利于我们了解在拿破仑时代埃及的状况。

埃及的历史真是漫长啊，漫长到我们不可能知道其全部真相。而据我们所知道的，在这个尼罗河畔，人们创造文明的历史就有数千年之久了。

大约在公元前5000年，埃及进入了铜石并用时期，生产工具的改进和灌溉农业的发展，使得社会财富和人口大量增加，贫富分化导致原始社会解体，埃及逐渐进入了军事民主制时代。后来，在频繁的掠夺战争中，军事首领的权力大大加强，世袭王权和世袭贵族形成，于是产生了早期奴隶制国家。

到了大约公元前4000年，在上埃及和下埃及分别形成了两个王国。南方的上埃及以灯心草为象征，把秃鹰作为王国的保卫者，称荷鲁斯神，国王头戴圆锥形的白色王冠。北方的下埃及以纸莎草为图腾，以眼镜蛇为其守护神，国王头戴红色王冠。上下埃及矛盾重重，双方都想着要吞并对方，建立自己的一统天下。

大约在公元前3100年，强人纳尔迈，也称美尼斯，担任了上埃及国王。这是一个非常剽悍的人，而且又有政治头脑。他率领一支强大的军队顺尼罗河而下，经历残酷的战争，终于征服了下埃及，建立了统一的奴隶制国家，史称埃及第一王朝。埃及由此进入王朝时期。

大约在公元前2890年，埃及第二王朝开始。这两个王朝构成了埃及的早王朝时期。尽管年代非常古老，但那个时候，社会有了阶级的划分，产生了国家，尤其是竟然已经形成了一套非常成熟的文字体系。文字学家将古代埃及那美妙如画般的文字称为“象形文字”。

大约在公元前2686年，埃及第三王朝建立，并定都孟菲斯城，逐渐形成中央集权的君主专制国家，这和后来的第四、五、六王朝构成古王国时期。这段时期内，历代国王都建造了大量金字塔。现在的很多人认为这些金字塔是国王自己的陵墓，但也有人提出质疑，认为这些金字塔非陵墓也，实为宗教祭祀建筑，也有人认为是天外来客到地球访问时留下的纪念物。总之，这段时期也称“金字塔时代”。

大约在公元前2133年，埃及开始进入中王国时期，也就是埃及的第十一王朝。此时，在亚洲的华夏大地黄河流域附近出现了一个夏王朝。

大约在公元前1650年，从埃及的第十七王朝开始进入新王国时期，首都建在了底比斯城。据说，这个底比斯城相当辉煌，其热闹程度可以和今日中国北京大北窑的CBD有一拼。此时，王朝的中央集权制度进一步强化，而人们开始称呼国王为“法老”。

大约在公元前945年，利比亚雇佣军推翻了第二十一王朝，建立第二十二王朝，即利比亚王朝。从此，埃及进入后王朝时期。

大约在公元前525年，波斯军队攻入埃及，灭第二十六王朝，建立第二十七王朝，即波斯王朝。

大约在公元前333年，马其顿年轻的国王亚历山大打败波斯人，攻入埃及，将埃及划为亚历山大帝国的一部分。从此，埃及进入希腊罗马时期，法老时代结束。

公元前323年6月，亚历山大在征战途中，突然染病而逝，亚历山大帝国开始瓦解。

公元前305年，亚历山大的部将托勒密继承了亚历山大帝国的埃及部分，建立托勒密王朝。

公元前48年，在罗马的军事独裁者恺撒的支持下，埃及艳后克丽奥佩特拉掌握政权。

公元前30年，恺撒的养子屋大维率军占领埃及，灭托勒密王朝。克丽奥佩特拉自杀身亡。埃及成为罗马帝国的一个省达400余年。

公元395年，罗马帝国分裂为东西两部分，埃及随即被并入东罗马帝国。

公元642年，阿拉伯人征服埃及，埃及成为阿拉伯帝国的属地，并从此走进埃及历史上的阿拉伯时期。

公元1250年，在埃及、叙利亚等地区，一个由外籍奴隶建立的伊斯兰教政权开始兴起，历史上称这个政权为马穆鲁克王朝。马穆鲁克在阿拉伯语中的含义就是“被占有的人”或“奴隶”。马穆鲁克王朝持续了200余年。

公元1517年，土耳其奥斯曼帝国素丹赛利姆一世率土耳其军与马穆鲁克王朝末代素丹突曼贝伊的军队在开罗城郊决战，突曼贝伊全军覆没，马穆鲁克王朝灭亡。埃及沦为土耳其奥斯曼帝国的一个省。

到1798年拿破仑率法国军队入侵埃及时，埃及还是在土耳其奥斯曼帝国的统治之下，而守卫埃及的是一支由奴隶训练而成的军队。这支军队的成员都是从各地以各种方式掠虏而来的男性少年儿童，他们从幼年即被阉割，并接受残酷的军事训练，如马术、格斗等，这些人组成的军队军纪严明，没有宗教信仰，也不受宗教教条的束缚，没有家庭，没有亲情，完全是一部军事机器，具有强大的战斗力。所以，这些人就被称为马穆鲁克士兵。当拿破仑率领法国舰队来到埃及亚历山大港时，守卫这个港口城市的就是马穆鲁克士兵。

这就是在拿破仑入侵埃及之前，埃及历史的一个大概情况。很显然，真正的历史恐怕要比上述文字复杂得多，王朝的更迭、历史事件的交叉是一个让人眼花缭乱的、像丝麻一样的线团，而非一条直线。当然，为了叙述故事的方便，这个历史被简化了，丝麻团被捋成了直线。

但即便如此，还是有一些情况需要再加以说明，以便我们对埃及有一个立体的了解。

（1）古埃及的人种

古代埃及人是什么人？是黑人还是白人？是什么种族？这个问题可以说至今，科学家或人类学家们都还没有给出一个特别明确的答案。

曾经有一段时间，尤其是在欧洲殖民者到处横行的时代，社会上普遍认为，古代埃及人是白人，埃及的古文明是白人创造的，因为那个时候白人殖民者认为黑人是不可能创造出如此辉煌璀璨的文明的。然而，近年来，有些人类学家通过对木乃伊的骨骼及黑色素测定，认为古代埃及人是黑色种族。埃及吉萨金字塔旁的狮身人面像也多多少少地体现了黑人特征，如厚唇、圆脸、宽鼻等。

但是，从流传下来的古埃及人大量的肖像画中，可以看出他们的外表特征并不是单一的，有的颧骨高耸，有的坦平，有的鼻子扁平，有的则呈弓形，有的肤色偏白，有的则是棕色，这些体形特征，如果单单用白人或黑人来解释都显得有些牵强。所以，有人类学家指出：古代埃及是一个多种族的混居地，既有来自南方的尼格罗人，即黑人，也有来自西亚和地中海周围的高加索人、地中海人等，而这些人的肤色较白。而造成种族混居的原因与埃及所处的地理位置有关，埃及的北面是地中海，西为利比亚，南接苏丹和埃塞俄比亚，也就是古代的努比亚，东隔红海与阿拉伯半岛相望，东北角通过西奈半岛与西亚相连，是欧洲、亚洲、非洲的交会之地。因此，埃及不可避免地成为周边地区各种族的一个融合之地。

有人类学家认为，从公元前18世纪时起，也就是从古代埃及第十三王朝时起，埃及，尤其是尼罗河三角洲的下埃及地区的居民，其外表特征中白色人种的成分逐渐上升。这说明可能从那时起，西亚和欧洲的移民开始更多地来到埃及并在尼罗河下游定居、与当地人通婚繁衍。

（2）古埃及的文字

文字是文明的灵魂。正如我们对中国远古殷商时代的解读是靠甲骨文一样，我们现代人对古埃及的解读则是靠了古埃及的象形文字。

据我们现在所能掌握的材料来看，古代埃及的象形文字形成于公元前3000年左右，也就是美尼斯统一上下埃及、埃及进入第一王朝时期。尽管这个年代距离我们很遥远，但我们仍然惊奇地发现，在那个时候，埃及的象形文字已经进入到一个非常完备的阶段，形成了一套完备的象形文字系统。该系统由表意符号、表音符号和限定符号三部分组成。但是，这个经过了几千年锤炼的、系统完备的文字系统，却在公元5世纪前后突然地消失了，没有人再用它。又过几十年甚或上百年，后世中就无人能解读这象形文字了，当然更不用说书写象形文字了。

当拿破仑率领法国军队来到埃及时，情况依然如此。无论是拿破仑带来的法国人，还是当地的阿拉伯人，没有谁能知道那些象形文字的含义。那些石碑上、金字塔壁上、墓穴石刻上的象形文字对世人来说，都是一些好玩好看、既稀奇古怪又莫名其妙的一个个小图画，或者是由这些小图画组成的一片片石刻壁画。

然而，拿破仑不知道，正是他的这次远征埃及，使得象形文字的秘密终于被揭开，那些小图画的含义终于被世人所洞悉。当然，这是后话了，容我们慢慢讲下去。

(3) 古埃及的艺术

古代埃及的艺术也和古埃及一样，源远流长，随着古埃及文明的发展，其艺术水准也达到了世人仰慕的高度。从现存的文物古迹中，我们可以断定，古代埃及的音乐、舞蹈，甚至戏剧一定都有不凡的成绩，但这些主要靠声音和听觉来感受的艺术形式，我们现在只能凭借造型艺术中的线索来想象了，如壁画中的舞伎、浮雕上的乐师、纸草纸或铭文里记载的剧本片断等。尽管音乐、舞蹈、戏剧需要我们今天的人根据线索去想象，但古埃及人创造的雕塑、绘画、浮雕等造型艺术，现在依然长存人间，我们可以清楚地看到，这些艺术品，个性鲜明、手法纯熟、寓意深刻，至今仍散发着恒久的、夺人心魄的魅力。

其实，古埃及的象形文字本身就是艺术品。在世界范围里，各大文明的艺术多多少少地都有“书画同源”的倾向。文字既是工具，也是艺术。古埃及象形文字中的每一个象形符号本身就是一个小小的图画，将这些小小的图画组合起来，既是历史的文字记录，同时也是一件视觉艺术品。“字”与“画”已浑然一体、相得益彰。古埃及的这种“书画同源”的现象在现今中国的书法艺术中仍然可以看到。

公元前3000年左右的“国王纳尔迈岩板”是我们现在仍然可以看见的一件古埃及浮雕艺术品。该岩板正面及背面均刻画了国王纳尔迈征服下埃及的武功及盛大的庆典和祭祀活动。这块岩板既是上埃及征服下埃及从而统一国家的一个标志，也是古埃及在雕塑领域里的一个里程碑。这幅浮雕作品已经呈现出诸多新的艺术特点，如对于事件的描写采用了分场面来处理的形式，每个场面各自独立，但同时又是整个作品中的一个有机部分；每个场面的描写以“格层式”来划分，既分割明确，又可以互相之间有一种承上启下的作用。公元前3000年，埃及的艺术已经达到如此高的地步，不能不叫人叹为观止。

5. 股掌之间

拿破仑拿下亚历山大港后，迅速沿着尼罗河向开罗挺进。但拿破仑遭到了来自大自然和马穆鲁克士兵的双重抵抗。

但拿破仑是个意志坚强的人，他的与众不同就在于在困难面前能够信心坚定、不改初衷，并想尽一切办法来战胜困难。终于，拿破仑占领了埃及的土地，尼罗河两畔插满了法国的军旗。

武装占领埃及后，法国军队立足未稳，人心浮动，当地民众的反抗不断滋生，拿破仑仍然采用血腥手段进行镇压和控制，决不手软。亚历山大城一名富豪不满拿破仑的统治，不愿交纳更多的税金给法国占领者，拿破仑不由分说，命令部下将富豪斩首示众。一些民众或因为原有的生活被打乱，或因宗教矛盾，或不满拿破仑的统治，时有骚乱甚至起义。拿破仑对这样的事也是铁血政策，毫不留情。用拿破仑自己的话说：他几乎每天都要杀几个埃及人。由此可见，拿破仑是一个残暴、血腥的统治者。

但在这残暴、血腥的同时，拿破仑也有他统治的另一种手段，即表面温和、靠政治议会统治的手段。占领埃及后，拿破仑随即改组了当地的政治统治。埃及在拿破仑到来之前，200多年间一直都是奥斯曼帝国的一个省，受土耳其奥斯曼帝国的控制。拿破仑占领埃及后，强行脱离了奥斯曼帝国，并组建了一个由9名伊斯兰教长组成的行政议会，但这个行政议会实际上完全受拿破仑控制，议会的主要职责表面上是商讨公共秩序问题或粮食供应问题等，但其实就是为拿破仑的各种行动商讨策略并公布他的意图主张。

当然，除了军事上和政治上的统治之外，拿破仑还大力推进生产和制造，以便法国军队能够长久地在这东方之地待下去，并为法国提供资源。比如，拿破仑督促法军占领者和当地人扩大谷物的种植面积，以提高粮食产量；建造大型烘炉和面包房、建造啤酒厂以满足法国军队的口味；同时，他还命人建立了铸造厂和制硝厂，生产工具、武器和弹药。

拿破仑还是一个喜欢动脑子的人，他懂得因地制宜的道理，懂得如何将理论和实际结合起来。一次，拿破仑在沙漠里遇见了一支骆驼商队，他留意到骆驼在沙漠里奔走迅速，且持久耐劳。拿破仑脑筋一转，心想，如果能有一支骆驼骑兵岂不是可以在沙漠上驰骋，制胜御敌吗？于是，他命人组建了一个骆驼骑兵队，每匹骆驼同时能载两个士兵，甚至连同士兵的武器和行李，骆驼行走迅速，吃苦耐劳，成为沙漠上一支可怕的军事力量。

拿破仑不但懂得理论联系实际，因地制宜，他还懂得美学和心理学，他要让他的骆驼骑兵在这东方的沙漠里惹人瞩目。拿破仑为他的骆驼骑兵队配的制服是天蓝色军装加白色头巾，这样的装束在东方茫茫的黄色戈壁沙漠上竟然成了一道亮丽的风景线，连当地人都以能参加骆驼骑兵队而感到荣幸。

当然，拿破仑最主要的贡献还是他在探索古埃及文化上的作为。

在拿破仑占领整个埃及后不久，他便以法兰西学院为模式在开罗建立了“埃及科学院”，以促进埃及在各方面的技术进步并探索古埃及文化。他还任命蒙日，这个挂着军衔的科学家为埃及科学院的院长，他自己自任副院长。尽管这个埃及科学院刚刚成立，又是在战争年代，但还是做了不少工作，如埃及各地的文物被大批地运到开罗，以便将来有机会再转运到巴黎；在东方大地上进行了天体观测，使得法国人的天文学又有了进步；一些医学专家研究如何防治东方的传染病；一些工程师开始测量苏伊士地峡，并研究开凿苏伊士运河的可能性；地质学家们勘查了尼罗河的河道，把河口及两岸的冲积层的发展情况记录下来，并据此计算出尼罗河三角洲地区的地质年龄；当然，种植粮食、制造军火等等这些事情，科学院的这些能人们也时常插手，出谋划策。哈哈，拿破仑还真是个实干家啊！他把自己当成了亚历山大。

高兴之时，拿破仑还会把他的这些能人们召集在一起，开个学术讨论会或论坛什么的。讨论的题目当然也是拿破仑自己来提出，玄乎的诸如宇宙形成、天体运行、地球生命、人类信仰，实在的诸如政府架构、战争策略、生产生活、东方美人，等等，不一而足。

拿破仑在东方埃及的生活有声有色。小小开罗城，几乎成了拿破仑的掌中玩物。

6. 蒙日

拿破仑在埃及成立了一个埃及科学院，担任院长的人叫加斯帕尔•蒙日。蒙日是什么人？为什么拿破仑要让他来当这个院长？他和拿破仑的关系是个什么样的关系？好，我们来看一看这些故事。

加斯帕尔•蒙日原籍瑞士，公元1746年出生在法国第戎的一个工人家庭。尽管家庭贫困，但蒙日的父母对子女的教育很重视，所以家里的孩子们都受到了良好的教育。蒙日对科学和数学很感兴趣，于公元1764年考到里昂的一个学院学习，毕业后回到家乡，在一所军事工程学校里任教。

蒙日对科学的钻研精神很快就使他得到了好成绩。在学校里，他教数学、物理和化学，是个多面手，而他在数学和几何方面的才能尤其凸现。就在他教书的这几年中，他认识了一个富有的寡妇，并与之结婚。由于妻子的富有，使得蒙日在社会上崭露头角，并结识了一些有名望的科学家和哲学家，受这些科学家和哲学家的推举，蒙日也成为了法兰西学院的一个成员，后来还是因为他在科学上的成绩，蒙日又被推举为皇家海军的校外主考官。这一职务，虽然不是很重要，只是差不多相当于现在的职称评审委员会的委员，但使得蒙日得以认识更多的军界上层人士。

公元1789年法国大革命爆发，蒙日倾向革命，并成为雅各宾派的创始人。由于出身的关系，他满脑子都是共和国的激进思想，赞成摧毁一切封建等级制度，甚至主张处死国王。

公元1792年，蒙日46岁。这年8月，他被任命为革命后的法国海军部长，蒙日的仕途达到了高峰。也就是在他刚刚担任海军部长的时候，蒙日认识了拿破仑。这一年，拿破仑23岁，恰好是蒙日年龄的一半，在军队里刚刚被提拔为上校。按说，按拿破仑当时的年龄，这个军衔已经是够高的了，但拿破仑却不满足，他求见刚刚任海军部长的蒙日，希望部长能够在海军炮兵中给他一个更高的职位。蒙日是个厚道人，见到年轻气盛、富有朝气、革命精神满怀的拿破仑，印象不错，答应在力所能及的范围内为拿破仑谋一个好位置。但蒙日实在是个好人，他的海军部长做了仅仅8个月，由于不会逢场作戏、钻营投机，又性情耿直、口无遮拦，终于得罪了官场上的政客，不得已在公元1793年4月辞去了部长职务。但也就是因为这短暂的官场生涯，使得他认识了拿破仑，也让拿破仑知道了这个蒙日是个好人，是个只懂得技术和科学、不会做官的好人。

不当部长的蒙日将更多的时间用于科学研究，同时也为政府解决一些实际问题，如开办钢铁厂、军火厂等，尤其是他创办了巴黎皇家工程技术军校。

公元1794年7月，激进的革命党雅各宾派又被热月党人推翻，其领袖罗伯斯庇尔当天也被送上了断头台。随着罗伯斯庇尔的垮台，曾经是雅各宾派的创始人、为雅各宾派工作过的蒙日也遭到别人的告发，被迫躲藏了几个月，直到他的逮捕令被撤销为止。

公元1796年5月，蒙日成为法兰西学院院士，并受命访问被共和国的得胜之师新近占领的意大利，其任务就是将他认为值得在法国的博物馆和图书馆里占有一席之地的所有艺术品和科学成果收集过来，换一句话说，蒙日被授予全权以他自己认为合适的方式掠夺战利品。

正是在这一年有余的意大利之旅期间，蒙日与拿破仑第二次相遇，并且从此惺惺相惜、英雄相见恨晚。此时，时间距离两人第一次相见仅仅过去4年，拿破仑已然成为了法兰西共和国意大利方面军的总司令。拿破仑没有忘记蒙日的好处，所以在意大利的这段期间，凡是遇有重大的活动，拿破仑都邀请蒙日参加。

公元1797年8月，蒙日的“夺宝”使命完成，本欲告别拿破仑离去，但是拿破仑却舍不得蒙日离开，他好言挽留蒙日再在意大利逗留一段时间。蒙日也喜欢这个年轻、聪明、有野心、讲义气的小伙子，他将行程又推迟了数周。

正是在这数周的日子里，拿破仑对蒙日谈到了他未来的计划或者是说他个人的野心。这其中特别吸引蒙日的是拿破仑时刻在思考的远征埃及的计划。拿破仑对远征埃及这个计划特别注重，蒙日也很看重这个计划，并答应愿意为拿破仑的这个计划效犬马之劳，比如收集有关的文献资料，收集甚至绘制作战用的地图，鼓动其他的科学家和工程师们前往埃及等。

至此，拿破仑与蒙日的关系已经可以说是牢不可破了。拿破仑认为蒙日是好人、可靠，且有真本领，而蒙日欣赏拿破仑的野心和聪明，而且由于两人的年龄差距，这忘年之交竟然转变成了父子之情，蒙日几乎把拿破仑看成自己的儿子了。为自己的儿子建功立业，尤其是要成就一番大事业，当然也在所不辞了。

数周后，蒙日离开意大利，返回巴黎。回到巴黎后不久，蒙日就开始四处鼓吹拿破仑，不但是吹拿破仑的军事才能，甚至还吹拿破仑的科学才能，于是，竟然在这年的年底，蒙日成功地帮助拿破仑入选法兰西学院的院士。

这法兰西学院可是个了不起的学术机构，相当于今日各个国家的科学院、工程院、社会科学院和美术院的总合，其权威性可想而知。蒙日当选院士，这还名至实归，因为蒙日还是有科学研究成果的，这后面还要谈及，但拿破仑当院士就有点让人啼笑皆非了。但不管它了，所谓的"马太效应"古今中外处处都有。公元20世纪美国一位科学史研究者罗伯特•莫顿说："任何个体、群体或地区，一旦在某一个方面（如金钱、名誉、地位等）获得成功和进步，就会产生一种积累优势，就会有更多的机会取得更大的成功和进步，这种现象可以称为'马太效应'。正如《圣经•新约•马太福音》中所说'凡有的，还要加给他叫他多余；没有的，连他所有的也要夺过来'"。

当公元1798年5月拿破仑乘"东方号"远征埃及时，蒙日也随着远征军前往。现在他是拿破仑的高级顾问，也是拿破仑的精神依靠。在地中海上漫长的旅行征程中，蒙日始终伴随在拿破仑左右，每日除了和拿破仑在海上共进午餐、晚餐外，还有就是充分发挥他在数学、物理以及军事等领域的科学才干，随时随地地和拿破仑讨论远征计划，修改计划中每一处有瑕疵的地方。此外，蒙日还尽情展现了他在其他领域的知识与天分，他经常和拿破仑在一起探讨诸如地球的年龄、地球的未来甚至外星球智慧等这些问题，有时还会谈起外交、艺术、宗教、哲学、释梦等话题。总之，蒙日博学、深奥，又具科学头脑，使得拿破仑的野心和冒险既充满了浪漫幻想又具有实操可能。

拿破仑与蒙日的关系，使我们不得不想起2 000多年前的亚历山大和赫费斯提翁的关系。当年，亚历山大横扫小亚细亚、西亚、北非等地，战功卓勋，而他身边紧随左右的是赫费斯提翁。赫费斯提翁于亚历山大是战友、伴侣、助手、精神依靠的关系，而蒙日于拿破仑却是靠山、后盾、智囊、父亲、精神依靠的关系。两者虽然稍有差别，但作用和性质不出左右。

于是，当拿破仑在埃及开罗成立埃及科学院时，他自然会想到蒙日。当然，就蒙日的博学及科研成绩，他任这个院长之职应该也是不二人选。

那么蒙日到底都有哪些科学研究上的成果或发明创造呢？好，我们来回顾一下。

据说，还在蒙日14岁的时候，他就有了一个非常了不起的创造。还是小孩的蒙日看见邻居家经常有火灾，惋惜悲痛之余，他就想应该造一个灭火装置来快速、有效地扑灭大火。于是，他开动脑筋，并亲手制作，终于做出了一架灭火机。至于这个灭火机到底是个什么样子，工作原理是什么，我们现在已无从可考，但据说，当时，蒙日的街坊邻居见到这个灭火机后都甚为欢喜，认为这是这个天才的孩子给他们带来的福祉。

蒙日16岁时，还为家乡绘制了一幅准确的地图。由于这个事，蒙日得到一位军官的赏识，因而被推荐到梅济耶尔皇家军事工程学院深造，毕业后留在那个学校任教。所以说，绘制地图一事使得蒙日日后终生与军旅结缘。

蒙日对武器制造很在行，他写过一本书，叫《大炮制造工艺》，据说在机械制造业还有一定影响。

但蒙日最大的成就恐怕是他在数学和几何方面的创造。蒙日创造了“画法几何”。现在工科的学生或者学建筑的学生对“画法几何”自然都不陌生，但很少有几个人知道，这个用于机械制造和建筑设计的“画法几何”就是这个蒙日创造的。所谓的“画法几何”就是用二维的平面图形来表示三维空间中的立体模型，如一个机械零件或一栋建筑。具体地说就是：首先想象两个成直角相交的平面，就如同打开一本书使书的两部分成90°角一样，只是一个平面水平放置，而另一平面垂直放置；再将要描画的三维空间模型由垂直于平面的射线分别投影到这两个平面上，这样就有了这个模型在两个平面上的两个投影，在水平平面上的投影叫俯视图，在垂直平面上的投影叫正视图；当然如果必要的话，还可以在与上面这两个平面都垂直的第三个平面上做出投影，叫侧视图；现在把垂直平面以及第三个平面翻下来，使它或它们和水平平面落在同一个平面——即水平平面所在的平面上，就像把书打开平放在桌面上一样；于是，三维空间模型就由两个或者三个投影描画在同一个平面上了。这样我们就有了一个作图方法，它把我们设想的或实在的三维空间的东西通过同一平面上的两幅或三幅平面图形而表达出来了。用平面表达立体，用二维刻画三维，这就是画法几何学的思想。

在蒙日看来，画法几何学是每一个设计人员和技术工人必须具备的一种通用语言。按照这种语言，设计人员可以把自己头脑中设想的机器零件用一张图纸上的两幅或三幅平面图形表示出来，图纸到了工厂，技术工人可以根据这几幅平面图形立即想象出该零件的实际形状应该是什么样子，并把它制造出来。因此，蒙日根据他的精准的几何知识以及多年的教学经验写出了《画法几何学》这本书。他在该书的导言中指出：画法几何学既是使法国摆脱长期对外国工业的依赖、普及工业进步不可缺少的知识，也是利用机器减轻手工劳动、提高产品精确度的不可缺少的知识。

正因为“画法几何”的重要性，《画法几何学》公开出版后便不胫而走，迅速传入各国。起初是军工学校，之后是普通理工院校都相继开设了这一科目，《画法几何学》也出现了英、德、俄、日等语种的译本。

画法几何学的推广应用，对各国工业的发展起了重要的推动作用。甚至有评论家说：“没有蒙日的画法几何学，公元19世纪机器的大规模出现也许是不可能的。我们人类文明的相当一部分要归功于数学家蒙日。”

除了这个“画法几何”外，蒙日还进一步创造、发展出了“阴影”和“透视”两个理论。这两个理论将工业设计和建筑设计在制图方面的技术又推向了一个更高的台阶。蒙日称他自己的“画法几何”以及“阴影”、“透视”理论是“以几何的精确性来说明设计思想的手指”。

今日，全世界各国的理工科大学生恐怕都要学习“画法几何”和“阴影”、“透视”，但真正能把这几门功课学好、掌握其中精髓的学生恐怕也不是很多。

蒙日在“画法几何”领域创造出这么大的成绩，都是在他跟随拿破仑远征东方之前就已经完成的了。难怪拿破仑要让他来担当这个新成立的埃及科学院的院长了。论资历、论学术水平、论人品，蒙日是当仁不让的。

7. 德农

在拿破仑的远征军中，据说有一支近200人的文人队伍，这其中有科学家、工程师、画家等。蒙日当然算是其中的佼佼者。这其中还有一人，也在拿破仑的这次远征中收获很大，同时也为我们今天了解古埃及的秘密做出了很大贡献。这个人是画家多米尼格•维万•德农。

多米尼格•维万•德农确实是个艺术家，这不单是指他的绘画水平，而是他的生活也充满了艺术的味道。此人生性浪漫、巧舌如簧，且颇有女人缘。

德农出生于公元1747年，还在路易十五统治时期，就任皇家的古文物监督之职。由于这行当经常和珠宝首饰打交道，所以，德农自然地就和上层的女性有着很多的交往。那时，德农已经是路易十五的情妇蓬帕杜的莫逆之交了，经常和蓬帕杜夫人在一起欣赏珠宝首饰，再谈论谈论艺术。而蓬帕杜夫人则是一个业余艺术爱好者，在她那纤纤细手的摩挲下，法国在这个时期居然诞生了一种分外柔美媚人的艺术风格，艺术史上称“洛可可艺术风格”。可惜，蓬帕杜夫人英年早逝、香消玉殒，德农也失去了依靠。后来，德农又到法国驻俄国大使馆工作，任秘书，虽然职位卑微，但由于德农的聪明机灵、善于交际，加上那天生的艺术天分，于是，他很快又得到俄国女皇叶卡捷琳娜二世的欢心。从俄国回来后，赶上了法国大革命，由于德农的阶级成分，他被列入地富反坏右，被驱逐出境，所有财产也被没收，于是他又变成了一个穷光蛋，既一无所有，又无处藏身。很长一段时间，他不得不在巴黎的贫民窟中潜藏生活，用卖画换来的一点点钱养活自己。一次偶然的机会，他结识了一位革命画家，这个革命画家引导德农走上了革命道路，于是，德农再次回到巴黎灯红酒绿的花花世界。一当踏上那久违的镶花地板，德农与生俱来的交友本能便再次爆发出巨大的能量。没用多长时间，罗伯斯庇尔就下令归还了他的所有财物，并取消了对他的驱逐令。在巴黎的交际场上，德农又认识了一位既有钱又美丽的寡妇约瑟芬•博阿奈，也就是后来的约瑟芬•波拿巴，德农懂得绘画，又喜爱女人，谈吐幽默，又思维颇具机锋，所以，他又得到约瑟芬•波拿巴的宠爱，并被介绍给了拿破仑。拿破仑远征埃及，急需有用人才，而德农也被神秘的埃及所吸引，便一举跟随拿破仑远赴东方，担任军旅中的地图绘制员。

此时，德农已经是51岁了，长期巴黎交际场的生活已经将他搞得弱不禁风。但他一踏上东方这块土地，便被它深深地吸引了，无数的文物古迹，精美的石刻石雕使得德农本来就艺术细胞过盛的心灵更加陶醉，他要用笔将他所见到的一切都描绘下来，以使自己的一生有个满意的交待。于是，德农拿起画笔，开始了他的东方之征程。

战争通常是改变旧世界最有效的手段，也是改造一个人的最有效的手段。

拿破仑的埃及远征虽然是不义之师，但残酷的战火却将德农改变了，使这个原先只会围着女人裙子转的酸腐画家变得坚韧起来。德农跟随着法国军队在埃及的土地上一路打、一路画。有时他会策马急驰，跑在军队的前头，看那空无一人、孤烟笔直的大沙漠；有时又会远远落后，看那金字塔脚下蜿蜒跋涉的军旅；有时天刚拂晓，他就钻出帐篷，看雾霭中的精美石雕石刻；有时日头已落山，他还在孜孜不倦，笔耕不辍，记录着长河落日；有时，战事已开，子弹飞舞，德农也会忘情地掏出绘画本，画上几笔；甚至当战斗正酣时，他竟然会挥舞绘画本为战士们鼓劲、呐喊。

如果不熟悉他的人，真会把这个孱弱多病、不会拿枪、只会拿笔、在战场上狂呼滥叫的人当成了一个疯子。然而，这个疯子却赢得了将军和战士们的喜爱。在德农所属的部队里，不论是将军还是战士，都对这个跑前跑后、不计待遇、不顾恶劣气候、不怕马穆鲁克的老画家给予了很高的尊敬，给予他厚遇。因为有了这个老画家，艰苦的部队里就有了一些快乐，有了一些诗意。

这个时候，德农的画风也发生了变化。过去，德农只会围着女人转，画一些所谓洛可可风格的媚俗之作，还自以为很有创意，然而，在这战火中，德农已经无心再去搞什么洛可可那些繁琐雕琢的S形花纹、贝壳花饰了。他的笔越来越直白，写实已经是他唯一的要务。他就像一个刚刚学画画的小孩子，一丝不苟、尊重原形，诚实、认真地将客观事物描绘下来，然而又老道、精准，没有丝毫的自我表现之意。因为，这个热爱艺术的德农此时已经认识到，他面对的绝对不是可以任他恣意描画的普通的东西，而是几千年来一个伟大的文明所留给人们的非常宝贵、非常珍惜的遗产，它们容不得人们有半点篡改和演绎。

德农在军旅绘画生涯中，已经注意到了古代埃及的象形文字。他虽然不懂这些文字的含义，但他凭着敏锐的观察力已经发现，象形文字有三种不同的形式。同样地，德农将他所看到的象形文字一一描绘下来。他知道，早晚有一天，人们会解读这些象形文

古埃及的象形文字与图画

字，从而彻底揭开罩在这个古老、辉煌而且神秘的文明头上的一层层面纱。

德农跟随法军从亚历山大港一直打到了开罗，打到了底比斯，打到了阿斯旺，他画下了无数个金字塔、城门、教堂、宫殿、雕像。在拿破仑用刺刀统治了埃及的这段时间，德农用他的画笔征服了这个古老的东方土地。

当后来法军返回法国时，法军的军舰上装满了从埃及掠夺来的战利品，而德农却是从埃及带回了一箱箱的画稿。这些画稿为后来的埃及考古学及至埃及学提供了极为宝贵的资料。若干年后，根据德农的大量画稿而陆续编写出版的24册巨著《埃及记述》问世。这部巨著恢宏巨大，极富考古和科学价值，而且价格不菲，成为当时法国上层阶级的炫耀之物。

德农回到法国后，继续从事艺术事业，当然主要还是为拿破仑服务，帮助拿破仑从其所占领的地区掠夺各式各样的艺术品。

德农的艺术人生，应该是功过参半的一生。

8. 发现罗塞塔

就在拿破仑远征埃及期间，在被法军占领的埃及发生了一件小小的事情，然而却是一件意义重大的事情。因为，这件事导致了古代埃及象形文字之谜被彻底揭开，也从而导致一门新兴学科的诞生，这门学科叫埃及学。

事情的发生很偶然。

公元1799年7月的时候，法军攻占埃及已经达一年之久了。纳尔逊率领的英国海军早已得知拿破仑在埃及的所作所为，深知埃及在战略上的重要意义，此时已经在海上和据守海岸的法军成对峙形势。法军也深知英国海军的厉害，惶惶不可终日，但还是抓紧构筑工事，尽一切力量来抵御英军。

亚历山大城向西不远有一个港口小镇叫罗塞塔，拿破仑的法国军队此时正占领着此地。7月15日这天，一名法军上尉军官在带领士兵修筑防御工事时，突然从地里刨出了一块刻满了字迹的黑色玄武石石碑。这是一块高114厘米、宽72厘米、厚28厘米、略呈长方形的平面石碑，很多边角都已破损，粗看上去好像很普通。但那碑身上刻满了的字迹却引来了注意。

与其他石碑不同的是，这块石碑的碑身上从上至下刻写了三段文字，而这三段文字却分别是三种不同的字体。上尉军官很负责任，将这一情况报告给了将军。将军见到石碑后，也觉得不同寻

常，便即刻着人将石碑送到了亚历山大城。

在亚历山大城，法军中不乏一些学者，这些学者们看到了这块石碑后初步认定，这石碑上最上面一段文字应该是古埃及的象形文字，中间一段文字是类似象形文字的一种草书体文字，而下面一段则是古希腊文字。但所有这些文字的内容是什么就不得而知了。

更有一些精英学者根据已知的一些历史知识指出：这石碑上最上面一段文字是象形文字中的“圣书体”文字，因为它是古埃及人献给神明的文字，这种文字一般刻写在神庙或各种纪念性建筑物上，而且只有少数的祭司、神职人员才通晓这种字的意义和写法，埃及人自已也将这种文字称之为“神的文字”；中间一段是象形文字中的“民书体”文字，因为它是埃及平民使用的文字，这种字体源出“圣书体”，但比“圣书体”要简化许多，便于书写。

但这两段文字的内容到底是什么仍然不知道，因为在那时，已经没有人能读懂象形文字了。至于在石碑下面出现了古希腊文字，则很好理解，那是因为埃及在历史上有很长一段时间是受亚历山大帝国统治，文化呈泛希腊化，文字则是埃及本土的象形文字与舶来的希腊文并存。所以，在罗塞塔小镇发现的这块石碑上同时出现了三种不同的文字也就不足为怪了。

但埃及本土的象形文字是什么时候开始停止使用的呢？以至于现在竟无人能读懂它。拿破仑的这些学者们遍查史籍，大概给出了一个答案。公元330年，第一位信奉基督教的罗马帝国皇帝君士坦丁将拜占庭易名为君士坦丁堡，并将其扩建为一个永久性的首都，修建了几座大教堂。在拜占庭帝国，基督教乃成为了势力最大的宗教。公元391年，当时的皇帝狄奥多西一世颁布法令，关闭帝国境内的所有异教神庙，独尊基督。当时，埃及作为罗马帝国的一个省，信奉古代诸神的人已经寥寥无几，而只有一些祭司还在坚守工作，学习象形文字，书写象形文字，并记录一些历史，然而皇帝的敕令使这些神庙也关闭了，祭司们被轰散，于是，象形文字便再也没有人学习使用了，象形文字成了死文字。随即，一场大火也将亚历山大城里一座用于存放古代书籍的神庙塞拉皮斯神庙烧毁殆尽，神庙中那些讲述埃及历史、能够让人理解象形文字之含义的书籍也随之付之一炬。从那以后，就没人能读懂古埃及的象形文字了。1 400多年来，很多对古埃及的历史、文化有兴趣的人都想破译这象形文字，但始终没有办法。

如今，一块同时刻有三种文字的石碑被发现，拿破仑的学者们欣喜若狂，他们立刻意识到：这三段不同的文字很有可能是一篇文告的三种译本，也就是说，很有可能通过其中一种文字来破译其他两种文字。

石碑上最下一段的古希腊文字很快被读懂了，因为拿破仑的学者中熟悉古希腊文的人还大有人在。这其实是公元前196年，埃及孟菲斯城的一些祭司们给当时的法老，也就是国王托勒密五世写的一封表忠信。信的内容主要是阐述托勒密五世的王位之正统性，歌颂托勒密五世的许多善行政策，例如减税、在神庙中竖立雕像、对神庙与祭司们给予支持的举动等。

古希腊文字读懂了，是否可以根据这文章大意立刻释读出象形文字呢？好像不那么简单。石碑又被送到了开罗的埃及科学院，于是，这块罗塞塔石碑便成了科学院中的稀罕之物，很多人每天围着它转，希望由此可以破译出象形文字的天机来。

公元1799年8月，也就是在罗塞塔石碑被发现后的一个月，那个野心勃勃、同时又洞察一切的拿破仑竟然丢下了自己的埃及远征军，极为神秘地潜回了巴黎。同年11月，拿破仑在巴黎发动雾月政变并获得成功，从而一举成为法国的独裁者，名曰法兰西共和国第一执政。拿破仑的野心终于实现了，他要像亚历山大那样去席卷千军、独步世界。

然而，拿破仑终究不是亚历山大。公元1801年，拿破仑留在埃及的远征军终于被英军击败，法国在埃及的统治也随之结束。英法两个强盗在关于埃及领土所有权的谈判中也涉及了包括罗塞塔石碑在内的文物。

法国的学者们希望法方能保留罗塞塔石碑，并将它带回法国本土，但英方却拒绝了法方的要求，英方认为包括罗塞塔石碑在内的文物应当属于英王乔治三世所有。

但法方仍不死心，法国的一位科学家写信给英国有关方面说，如若英方一意强行占有这些文物，法国人将在英国人赶到之前将罗塞塔石碑及其他文物或砸烂打碎或付之一炬。须知，此时的法国已经是战败者，哪有战败者要挟战胜者之理呢。法国人知道英国人的蛮横，也知道威胁和谈判都是无用的，于是暗度陈仓，在一个月黑风高之夜，将罗塞塔石碑藏在了一艘小艇内，准备偷运回国。哪知英国人却早有防备，小艇被截获，石碑被扣。

法国人好痛苦啊，但仍竭尽全力与英方交涉，最后终于达成了协议，即英方拥有石碑，法方可以保留研究成果以及石碑的拓片。就这样，公元1802年，石碑被运抵英国，并以英王的名义捐给了大英博物馆。从此之后，除了在第一次世界大战中因躲避战火而深藏一处地铁车站两年外，罗塞塔石碑一直被展示在大英博物馆的埃及馆中，是该馆最引以为傲的镇馆之宝之一。

罗塞塔石碑的被发现以及围绕着它而发生的故事使得很多人在历史上留下了名字。那个在带领工兵修筑战壕时首次发现石碑的法军上尉是皮埃尔•布夏尔；对石碑的发现很重视，并责人运往亚历山大城、之后又责人运往开罗城的法军将领是雅科•梅努；给英方写信，向英方讨价还价索要石碑所有权的法国科学家是艾奇恩那•若弗鲁瓦•圣-蒂莱尔；那位将埃及文物视为英王私人财产、截获法国人运载石碑小艇的是英国当时的外交官威廉•理查德•汉弥尔顿。

然而，这些人都成了过眼烟云，随风不知飘到哪儿去了。真正因罗塞塔石碑而享誉世界、流芳百世的却是一个在石碑被发现时还只有9岁的法国小孩。这个小孩长大后，终于破解了罗塞塔石碑上的象形文字，从而为世人找到了一把打开古埃及文明大门的钥匙，也为世人开创了一门新学问，埃及学。

这个小孩叫商博良。

少年才子

1. 傅立叶

在拿破仑的埃及远征军中，有一支文人、学者队伍，这其中有加斯帕尔•蒙日这样的科学家，有多米尼格•维万•德农这样的画家，当然还有很多人，个个都是身怀绝技、才气过人。

就在这些人当中，有一位年轻人也是头脑敏锐、洞察玄机，他也是受拿破仑的远征计划所鼓舞，跟着拿破仑来到了埃及。这个人叫傅立叶。

傅立叶，公元1768年生于法国中部约纳河畔欧克赛尔的一个裁缝家庭，9岁时父母双亡，成为孤儿，便由教会送到镇上的军校就读。军校里讲授的数学课很是对傅立叶的胃口，于是，从这时起，小小的傅立叶就表现出对数学的特殊爱好。从军校毕业后，傅立叶想去参军，当一个炮兵或者工程兵什么的，但却因家庭地位低下而遭到拒绝。于是傅立叶辗转到了巴黎，希望能够继续求学。然而，这时，法国大革命爆发了，一切正常的程序都被打乱，出身贫困的傅立叶想要继续求学更是难上加难，无奈，傅立叶在公元1789年回到了家乡，在那个他毕业的军校里任教。

大革命的浪潮席卷了整个法国，搅动了社会各阶层，无论是达官贵人还是平民百姓都在这场大革命的风暴中受到了洗礼，傅立叶也不例外。傅立叶也曾因为替恐怖行为的受害者进行申辩而被捕入狱。出狱后，他又奔赴巴黎，在刚刚成立的巴黎皇家工程技术军校里任教，成为一名助教。而这个巴黎皇家工程技术军校的创始人之一就是我们前面提到的那个法国的科学家、画法几何的开创者加斯帕尔•蒙日。傅立叶从此便也结识蒙日，担任蒙日的助教，并追随蒙日多年。

公元1798年，蒙日受拿破仑的远征计划鼓动，毅然随从而去，同时他还推荐了年轻人傅立叶也一同前往。在开罗，蒙日担任埃及科学院的院长，而傅立叶则担任科学院的秘书。与此同时，傅立叶还从事一些外交活动，也因此和拿破仑有了更多的接触。

傅立叶既聪明又勤恳，是个天分很高的青年，他在埃及这短短几年的时间里，已经显露出一个天才少年的潜质，并为蒙日和拿破仑所器重。尽管没有哪个文献记载说傅立叶在埃及期间曾有什么科学上的创造和贡献，但是，当公元1801年傅立叶从埃及回国后，他在科学方面的巨大成就不能不说是得益于在埃及这段岁月的磨砺。

公元1801年，傅立叶回到法国后，原本希望能继续在巴黎皇家工程技术军校执教，但此时已经成为法兰西共和国第一执政的拿破仑却很赏识他在行政方面的才能，于是任命他为伊泽尔地区首府格勒诺布尔的地方长官。公元1808年，拿破仑又授予他男爵称号。于是，这个本来可以在科学领域里有所建树的年轻人却在官场宦海里上下沉浮了好久。

公元1814年，那个南征北战、曾经五次战胜周边各国组成的反法同盟的拿破仑终于扛不住了，在这第六次与反法同盟的会战中败下阵来。公元1814年4月13日，拿破仑在巴黎枫丹白露宫签署退位诏书，并被流放到地中海上的一个小岛厄尔巴岛。波旁王朝复辟。然而，蜗居小岛上的拿破仑并不甘心，他还在密切注视着法国局势的变化。公元1815年2月26日，拿破仑逃出小岛，率领700名士兵于3月1日回到法国。本来被派来阻止他的法国军队转而继续支持拿破仑。

3月20日，拿破仑又回到了巴黎，又一次推翻波旁王朝，开始了他那短命的百日王朝。

此时的傅立叶已经厌烦了这个打打杀杀、你争我斗的政治游戏了，他已经看清楚，所有这些争斗，无非是权力之欲、唯利是图而已，什么共和国，什么王朝，都是换汤不换药，你方唱罢我登场。傅立叶毅然辞去了所有的官职和爵位，而把全身心都投入到了科学研究之中。

傅立叶在科学研究方面都有哪些成就呢？他的成就主要是在物理和数学两个方面。

实际上，从埃及回到法国后，傅立叶就开始对“热在固体中的传导”这个问题产生了兴趣。公元1807年，他完成了一篇关于热传导问题的论文，但这篇论文经过当时的几个所谓权威看过后，觉得该论文所讲述的问题高深莫测、无法理解，于是便将这篇论文束之高阁了。傅立叶并没有放弃，他又进行了许多实验，并将论文进行了缜密的修改，于公元1811年再次提交给科学院。这次，终于感动了那些大腕，大腕们普遍反映，小傅同志很有钻研精神，论文很好，有一定价值，但同样还是束之高阁，这一搁就又是十几年。公元1822年，傅立叶在经过了十多年共三次的修改后，不再将自己的论文拿去请大腕们鉴定了，而是直接将论文编写成书发表，这本书就是《热的分析理论》。这部著作研究了热在非均匀的固体中分布与传播的问题，成为分析学在物理中应用的最早例证之一，对公元19世纪理论物理学的发展产生了深远影响。

在这本书中，傅立叶提出了热传导的一个基本定律，该定律可以用来计算热的传导量。

该定律的公式为：

$$\boldsymbol{\Phi}=-\lambda A(\mathrm{d}t/\mathrm{d}x)$$

$$q=-\lambda(\mathrm{d}t/\mathrm{d}x)$$

公式中$\boldsymbol{\Phi}$为导热量，λ为导热系数（是用来表征某种材料导热性能的一个物理参数，λ 越大，表示导热性能越好），A为传热面积，t为温度，x为在导热面上的坐标，q为热流密度，负号表示传热方向与温度梯度方向相反。

这个定律后来被人们称为“傅立叶定律”。

由于在物理方面的探索和分析，傅立叶在数学领域也得到突破。当傅立叶在研究热传导问题时，他提出了著名的热传导方程，也就是上面讲到的傅立叶定律。当傅立叶在求解该方程时，他竟然又发现了一个极为重要的数学问题，那就是：

一个函数可以用由三角函数构成的级数形式来表示

或者是说：

任何一个函数都可以展开成以三角函数形式出现的无穷级数

这是一个有着重大意义的发现。因为一个复杂的函数要解析起来，是很困难的，有时几乎就是不可行的。但三角函数对于人们来说，则相应地简单许多，解三角函数也不是很困难的事。如果能将任何一个复杂的函数都化解为三角函数，则不就意味着我们可以求解任何复杂的函数了吗?

傅立叶的这个发现实际上也反映了当时社会对物质世界的一种哲学认识观点。比如，当时的社会上就流行一种“原子论”。所谓“原子论”，就是认为组成我们这个大千世界最基本的粒子就是“原子”，而“原子”的种类不过只有几百种，如果我们能将这几百种的“原子”都研究透了，那我们就可以将由这些“原子”组成的大千世界都研究透了，至少是基本了解了，因为，所谓的大千世界无非就是这几百种“原子”的排列组合而已。傅立叶的“任何一个函数都可以展开成以三角函数形式出现的无穷级数”这一想法，其实也就是这种哲学观在数学上的反映。傅立叶认为，三角函数是最基本的函数形式，它的无穷变化、组合形成了千姿百态、貌似不可解析的复杂函数，而我们一旦将三角函数掌握了、解决了，则那些复杂的函数不也就解决了吗?

傅立叶的想法很有启发性，他当年的这个设想或者发现，导致了许多后人在众多的科学领域里都有了突破性的进展，这是他本人以及同时代的科学人都始料不及的。正是后来这些科学领域里的突破性进展使得傅立叶的名字流传千古。

现在，我们将“由一个函数被分解展开成三角函数的无穷级数”称为“傅立叶级数”，将“把物质分析、还原成最基本粒子再加以认识”的这种认识物质世界的方法称为“傅立叶分析”，将“在数学领域中，由傅立叶级数而产生的不同形式的变体”称为“傅立叶变换”，甚至并由“傅立叶变换”还衍生出了“连续傅立叶变换”、“离散傅立叶变换”等。

$$f(t)=\left[\frac{n}{N}(V_H-V_L)+V_L\right]+2\frac{V_H-V_L}{\pi}\sin\left(\frac{n}{N}\pi\right)\cos\left(\frac{2\pi}{NT}t-\frac{n\pi}{N}k\right)+\sum_{k=2}^{\infty}2\frac{V_H-V_L}{k\pi}\left|\sin\left(\frac{n\pi}{N}k\right)\right|\cos\left(\frac{2\pi}{NT}kt-\frac{n\pi}{N}k\right)$$

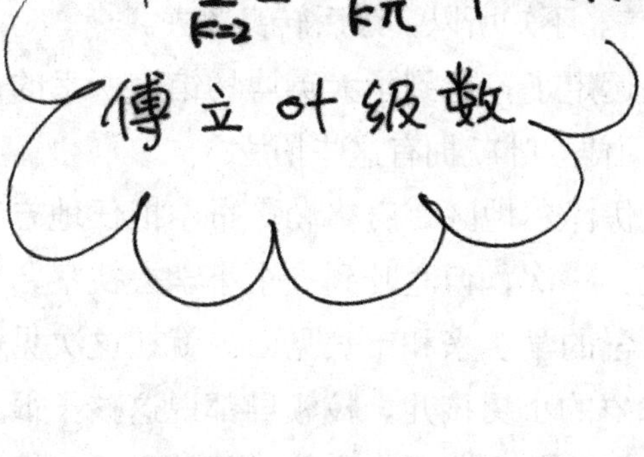

现代数学已经发现，“傅立叶变换”具有非常好的实用性质，它在物理学、数论、组合数学、信号处理、概率、统计、密码学、声学、光学等领域都有着广泛的应用。我们现在的计算机技术中，其中有一个数学算法就叫“快速傅立叶变换算法”，该算法大大推进了计算机技术的进步。

由此看来，傅立叶在科学领域中的贡献功不可没。他在拿破仑那个时代，认识到了政治争斗的无聊、荒唐、虚伪、残暴，毅然辞官职、弃爵位，投身科学研究，应该是一位弃暗投明的识时务者且卓有成就者。

公元1827年，傅立叶被选为法兰西学院院士。公元1830年，傅立叶去世，终年62岁。

傅立叶的成就对数学和物理学在以后的发展产生了很大影响。但傅立叶在他波澜起伏的一生中还做了一件小事，一件看似微不足道的小事。这件小事产生的影响很大，以至于我们应该把埃及学的诞生多多少少地也归功一些于傅立叶。

还在追随拿破仑远征埃及期间，傅立叶就曾目睹了那个从罗塞塔小镇挖来并被送到开罗埃及科学院的石碑，也就是那块刻有三种文字的石碑。傅立叶对这块石碑也很感兴趣，也想要解读那石碑上的象形文字。然而，他不是语言学家，也不是文字学家，他的才华在物理和数学上，对着这块石碑，傅立叶一筹莫展。当然，这不能怪傅立叶，即便是后来的许多大牌语言学家、文字学家，望着那块石碑上的象形文字也是搔头弄首、不知所以，最后转身离去。

罗塞塔石碑后来被英国人运走了，运到了大英博物馆。所幸的是，法国人留下了一些拓片，而傅立叶就拥有这些拓片。

后来傅立叶回到法国，在伊泽尔地区首府格勒诺布尔担任地方长官，大概就是市长的职位吧。一次，傅立叶到一个小学去视察，学校的领导推荐了一些聪明好学的学生来和市长见面。就在这次见面会上，傅立叶看到了一个12岁的小男孩儿，校领导都说这孩子很有语言文字天赋。傅立叶和小男孩儿交谈了一会儿，便慧眼识珠地认为：此男孩将来必成大事矣。傅立叶鼓励小男孩儿好好学习，并将自己珍藏的罗塞塔石碑拓片送给了这个小男孩儿，希望他将来能破解这美丽、神秘的古埃及象形文字。这个小男孩儿后来终于不辜负傅立叶大人的希望，在解读象形文字、创立埃及学方面创下了不世之功。

这个天才的小男孩就是上一篇文章中曾提到的商博良。

2. 托马斯·扬

商博良确实是个小天才，但到底他如何是个小天才，又做出了如何的不世之功，容我们以后再讲。现在，我们还是随着那个罗塞塔石碑到英国去看看，看看在英国围绕着这块石碑都发生了什么事情，讲一讲英国的一位少年才子。

英国人将罗塞塔石碑拉到了大英博物馆，将它矗立在大英博物馆门口最显眼的地方，供世人观赏。一般的普通老百姓来了，只是看看热闹，顶多赞美一下英国强盗很英勇，将东方别国的一件宝贝给抢了过来，并不会深究那石碑上的文字如何如何。

然而，就在这些英国人当中，有一个气质傲慢又精力旺盛的年轻人却对石碑发生了浓厚的兴趣。他围着石碑绕了好几圈，看了看石碑旁边的说明，心里面暗自冷笑了两声：哈，这有什么稀奇的，不就是一些具有一定逻辑关系的密码嘛，手到擒来的小事而已，看我来怎么破解它吧。这个年轻人很自负，当然也极为聪明，他要破解这石碑上的象形文字。这个人叫托马斯•扬。

托马斯•扬，公元1773年出生于英国萨默塞特郡一个富裕的家庭里，家庭里有着浓厚的宗教氛围。这个托马斯•扬自幼就智力过人，有神童之称。据说，扬2岁时就学会了阅读，对书籍表现出强烈的兴趣，4岁时能将一些英文的及拉丁文的诗歌背得滚瓜烂熟，6岁时已经把《圣经》从头至尾看了两遍，9岁时开始掌握车工工艺，能自已动手制作一些物理仪器，比如显微镜、望远镜之类，10多岁时开始自学牛顿的微积分，而且还真的学懂了。除了这些，扬还有一条最为引人注意的特长就是他对语言文字的喜好和洞察力。

在扬14岁之前，他已经学会了十几种语言，除了英语、拉丁语外，还有希腊语、意大利语、法语等，对这些语言文字，他不仅能熟练阅读，而且还能用这些语言文字做读书笔记。再之后，扬又将他的语言学习范围扩大到了东方语系，如希伯来语、波斯语、阿拉伯语，而且也都有成就。看看扬少年时代的这些成就，可以说，扬智力过人、可谓神童不是言过其实，而是实至名归。

再往后，当扬从少年成长为青年的这一段时间，扬仍然是精力旺盛、才智过人。父母送他进过若干个学校，但扬还是把自学作为获得科学知识的主要手段。后来，少年才子扬终于上了大学，但一所大学好像不能满足他的求知欲，他先后上了伦敦大学、爱丁堡大学和格丁根大学。尽管在这些大学中所学的专业是医学，但他却对音乐有着强烈的兴趣，喜欢演奏乐器。据说，他可以弹奏当时的各种乐器，当然肯定是英国顶多是欧洲的各种乐器，中国乐器估计不行。而正是由于他对音乐的爱好，又使得他对声学发生了兴趣，之后又由声学转向光学。可见，扬是个多才多艺、善于举一反三的天才。

公元1793年，扬20岁，他写了一篇论文叫《视力的观察》。在这篇论文中，他提出：人的眼睛是个晶状体的东西，具有聚光的作用，人眼就是靠调节这个晶状体的曲率才可以看清不同距离的物体。这一理论被后来无数的实验分析乃至医学解剖所证实。

公元1794年，扬又提出了颜色的三原色理论，他认为一切色彩都可以由红、绿、蓝这三种原色经过不同比例混合而成。现在，这一原理，已成为色彩理论的最最基础的理论。

托马斯•扬还是波动光学的奠基人之一。公元1800年前后，扬便开始了一系列的关于光波干涉的实验。扬让一束光穿过两条相距一定距离的平行的狭缝而投射到背景为暗色的一块背板上，奇怪的是，背板上呈现出来的并不是两条光斑，而是一组相互平行的多条光斑。这就是最著名的“扬氏光波干涉实验”了。这个实验有力地证明了光具有波的特性，同时光波具有干涉作用。于是扬大胆地提出：光也具有波的属性，而且，在一定条件下，两个相重叠的光波可以相互干涉，甚至减弱，直至抵消。

在公元18世纪末、19世纪初时，欧洲科学家们对于“光”到底是“粒子”还是“波”曾有过一段非常激烈的学术论战，扬的实验和理论无疑为这场论战又投下了一枚重磅炸弹，同时也为论战中的“波”派提供了更有杀伤力的武器。欧洲科学家们关于“光”的“波”、“粒”之争最终导致了量子物理学的诞生，而在这意义非常、可以和“牛顿运动定律”、“相对论”相提并论的“量子理论”的诞生过程中，扬发挥了不小的作用。

在扬逐步步入中年的时候，他已经涉足多项科学与技术领域。声学、光学、生理光学、流体动力学、虹的理论、潮汐理论、毛细作用、造船工程、用摆测量引力等，扬无一不涉足。除了科学技术领域，扬的业余爱好还有小提琴、杂技。扬后来还和《英国百科全书》合作，为该书撰写条目。扬所撰写过的条目除了他在大学的本科——医学方面的众多条目外，还包括埃及、年金、字母表、露、颜色、眼睛、焦点、毛细作用、内聚力、水力学、吸力、摩擦、运动、阻力、声音、波动、强度、船舶、潮汐、日月晕等这些众多领域的条目。扬似乎是一个不知疲倦、大脑高度发达的机器人，无论是哪个领域，无论需要什么技巧，只要扬一接触，便会融会贯通、得心应手。难怪此人非常自负、傲慢，这是一个不世出的天才、奇才也。

公元1814年，扬41岁，此时他又对另一项事情发生了兴趣，那就是在大英博物馆里静静地矗立着的那块从埃及运回来的大石头——罗塞塔石碑。扬每次到大英博物馆去，都看到这个黑色的石碑静静地、神秘地站在那里，仿佛嘲笑着每一个从他身边走过的人，那石碑上的象形文字仿佛就像是一组组神秘的密码，等着那与它心灵相通的人来破解。扬每次走过这块石碑时，都觉得石碑在冷冷地斜眼看着他，在向他发出挑战。一颗自负的心受到了刺激，扬决心要破解这个石碑上的象形文字。

事情看上去似乎简单。因为，石碑最下面一段的古希腊文已经被读懂，意思也大致了然，而石碑上面的两段文字，只要和下面的古希腊文进行比对应该就可以破译出来。然而，扬这次遇到了真正的敌手。

扬终日里手捧那个石碑的拓片，反复掂量、比对上面的文字，就这样多少年过去了，竟然一无所获。扬在想，可以肯定的是，上面两段象形文字的内容应该和下面古希腊文字的内容是一样的，但这些象形文字中的符号又都代表着什么意思呢？表意呢？还是形声？这个从幼儿开始就对语言文字有着特殊天赋的天才此时竟然也一筹莫展了。

公元1819年，扬在苦心研究了5年之后，才勉强对外界宣布，他辨认出了这块石碑上象形文字中的十几个单词。但是关于象形文字符号之间的内在联系是什么，它们的逻辑关系是什么却依然是不甚了了。

扬后来听说在法国有一个叫商博良的年轻人也在研究这块石碑，扬终于放下身段写信给小商，探讨罗塞塔石碑上的密码之谜。小商此时也没有多大进展。于是商、扬二人便隔海切磋开来。

无论怎样，托马斯•扬确实是一个天才，他成熟之早、涉猎之广、研究之精、精力之旺盛、于欧洲的科学进步之作用不菲，无不被后人啧啧称道。扬在公元1829年去世，终年只有56岁，按照现在的标准，应该算是英年早逝了。尽管没有最终破解出石碑上的密码，但托马斯•扬，这位奇人的聪明才智却被后人永远地记住了。

3. 商博良

好，说完了英国的托马斯•扬，我们再回到法国。

在法国，同样有一位少年才子对埃及象形文字产生了兴趣，而且不单单是产生了兴趣，而是毕其一生来破解象形文字并最终创立了一门学科——埃及学。这位少年就是曾受到过傅立叶接见和鼓励的那位语言天才小学生商博良。

商博良，公元1790年12月23日生于法国南方洛特省菲杰克小城，父亲是小城里的一个书商，所以，商博良从小就受父亲的熏陶，对书有着特殊的爱好，尤其着迷于语言文字的学习，他似乎是语言文字方面的神童。

上面是官方正史的记载，但不足以看出这个商博良到底有多神。而民间的传说则确实告诉我们，这个小商博良来之若神。

据传说，商博良的老爸叫贾克•商博良，老商博良以卖书为生，但却一生穷困潦倒，没有什么大起色，娶了个老婆还是个残疾人，终年卧床不起。公元1790年这一年的年中，残疾的老婆好像更加虚弱，气若游丝，神志恍惚，老商博良看不过去，请了一位巫师来给诊断、驱邪。那巫师跳了舞、烧了香后，便称病妇是有喜了，于是把病妇放在加热的草药垫上，并给她热葡萄酒喝。临走，巫师叮嘱老商博良要按照他的要求如此这般地去做，不久，病妇可愈且一定会产下一男婴，而且更重要的是，这个男婴长大后将成就不凡、名垂千古。

老商博良听了巫师的话后诚惶诚恐，又将信将疑。他按照巫师的要求每日为残疾老婆敷中药、喝红酒，谁成想，病妇还真的有了起色，几天后，病妇竟然自己下床了。再过几个月，病妇真的产下一男婴，这男婴便是商博良了。

无论这个传说有多大的可信度，这个商博良是个小神童却确定不疑。

商博良4岁时就学会了读法文，9岁时学会了古希腊文和拉丁文。12岁的时候，商博良来到了格勒诺布尔城的一所小学学习，在一个偶然的机会里见到了市长大人傅立叶。傅立叶见到这个聪明的小男孩，认为很有潜质，便向他展示了罗塞塔石碑的拓片以及一些纸莎草纸文献，并鼓励他好好学习。小小的商博良从此对古埃及的语言、文字产生了兴趣，尤其对象形文字痴迷如狂。对埃及古代文物的兴趣又激发了他学习语言的热情，这之后，商博良又学会了希伯来文、阿拉伯文、叙利亚文以及古印度的梵文。

商博良不愧是一个语言天才，他小小年纪，便学会了如此众多的语言和文字，实在是让人不能理解。

公元1807年，商博良17岁，他来到了法国的首都巴黎，继续学习东方语言。在这期间，他又学会了波斯语和科普特语，而这个科普特语是公元3世纪以后埃及人使用的一种语言。公元3世纪时，基督教传入埃及，埃及人为了抄写和翻译《圣经》的方便，借鉴希腊文的24个字母，再加进7个世俗体文字作为补充字母，创造了科普特语。在公元7世纪时，阿拉伯人征服埃及，从此，科普特语又逐渐地被阿拉伯语代替。

通过学习及思考，商博良认为，科普特语就是用希腊字母书写的古埃及语。这个想法一直萦绕在他的脑海里，他在努力探索这之间的种种关系和奥秘。商博良认为，科普特语是他将来研究象形文字、研究纸莎草纸文献、研究埃及的重要基础和工具，所以，他特别卖力来学习它。

商博良的学习是刻苦的。他在一篇日记里写道：

> 星期一八点一刻，我动身去法兰西学院，九点到达，听萨西先生的波斯语课到十点钟。然后我到奥德朗先生那里去，中午前的两个小时，我们讨论东方语言，翻译希伯来语、叙利亚语、迦勒底语和阿拉伯语，并且用半小时研究迦勒底语和叙利亚语的语法。中午我们下楼，他去教希伯来语课。他称我为班上的族长，因为我学得最好。一点钟下课后，我穿过巴黎，到城另一端的专科学校，去听两小时的朗格莱斯先生的课程。他对我特别照顾，我们每天晚上长谈。

从这篇日记里可以看出，商博良一天的时间几乎都是泡在学业里了，难怪他的成绩如此骄人。这真是天才加勤奋。

在巴黎学习了两年后，商博良又回到了格勒诺布尔，这时他19岁。在格勒诺布尔，他完成了博士论文，并着手写他的第一部学术巨著。这部学术著作的书名很长，叫《法老时代的埃及，或冈比斯入侵之前的埃及之地理、宗教、语言、文字和历史的研究》。书名很长，是符合了当时法国人写学术文章的习惯。这部著作规模宏大，商博良没能完成它，只是完成了其中“地理”方面的一些小部分。但我们还是可以从中看出，商博良起点很高，从小就具有科学研究的天分。

尽管商博良是个读书人，简直就是个书虫或书呆子，但他在学术研究的时候，有时竟也热衷并投身于政治。

公元1815年的时候，拿破仑结束了流亡厄尔巴岛的生活，率领700人偷偷地返回了法国，开始了他的百日王朝。很可能是受傅立叶的影响，商博良也很崇尚拿破仑。当拿破仑的军队来到格勒诺布尔城的时候，商博良竟然自己爬到城堡的上面，拔掉了波旁王朝的白色旗子，以迎接拿破仑的到来。拿破仑和傅立叶一样，也欣赏商博良的才华，并鼓励他继续学术研究，同时也给了他一个官职。但好景不长，仅仅100天后，拿破仑军队就在比利时的滑铁卢战役中全军覆没，拿破仑又一次被放逐。

由于受到拿破仑的牵连，商博良的仕途也受到影响。但无论如何，商博良始终没有忘记他在学术上的追求，他时刻在关注着对于象形文字的研究。罗塞塔石碑的破译是揭开象形文字秘密的关键，商博良也没有忘记傅立叶市长大人的教诲，始终对此予以密切关注和孜孜探求，期望有一天能够破解其中的秘密。

在商博良之前，或者说在托马斯•扬之前，学者们普遍认为，象形文字就是或以图示意、或具有象征含义的一堆符号或简化图形，比如三条曲线代表水，三角形代表山，房屋形状代表房屋，旗子代表神等。所以，在商博良之前的一些语言学家虽然也在努力破解埃及的象形文字，但都是从探索这些图形所代表的象征性含义这个角度来工作的，多少年来，进展不大，而且几乎是束手无策了。甚至到后来，有人干脆提出，所谓的象形文字其实根本就不是文字，只不过是用作装饰的花饰而已，没有什么具体含义。

商博良在这些观点面前也犹豫不决。所谓的“象形文字”到底是文字呢？还是纯粹的装饰花纹？如果是文字，则必然有一定的内在逻辑。而这个逻辑是什么呢？单纯地只是象征符号吗？多少年来，如此多的人都在努力破解这个象征符号，为什么至今没有进展呢？商博良陷入苦苦思索之中，就如同当年中国的王守仁面对家中的竹子百思不得其解时的状态是一样的。小商想，象形文字是象征符号这一观点应该是正确的，它不光是之前的许多权威们提出来的观点，就是凭直觉也似乎应该是这样的，但如果不相信这个观点吧，也不行，因为没有别的更好的解释可以代替。

这些问题困扰着小商。然而我们说小商是天才、是神童，此话不是夸大，小商的不同之处就在于他能跳出既有的思想框框，敢于不落前人的窠臼。于是，一日，小商突然灵机一动，脑子里冒出了这样一个念头：

这些象形文字会不会不单是具有象征意义的表意符号，而且是具有表音功能的字母呢？

这一灵光乍现确实不简单，几乎可以和后来的“量子物理”及“相对论”比美了，它突然之间扭转了人们对象形文字的传统认识。

我们说，学术上的伟大发现很少是按照准确预定的时间做出来的，它往往是研究者在某一特定问题上长期锻炼自己的头脑过程中得出的无数成果的总和，是自觉的东西和不自觉的东西、有意的观察和无意的冥想的交叉点。

商博良这一惊人想法出现的确切日期我们现在无从可考，但大致是在他25岁左右。

在这一想法之后，商博良开始着手按照这一想法去工作。他先注意到了在罗塞塔石碑上最下面的古希腊文中有当时埃及法老托勒密的名字，既然这样，在上面两段古埃及象形文字中也应该出现托勒密的名字才对。那么，象形文字中哪个符号代表法老托勒密呢？

商博良注意到，在象形文字中，总会出现一些被一种椭圆形圈圈包围的符号，当时有人认为，这种椭圆形圈圈只是一种装饰，并无特殊的含义。但商博良认为，这个椭圆形圈圈大有文章。商博良认为，这种装饰是用来加重语气的一种符号。而什么东西才需要加重语气呢？商博良又是久久思索。突然，又是一道灵光乍现，小商认为，在这个椭圆形圈圈里包围的符号很有可能就是代表国王或法老名字的符号，因为只有国王或法老的名字才会被人特别重视，而正因为如此，他们的名字才要用一种特别的装饰来强调。

在这个思想的指导下，商博良又找来了其他一些古埃及的文物复本，用同样的方法来寻找国王或法老的名字，这次他找到了与著名的埃及艳后克丽奥佩特拉相对应的象形文字符号，当然，这些符号也是在椭圆形圈圈的包围之中。再将和克丽奥佩特拉相对应的这一组符号与和托勒密相对应的那一组符号相比对，商博良终于有了惊天的发现。

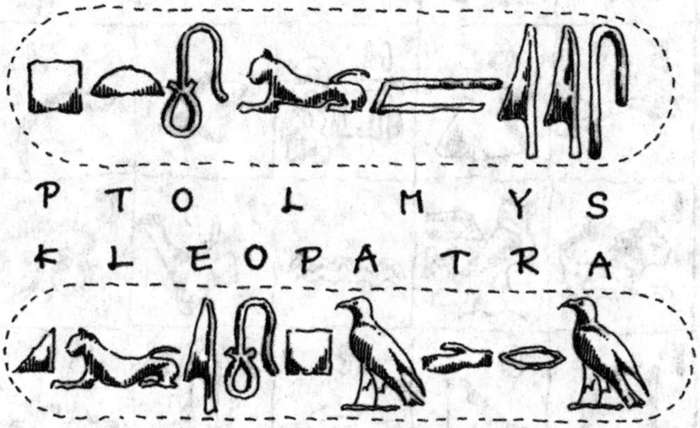

仔细拼读，居然拼出了"托勒密"和"克丽奥佩特拉"

可以明显看出，代表克丽奥佩特拉一词的第二、第四和第五个符号，各同代表托勒密一词的第四、第三和第一个符号相符。哈哈，原来如此啊。踏破铁鞋无觅处，得来全不费工夫。至此，商博良终于找到了破译象形文字的钥匙。

任何伟大的发现事后看来都似乎是简单的。

商博良的发现现在看来也似乎很简单。然而，这个简单的问题，由于受到既有的思想框框的限制，竟使得多少人在它面前受尽磨难而最终投降。

商博良根据这一发现，最终认为，象形文字其实是一种既表意、也表声的文字系统。

公元1822年，商博良向法国的学术机构递交了一篇论文，宣称自己破解了古埃及人在石碑上刻写君主姓名时所使用的标音象形文字的字母表。这篇论文在学术界立即引起了轰动。

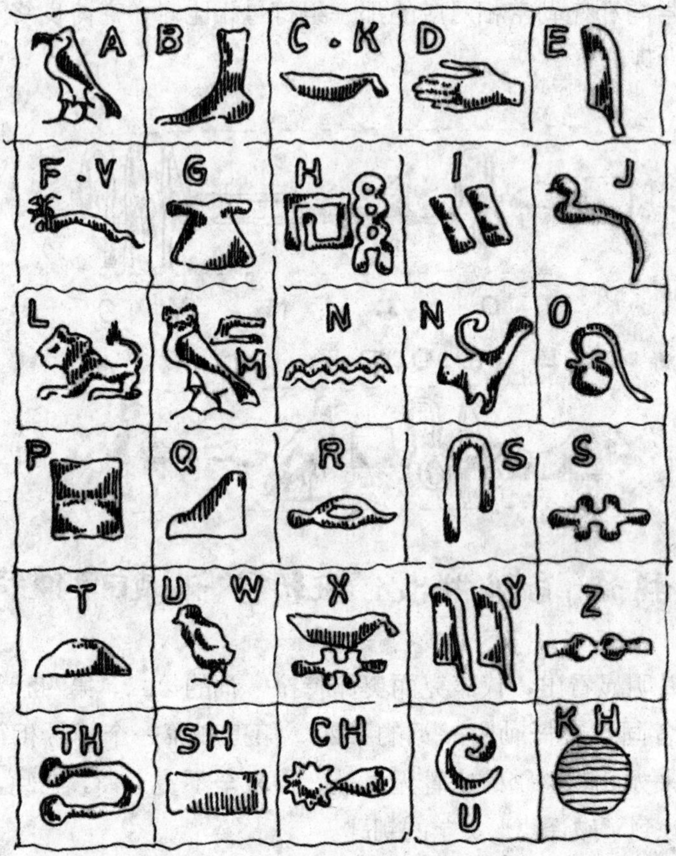

象形文字的符号居然和发音有关

公元1828年，商博良有幸亲自到埃及去考察，他从北面的亚历山大城，一直走到南面的阿斯旺，足迹几乎遍及整个埃及。在这期间，他每到一地，便阅读、抄写、翻译文献，以进一步证实他的字母表。公元1829年1月1日，商博良在一张从埃及发回法国的贺年卡中写道：

> 顺着尼罗河从河口走到第二瀑布之后，我意识到，我那篇关于象形文字字母表的论文不必作任何修改。我的字母表是正确的。这字母表可以用来释读罗马人时代和托勒密时代的埃及文物，更可用在法老时代的神庙、宫殿和陵墓里的碑文上。这可真是令人兴奋啊！

商博良是应该兴奋。尘封了1 400多年的象形文字的秘密终于被破解了！

由于商博良的成就，他被任命为查理十世博物馆，也就是今天的卢浮宫博物馆埃及馆的馆长。

由于象形文字的被破解，一门新兴的学科——埃及学也随着诞生了，古代埃及的秘密也一点一点地被揭示出来。商博良的精神和成就，也成为了日后埃及学学者的典范。后来的埃及学学者们正是借助于商博良的发现，才得以能够沿着一条正确的道路开始研究古埃及文明。商博良被世人称为埃及学之父。

考察商博良的成长过程，看到他在小小年纪便通晓好几种外国的语言和文字，我们不得不承认商博良是个天才少年，他在语言和文字方面有着特殊的认知力和感悟。他的天才与勤奋使得他成就了一番事业。

公元1832年，这位从埃及归来不久的天才少年因劳累过度而英年早逝，年仅42岁。

4. 命运多舛之少年才俊

商博良的确很可惜，年纪如此轻轻便劳累而逝，实在是让世人扼腕痛惜。不然的话，长寿的商博良很有可能会有一些更大的作为，我们这个世界也许要更多一些精彩。

然而，这些都是假设了，是一种美好的愿望。而纵观世界历史，确实有很多像商博良这样的天才少年，英年早逝而让后人痛惜不已。

音乐神童莫扎特，公元1756年生于奥地利，3岁时便显露出了极高的音乐天赋，4岁时开始学习钢琴，5岁时开始作曲，6岁时即登台演出。然而，莫扎特却因劳累过度，过早地离开了人世，他去世的时候年仅35岁。莫扎特在他短短的一生中，创作了22部歌剧、41部交响乐、42部协奏曲、1部安魂曲以及无数的奏鸣曲、室内乐、宗教音乐和歌曲等，堪称成绩辉煌。

德国物理学家赫兹，公元1857年生于汉堡，少年时代就迷恋于光学和力学实验。公元1888年，他成功地进行了电磁波的实验，证明在自然界中电磁波是真实存在的，并掌握了电磁波的一些物理特性，从而开创了无线电电子技术的新时代，之后的无线通信、收音机、电视、雷达皆应运而生。赫兹对人类文明做出了很大贡献，正当人们对他寄以更大期望时，他却于公元1894年元旦因血中毒逝世，年仅36岁。为了纪念他的功绩，后人用他的名字来命名各种波动频率的单位，即“赫兹”。

中国唐朝初年，有一位青年诗人王勃，少小时即才华早露，还未成年就被推荐去做官，14岁时应举及第，这之后更是声名鼎盛，号称“初唐四杰”之首。26岁时，王勃探亲途中路过洪都府，即今南昌，正逢滕王阁新修，大宴宾客，遂被邀写诗作序。王勃面对群儒，欣然执笔操觚，仅一顿饭的工夫，就洋洋洒洒地完成了一篇千古名文《滕王阁序》，文不加点、一气呵成，且不易一字，使得满堂众儒生们皆惊。在这篇千古名文中，王勃更是为我们留下了“落霞与孤鹜齐飞，秋水共长天一色”的千古名句，令世世代代文人骚客长吟不已。然而，青年才子王勃翌年就在一次溺水事故中身亡，年仅27岁，真令后人叹息。

中国清代初年，有一位喜欢写词的文弱少年，纳兰性德，号称清初第一词人。这位八旗子弟，生于权势富贵，却爱结交落拓文人，身处花柳繁华，心却游离于喧闹之外，一个长须男人，却满篇哀感顽艳，一生以写词写情为长。他的词既真挚浓烈，又微妙传神，不光是在清代词坛上，就是在整个中国文学史上都享有很高的声誉。“谁料晓风残月后，而今重见柳屯田。”然而，这位多愁善感的词人在30岁时便飘然成仙了。此君度过了一季比诗歌更富诗意的生命，所有人都被甩在了他橹声的后面，以标准的凡夫俗子的姿态张望并艳羡着他。是的，他的词可以催漫天的焰火盛开，他的词可以催漫山的荼蘼谢尽。

徐志摩，中国现代一位大名鼎鼎的诗人，才华横溢、诗情流淌。若是问徐志摩到底有多少才华、如何横溢的，只需看看徐志摩用过的名字就知道了，章垿、槱森，这两个分别是他的原名和字，还好，中国的文人大都有字的，多个别名也不算什么，再看他的笔名，据不完全统计，徐用过的笔名有南湖、诗哲、海谷、谷、大兵、云中鹤、仙鹤、删我、心手、黄狗、谔谔等如此之多，难怪说徐诗人才华横溢呢，名字少了，真的容不下这个徐志摩。再说徐的诗情流淌吧，看看与之耳鬓厮磨的女性就知道了，张幼仪、林徽因、凌叔华、陆小曼、韩湘眉，不少了吧，但这还只是中国的女性，而且，这其中的林、凌、韩曾是当时号称中国文坛四大美女的三位。徐最有名的诗句当然是那个“轻轻的我走了，正如我轻轻的来；我轻轻的招手，作别西天的云彩”了，可惜的是，徐当真化作天边的云彩一去不返了。徐志摩因飞机失事去世，年仅34岁。

好了，说了这么多的少年才子短命的故事，还是回到我们的主题，商博良。商博良的一生也是才华横溢的一生、短暂的一生。在他短暂的一生中，商博良遇到了几个同样才华横溢、同样少年早慧的人。

第一个就是我们前面提到过的法国数学家、物理学家傅立叶。傅立叶在担任法国伊泽尔地区首府格勒诺布尔地方长官的时刻见到了当时只有12岁的商博良，他见这位少年天资聪颖、擅长语言文字，便鼓励他研究古埃及的象形文字，并将一些古代埃及的文献复制件送给了商博良。傅立叶于商博良虽然一面之交，但却是知遇之恩、启蒙之恩。商博良也从此立下恒心要攻破象形文字这一难关。

第二个也是我们前面提到的一位少年才子，英国人托马斯•扬。扬与商是同路人，但又互为竞争者，都立志于破译象形文字。没有文献记载扬与商曾见过面，但他们肯定通信不断，交流不断。其实，扬在商之前已经猜想到，象形文字极有可能是一种拼音文字，只是扬没能再进一步，彻底破译象形文字。尽管商博良在与扬的交流中时常讥讽扬，语言也多有冒犯之处，但商博良其实是受到了扬的很大的启发的。在扬的启发下，加之商博良掌握了众多的古代语言，尤其是他掌握了科普特语，这个古代埃及人从公元3世纪到公元7世纪使用了几乎400年的语言，从而使得商博良能够更胜一筹，更容易理解古代埃及人使用象形文字时的语言和文字，从而最终破译出象形文字。

第三个人对商博良的影响最大、帮助最大，而且也是一位不折不扣的少年才子。此人不是别人，而是商博良的亲哥哥雅克-约瑟夫•商博良。为了便于与商博良区别，我们就称哥哥为雅克-约瑟夫吧。

雅克-约瑟夫比商博良年长12岁。没有文献资料说明兄弟俩是否异母所生，但这个哥哥雅克-约瑟夫确实也是一个少年才子，也是一个在很小的时候就掌握了多种语言文字的语言天才。所以很难想象一个长期卧床的残疾妇人能够生出如此一对智力超常的儿子来，真是神来之笔。

雅克-约瑟夫对商博良的影响除了在学业上的引导和启发外，而更多的是父兄式的关爱和提携。当商博良还是幼儿时，正逢法国大革命社会动荡期间，哥哥雅克-约瑟夫就充当了这位儿童的启蒙老师，好在父亲是书商，家里不愁缺书，哥哥便将一些有价值的书念给商博良听，并教他认字。当年，当商博良还是一个12岁的小学生时，正是雅克-约瑟夫，这个在傅立叶身边当私人秘书的哥哥向傅立叶推荐了商博良，才有了市长大人到小学校去视察并接见小学生的故事，之后，又是雅克-约瑟夫为商博良申请到了一笔助学金，使得商博良能够继续求学。当拿破仑从流亡地厄尔巴岛返回法国开始百日王朝时，又是雅克-约瑟夫，引领商博良一同投入到再次推翻波旁王朝的运动中，并带着商博良前去拜见了当世枭雄拿破仑，得到拿破仑的赞赏。拿破仑也是一个埃及迷，知道商博良对象形文字感兴趣，便立即鼓励他研究下去。拿破仑倒台后，兄弟俩都受牵连，公职被解除，不得已，雅克-约瑟夫带着商博良下海经商谋生，但他们的经商其实是开办学校，可见这两位年轻的读书人何等爱学习，生活都不能保的境况里还没有忘记读书办学校。当商博良后来又身陷缧绁之忧时，是雅克-约瑟夫在巴黎为他提供了避难所，并为他收集文献资料以供研究之用。当商博良去世后，又是这个哥哥竭尽全力将弟弟的手稿及研究成果编辑成书，为后人留下了更多的文化财富。

这样的哥哥真是一个宽厚、仁爱、有慧眼、有责任心的伟大之人啊。

雅克-约瑟夫虽然也是少年才子，但却长寿。雅克-约瑟夫•商博良于公元1867年去世，终年89岁。

悠悠岁月八千年

1. 最初的发现

前面的文章讲述了古埃及象形文字的破解过程。

这当中，拿破仑应该是无心插柳的人。因为，他的脑子里主要装的是权力、王位，而对古代埃及文化的欣赏仅仅是饭后茶余的消遣而已，绝没有为之奋斗终生的打算，这就好像他在埃及的猎艳一样，多少美妙女子都与他有肌肤之亲，然而，他为了权力，却悄悄地从埃及开溜，头都不回。

商博良却是一个为了埃及文化奋斗终生的人。商博良花了几乎整整20年的时间来破解罗塞塔石碑，又花了整整10年的时间在埃及学的创立上面。罗塞塔造就了商博良，商博良造就了埃及学。

在整个人类社会的文明史中，还有一种文字堪与古埃及的象形文字相媲美，其系统也发达，其历史更悠久，而且也如同象形文字一样，在它繁荣了几千年之后，竟然神秘地退到了历史的深处，成为了无人能懂的天书。这种文字就是楔形文字。而后来楔形文字的重又被发现和被破解也如同象形文字的被发现、被破解一样，充满了传奇色彩。

公元15世纪时，正值欧洲文艺复兴时期，一个名叫巴布洛的意大利旅游爱好者，离开家园向东方而去。他认为外面的世界很精彩，于是，走着走着就到了西亚。一天，他来到了西亚的大城市设拉子，也就是现在伊朗西南部的一个大城市。在设拉子的一些古老寺庙里，巴布洛看到在那残破不堪的墙壁上，有很多奇怪的、似文字又似图画的刻写。这些刻写的每一划都有一个呈三角形的尖头，看上去很像一个个钉子，也像木楔子，有的横卧着，有的竖立着，有的则斜放着。巴布洛感觉挺奇怪。这墙壁上的刻写是什么东西呢？是文字吗？还是图画？抑或是别的什么？巴布洛带着疑惑回到了意大利，向周围的亲朋好友讲起了这件事，但大部分人对他所讲的事情不感兴趣，即便是有少数人对遥远国度的文化、历史感到好奇，也只是问了问情况，仅此而已。那时的意大利，人们正忙着自己的文艺复兴，自己祖先的事情还没搞清楚呢，西亚离他们那么遥远，哪里顾得上！所以，时间一久，人们就把这个事情淡忘了。

过了100多年，到了公元16世纪末17世纪初时，又有一个意大利人来到了设拉子，他叫瓦莱。瓦莱也发现了这些寺庙墙壁上的奇形怪状的符号，但他比巴布洛要勤奋一些，他把这些墙壁上的刻写抄了下来，做成了摹本。后来，瓦莱又来到了两河流域，在这里，他又发现了一种刻在泥板上的图案，这种图案和设拉子寺庙墙壁上的图案几乎一样，都是一个个有着尖头、像木楔子一样的刻画。于是，瓦莱断想，这很有可能是古代西亚人的文字，这些文字一定记录了当时的一些重大历史事件。同样，瓦莱把在两河流域的发现也做成了摹本。就这样，瓦莱把他在西亚发现的这些符号的摹本带回了欧洲。他让欧洲人第一次知道了，在古代西亚，很有可能曾经有过这样一种奇怪的文字。

从公元17世纪开始，一些探险家和考古学家又从两河流域一带陆陆续续地挖出了大量的陶器、石雕和泥板。在这些出土的文物上，很多都有着那像是钉子一样的、或者是像木楔子一样的奇异的文字符号。欧洲人断定这些符号肯定是一种文字，而且是一种颇具体系、颇为成熟的文字。

尽管还不解其意，但欧洲人开始将这种像木楔子又像钉子头的文字称为“楔形文字”。

楔形文字，其英文是cuneiform，而此英文来源于拉丁语，是cuneus（楔子）和forma（形状）两个单词构成的复合词。楔形文字也叫“钉头文字”或“箭头字”。

楔形文字如同古埃及的象形文字一样，对欧洲人来说，就仿佛是天书一般，没人能读懂。欧洲人只是把这些古代文物供起来，左看右看，前看后看，却始终不知道这些像一堆小钉子似的图案到底要表达什么意思。

2. 酒后打赌

事情就这样又过去了近200年。

公元1802年的时候，在德国的一个中学里，有一位希腊语教师，名叫格罗特芬德。一次，这位年仅27岁的青年教师在和几个朋友聚会时喝多了酒，开始吹起牛来。格罗特芬德吹嘘说，他可以破译西亚的楔形文字。几个朋友听了他的话，不以为然，认为这是酒后大话，便与他打赌说如果破译了将如何如何，如果没有破译又将如何如何。

酒醒后的格罗特芬德想起了醉酒时说的话，觉得不可食言，说不定，自己还真能成就一番伟大的事业呢。于是，他还真开始对楔形文字研究了起来。格罗特芬德本是语言教师，对语言文字有一些特殊的灵感，他利用手中的几份从波斯波利斯搞来的铭文摹本开始了苦心琢磨。这个波斯波利斯也是个古城，大概位于设拉子东北方向50公里处，现在只剩下一些遗迹了。格罗特芬德先是做出大胆的猜想，断定在这些铭文中必定有当时国王的名字，如大流士、薛西斯等，然后再用这些人物之间的关系，如“薛西斯乃大流士之子”等，加上句式、逻辑去套解楔形文字，结果竟然大获成功。格罗特芬德竟然用这种方法成功破译出10个楔形文字。

这个“醉酒打赌破译楔形文字”的故事被很多文献引用，传为佳谈。但仔细推想起来，却很有可能是格罗特芬德自己搞的一个把戏。很有可能，格罗特芬德很早就对楔形文字有了研究，而且有了小小的成果，只是没有机会或没有胆量向公众公布，他只是借这次聚会，在酒壮俗人胆的情况下，向周围朋友透露一点风声而已，看看朋友和周围的反应。如果研究成果得到公众认可，自然再好不过，而且还有了一个“酒后励志、奋斗成功”的美谈，如果不能得到大家认可，研究成果被大家认为是没有逻辑的胡思乱想，也无所谓，反正是一次酒后的玩闹而已嘛。

但不管是怎样，这个格罗特芬德终于将楔形文字这扇沉重且神秘的大门撬开了一道细细的缝。他的研究成果——那10个被破译出来的楔形文字——也为后来一步步开启楔形文字这扇大门提供了第一把钥匙。

3. 文武双全的军官

时间又过了31年。公元1833年，英国军队里一位陆军中尉亨利•罗林森来到了波斯，也就是现在的伊朗。这位罗林森是个不可小看的人物，他多才多艺、文武双全。

首先，罗林森是个军人，早年曾加入到那个著名的半商业、半军事的英国东印度公司，此次到波斯是受英国军方委派来帮助波斯建立军队的。可以设想，罗林森是个实干家。

其次，罗林森还是个运动健将，他善于骑马、打猎，对田径运动也样样精通，身手敏捷，体格健壮。

再有，罗林森还是个语言学家，他不但学习过波斯语，还会印地语、阿拉伯语，对古代文化有着浓厚的兴趣。

罗林森的这几项特长帮助他日后创下了不世之功。

公元1837年的一天，罗林森在工作之余来到了波斯的一个破落的小镇。当地人称这座小镇为“巴基斯坦纳”，意思就是“众神居住的地方”。小镇很普通，但在小镇的郊外有一座山，叫贝希顿山，而这座山却不比寻常了。因为在这座山上有一帧巨大的岩石浮雕画像，而且，这岩石浮雕画像是刻画在一个极为陡峭的悬崖上，山崖陡立，仿若斧切，其高度竟然有100多米。那浮雕画像上的主体是一位国王似的人物，倚弓而立，右脚踩在似乎是一个反叛者的身上；国王的后面还有两个贵族模样的人，佩戴箭筒，手持弓箭和长矛；在国王和贵族的前面还有9个瑟瑟发抖的人，似乎也是反叛者，他们的脚被绳索捆住，脖子上也拴着绳索。除了浮雕画像外，在画像的边上和底部还有很多楔形文字。

这幅巨石浮雕将罗林森深深地吸引住了。他面对这幅浮雕，心里暗暗在想，是什么人能在这如此陡立的悬崖上刻画浮雕呢，一定是一个了不起的大人物，或许就是那画像中的国王，而这些稀奇古怪的楔形文字到底说的什么呢？是歌颂国王的丰功伟绩吗？罗林森暗暗发誓，他要破解这巨石浮雕上的神秘的楔形文字，看看他们到底写的什么。

罗林森不光是有着强烈的求知欲望，而且他还有一副好的身体和过硬的攀岩技巧。估计现代攀岩运动的第一人应该非罗林森莫属。罗林森先是设法爬到了浮雕岩刻的最底部，将那些铭文做成了摹本，后来又在悬崖边架起了脚手架，去描摹更高处的铭文。再后来，脚手架都够不着了。于是罗林森干脆爬到悬崖的顶部，从悬崖顶放下一根绳子捆住自己，将自己悬在半空来描摹岩石浮雕上的铭文。

要说罗林森伟大，这伟大不光是在其头脑发达，有强烈的求知欲，而且还在于其为了求知，竟然不要命。

当然描摹铭文的工作不是一天能干完的，毕竟罗林森是军队里的军官，手中有一些小权力，所以有的时候，罗林森也雇佣当地人按照他的操作示范来继续描摹铭文。

罗林森将贝希顿山上的铭文全部都抄了下来，这就是著名的贝希顿铭文。之后，罗林森运用自己的知识，加上和其他一些专家交流、合作，开始了对贝希顿铭文的破译工作。

历史往往有很多惊人的巧合，巧合得让人觉得似乎有一股神奇的力量在暗中作怪。

首先，罗林森辨认出，这贝希顿铭文其实不是一种文字，而是三种不同的文字，是三种不同的楔形文字，它们分别是古波斯文、亚述文和埃兰文。这一发现，就如同在埃及发现的罗塞塔石碑一样，那块石碑上也是三种文字。

此时，罗林森对德国那个教师格罗特芬德的工作根本闻所未闻，但他却神差鬼使般地也运用了和格罗特芬德几乎一样的方法来破译这贝希顿铭文。很快，他就破译出铭文中用古波斯文书写的几个国王的名字：大流士、赫沙雅夏、维希塔斯巴等。借助于这几个国王的名字，又仗着自己对波斯语的精通，罗林森又破译出古波斯楔形文字中大量的单词。至此，这个贝希顿铭文中古波斯文的全部内容已经基本上被掌握了，只是三种楔形文字中的另外两种——亚述文和埃兰文还需要一段时间来破解。

公元1843年，罗林森被任命为英国驻巴格达领事。而恰在这个时候，一项重大的考古发现使得罗林森的楔形文字研究工作有了飞跃般的进展：在两河流域发现了近100块不同寻常的刻有楔形文字的泥板。

发现刻有楔形文字的泥板其实对欧洲人来说已不是什么新鲜事了，因为早在200年前就有泥板出土了。欧洲人已经知道，泥板对于古代的两河流域人来说，就是现在的纸张，是记录历史的载体。古时候，两河流域人将文字刻写在泥板上，然后再用火烧泥板，这样，泥板就变得坚固耐腐，易于长久保存了。但是，这次出土的泥板非同寻常。因为，在这次出土的泥板上，考古人员不但发现了楔形文字，而且还发现了一些“长长的表格”。这“长长的表格”一侧是描绘有各种物体的图画，另一侧则是楔形文字。

这“长长的表格”是什么?!

此时，精明的欧洲考古人员几乎不动脑子便意识到了，这很有可能是一本楔形文字的“字典”啊!

可想而知，当罗林森听到这个消息时该是何等兴奋。这次考古发现对于罗林森的研究工作仿佛有如神助，自此，罗林森对楔形文字的破译就如摧枯拉朽一般，一发而不可收拾了。借助于这个泥板“字典”，罗林森和其他几个学者共同合作，一口气破译出了约500个楔形文字的单词，甚至还成功破译出约150个楔形文字的读音。与此同时，罗林森们将贝希顿铭文中另两种文字也一鼓作气地全部破译了出来。

在泥板上刻写的楔形文字

4. 将信将疑

公元1846年，罗林森将贝希顿铭文的精确摹本和一份完整的译文交给了英国的一个科学研究机构——英国皇家亚洲学会。

英国皇家亚洲学会接到了罗林森的报告后，对罗军官的科研成果将信将疑：一个军人在业余时间的研究能当真吗？于是，为了证明罗军官楔形文字的破译是准确的、是有科学逻辑的，英国皇家亚洲学会还进行了一次小小的实验：他们把一篇无人释读过的楔形文字铭文分别寄给罗林森和其他三位语言文字学者，请求他们根据罗林森的研究成果并背对背地独立翻译它。当四位学者分别将各自的译文交到学会并被开封检验时，学会发现，这四位学者的译文内容基本上一致。此时，人们确信，这个湮没了2 000年之久的古老的楔形文字，终于又被世人所认识，楔形文字之谜终于被彻底揭开。

楔形文字的破译成功，为世人打开了一道重新认识西亚两河流域历史和文化的大门。随着前前后后几十万块楔形文字泥板的出土，随着对这些泥板文书的释读和研究，世人开始了解到，西亚的两河流域是人类文明的最早发祥地之一，而先后在这一地区生活过的苏美尔人、阿卡德人、巴比伦人和亚述人等都曾为创造两河流域灿烂的文化和文明做出了贡献。

随着世人对两河流域的进一步认识，一门新兴学科——“亚述学”也诞生了。这个“亚述学”是研究古代两河流域地区语言、文字、社会和历史的一门学科，因起始于对亚述文字的研究而得名，其研究领域除亚述外，还包括有关巴比伦人、赫梯人、迦南人、伊拉姆人、波斯人和阿尔明尼亚人等一些民族、部落的语言、文字、社会和历史。

其实，严格来说，这“亚述学”应该称为“两河流域学”。

5. 走近两河流域

被成功破译的楔形文字，引领着我们走入了一个神秘而古老的世界。

过去，在中学的历史课本里，我们学到过世界四大文明古国，而两河流域的古巴比伦就是其中之一。

古巴比伦是什么？和波斯是什么关系？和亚述是什么关系？楔形文字是从什么时候产生的，又是什么时候消亡的？等等这些问题都等着我们去探究。好在那已经出土的几十万块的泥板上，那依然还在的楔形文字可以向我们讲述这一切。

在这个富饶的两河流域，几千年来，这里的人们创造了灿烂的文明。当然，世纪更替，民族迁徙，朝代兴亡，文化交融，又使得这个地区的历史颇为复杂。翻看了各种历史书籍，查阅了各种资料，林林总总、纷繁复杂的两河流域历史该如何表述呢？

为了能使两河流域的历史更加深入人心，好记、易懂，我们还是将它分成以下几个阶段来分别叙述。这样的叙述可能不符合历史学家的要求，也可能有的历史学家看了会很生气，但，我们还是这样叙述吧。

在人类的历史长河中，我们可以看到，人类文明的发源往往和河流紧密相关，古埃及文明紧紧靠近尼罗河，古印度文明紧紧靠近印度河和恒河，黄河和长江则哺育了华夏文明，而在西亚地区，两条大河汤汤流过美索不达米亚平原，使这里成为了人类文明的最早发祥地。

“美索不达米亚”是古希腊语，其中“美索”是“中间”或者“两者之间”的意思，而“不达米亚”是“河流”的意思。显然，“美索不达米亚”就是“两河之间的地方”了。而这两条河就是著名的底格里斯河和幼发拉底河。

底格里斯河和幼发拉底河这两条大河都发源于小亚细亚东部的亚美尼亚高原，高原上雨水充沛、气候湿润，丰沛的降水灌注到了两条大河之中，使得两条大河从高原奔腾而下，之后，又流入了平缓的南部沙漠平原。两条大河就像两条生命之藤，在荒凉、贫瘠、干旱的沙漠里蜿蜒着、喘息着、奔流着，向着南方的波斯湾顽强地流去。就这样，过去了几万年，也可能是几十万年甚至上百万年，逐渐地，在两条河流的下游，由于泥沙的淤积、竟然行成了一个土壤肥沃、植物繁茂的大平原。

这个大平原就是“美索不达米亚平原”，或者称“两河流域平原”。这两个词的含义其实完全一样，无非一个是音译，一个是意译罢了。

6. 苏美尔时期

大约在公元前1万年以前，或许更早、或许稍晚一些，不知从地球的什么地方来了一批人到达了美索不达米亚平原这片肥沃的土地上。这批人到底从什么地方而来，人类学家、考古学家、历史学家至今也没有给个准确的说法，反正，这批人来到了这里，见这里水美地肥，是个适宜生活的好地方，便居住了下来。这些人头颅浑圆，鼻子挺拔突出，眼睛又圆又大，嘴也大，嘴唇厚，身材还特敦实，总之，不大像外星人的后裔。后来，我们知道他们的一个首领叫“苏美尔”，所以我们现在只好称他们为“苏美尔人”了。

这些苏美尔人自从在美索不达米亚平原上落户后，生活很是滋润，他们仗着天时地利和那圆冬冬的脑袋，发明了很多东西。

在公元前8500年左右，苏美尔人学会了种植大麦和小麦。尽管两河经常洪水泛滥，但苏美尔人比较抱团，他们结伙在田地里修成了沟渠和堤坝，使得农作物既享受河水的灌溉，又免受洪水的侵害。

在苏美尔人生活的那段时期，他们种植的小麦是很高产的。到底有多高产呢？据考古学家推测，那个时候，苏美尔人撒下一斤的小麦种子，就可以收获八十斤的小麦，这是相当惊人的数字了。要知道，在欧洲，已经到了中世纪时，那时候，人们撒下一斤的小麦种子，才可以收获5斤小麦啊。

苏美尔人不但会种粮食，而且还会做衣服。那个时候的苏美尔人，男人也不是太讲究，开始的时候，他们上身都不穿衣服，只是下身要穿一件百褶裙，而且是羊毛织品，后来，可能是气候逐渐变冷的缘故，男人也开始穿上装了。而苏美尔人的女人则穿戴要讲究、时尚一些，她们穿上衣时，只是左肩穿衣服，而右肩裸露，和我们今天电视台上歌舞节目的女主持人的穿着差不多。而有一些贵妇人，穿戴则更讲究一些，她们穿软皮鞋，还佩戴手镯、项链、戒指、耳环，甚至脚脖子上还有踝饰。

由此可见，当时的苏美尔人真是衣食无忧、富足且时尚。

到了公元前6000年左右，苏美尔人进入到了铜石并用时期，这是人类社会发展过程中从新石器时代到青铜器时代的一个过渡性阶段。由于后来我们在一个叫“欧贝德”的地方发现了这个时代的人类生活的遗址，所以，我们称这个时期的文化为“欧贝德文化”。在这个时期，苏美尔人已经掌握了人工灌溉技术，可以种植大麦、小麦和亚麻，会养牛并从事渔猎，会烧制陶器，生产工具有石制的、也有陶制的，会在陶制器上绘画，会塑造陶制的人形雕塑，而且出现了以神庙为中心的小城镇，城邦开始出现。

更为重要的是，到了公元前4000年左右，在这个地区诞生了人类最古老的文字——楔形文字。这种文字的最原始形态其实也是象形文字，是一个个的图形符号，是人们用来记录生活、管理生活的一个手段，随着时间的推移和运用这种图形符号的频繁，人们逐渐将这些图形符号固定下来，就成了文字。而楔形文字大多是用尖硬的植物刻写在泥板上，起笔很重而且印痕较深，使得这些文字成尖劈形，好像是一个个木楔子或钉子，所以就被称为“楔形文字”了。

楔形文字在其发展演化过程中有这么几个现象。一是其书写方式从最开始的纵向书写逐渐演变成横向书写，而且书写的顺序是从左至右，一如我们现代人的书写习惯；二是为了提高书写的效率，每个楔形文字的笔画逐渐简略；三是楔形文字的数量也逐渐减少，这也是出于为了规范、统一、提高效率的考虑，在楔形文字最初诞生的一段时间里，其文字的数量曾达到2 000个左右，到了公元前2900年左右时，在这1 000年左右的时间里，这个数字已经减少到600个左右了。

在从公元前8500年到公元前2360年左右的这6 000多年的漫长时间里，这些神秘的、不知从何而来的苏美尔人，一代一代地，在美索不达米亚平原上狩猎耕作、繁衍生息，他们制造工具、发明文字、学会了数学、还学会了天文，他们创立城邦、树立宗教，甚至懂得了用诗歌和绘画来表达感情、寄托愿望，苏美尔人创造了人类历史上最早的，而且是光辉灿烂的技术与文化。

我们将这一段历史时期称为“苏美尔时期”吧，因为这是苏美尔人创造的。这段时期好漫长，但它无与伦比、光辉灿烂。

美索不达米亚平原上的文明估计比古代埃及文明要早1 000年至2 000年，苏美尔人创造的楔形文字比古埃及人创造的象形文字也要早1 000年左右。而当“苏美尔时期”结束时，位于黄河流域和长江流域的华夏文明才刚刚开始。

7. 阿卡德时期

大约在公元前5000年，即“苏美尔时期”中期的时候，从沙漠深处来了一支游牧部落，见到美索不达米亚平原上苏美尔人生活得很滋润，于是也留了下来，不再到处流浪了。这支部落的人身材高大且匀称，皮肤黝黑，脸型狭长，眼窝深陷，鼻子呈鹰钩状，而且还说外语。

从身材和相貌上看，这支部落的人显然与苏美尔人是不同的。

他们是从哪里来的？别说当时的苏美尔人不清楚，就是我们现在的历史学家、考古学家也没有彻底搞清楚。我们现在只是隐隐约约地知道，由于气候变化的原因，这支沙漠游牧部落从撒哈拉沙漠北部地区开始东迁，先到了现在的叙利亚这个地方，继而又来到了两河流域，而在撒哈拉之前的事，那就真不知道了。这支部落的人操着一口流利的外语，后来，这种外语被称为“闪米特语”或简称“闪语”，这支部落的人也就被称为“闪米特人”或简称“闪族人”了。

闪族人来到了美索不达米亚平原后，建立了自己的城邦，与苏美尔人成为了鸡犬相闻的邻居，而且享受着苏美尔人创造的文化和技术，和睦共处、相安无事达2 000多年。然而，到了公元前3000年左右的时候，事情开始有了变化。

生活好了，经济发达了，欲望也就多了。“苏美尔时期”的中后期，很多外族人纷纷迁徙到这里，和苏美尔人一起在美索不达米亚平原上生活，并建立了很多的城邦。所谓“城邦”，其实就是那些个带有国家色彩的一个个小城镇，一城即一国，一国即一城。“苏美尔时期”后期，也就是公元前3000年左右的时候，这些城邦开始争夺土地和资源，城邦之间都企图消灭对方、将对方归于自己的统治，城邦陷入混战之中。

就在这混战之中，有一位叫萨尔贡的闪族人脱颖而出。

萨尔贡，出身很是卑微。据说其母是个风尘女子，从事慰安妇之类的职业。母亲怀孕生了萨尔贡，却养不起，或不愿养，于是就把萨尔贡放在一个大陶罐里，放入河中，任其漂流下去。大陶罐漂啊漂，漂到了当时的一个叫“启什”的城邦脚下，结果，被河边的一个好心园丁看到，园丁收养了萨尔贡。

萨尔贡在好心园丁的照料下长大了，成为一个聪明伶俐、英俊潇洒的闪族少年，并应征入宫，成为“启什”国国王的侍童。国王很是宠爱这个少年萨尔贡，给予他很好的教育。此时，正值美索不达米亚平原上争夺资源、战乱不断的时候，萨尔贡生逢其时，很快就成为“启什”国一位文武双全、能征善战的一员战将。

随着萨尔贡的战绩攀升，他的野心也逐渐膨胀。终于在一次精心策划的政变后，萨尔贡废黜了国王，自己取而代之。此时大约为公元前2371年。

取代了“启什”国国王之后，萨尔贡便依靠自己的智慧、勇敢和实力，开始了他的南征北战。

萨尔贡先是北上，征服了两河流域北部的苏巴尔图；继而又进兵到小亚细亚的陶鲁斯山区以及黎巴嫩山脉的地中海东岸地带；之后又南下，降服乌尔，攻取乌鲁克，讨伐拉伽尔；最后出击东方，将埃兰、苏撒等地均纳入了自己的版图。萨尔贡在位50余年，出征讨伐就达34次，他摧毁了昔日“苏美尔时期”几乎所有的城市，统一了两河流域，建立了一个中央集权统治的庞大帝国，建都阿卡德。

萨尔贡是两河流域历史上第一位杰出的领袖，也是闪米特民族一位伟大的人物。后人将萨尔贡称为“萨尔贡一世”，将萨尔贡一世所建立的帝国称为“阿卡德王朝”，将以萨尔贡为代表的这个时期、这个地方的闪族人称为“阿卡德人”，将这个时期、这个地方的闪语称为“阿卡德语”。

萨尔贡确实很不寻常，他不光是一介武夫，而且还是一个治国的政治领袖。首先，他创建了一只由5 400人组成的常备军，这些人平时没有生产任务，只是每日骑马格斗、舞刀弄棒，成为后世国防军的雏形；其次，他逐渐发展并完善了遍布整个王朝的国家行政体系，为提纲挈领、政令畅通奠定了基础；第三，他统一了整个帝国的度量衡制度，使得经济发展有了保障；第四，他强行用阿卡德语取代了两河流域原先通用的苏美尔语，完成了文化上的占领和统治。

当然，阿卡德人自己也发生了变化。在阿卡德人随萨尔贡四处征战和建立国家的过程中，阿卡德人原先的游牧部落的生活方式发生了变化，他们逐渐放弃了居无定所的流浪生活，转而择地定居下来，他们丢弃了帐篷，建起了砖房，开始从事农耕和商业活动，采用了苏美尔人的日历、度量衡、数字系统以及行政管理方法。

尤其是，阿卡德人还从苏美尔人那里学会了写楔形文字，并用楔形文字来记录他们自己的语言——阿卡德语，并对楔形文字进行了修改完善。由此可见，楔形文字是一种兼有表意、表音功能的文字系统，所以，它可以借用来为另一种语言所用。

这是美索不达米亚平原上第一个统一的王朝，经历了四代帝王。尽管其跨越的历史年代比起“苏美尔时期”来并不长远，我们还是将它看做一个重要的历史时期，并称其为“阿卡德时期”吧。它所经历的年代大约从公元前2350年至公元前2200年，时间跨度达150年左右。

8. 群雄崛起的战国时代

公元前2200年左右，从美索不达米亚平原东北方向的山区里来了一支部落，名为“库提”。库提人异常凶猛顽强，加上此时的阿卡德人已经开始走下坡路，所以，很快，库提人就灭掉了阿卡德人，阿卡德帝国就此终结。库提人开始统治两河流域，统治时间达100年左右。

公元前2113年左右，又来了一支部落，叫“乌鲁克”。乌鲁克人很快击败了库提人，库提人的统治结束。

乌鲁克人虽然击败了库提人，但并没有在两河流域真正站住脚。而几乎就在同时，原本居住在乌尔城的苏美尔人又一次崛起，统一了两河流域的南方，建立了乌尔第三王朝。当时的国王乌尔纳姆因颁布了《乌尔纳姆法典》而名垂青史。《乌尔纳姆法典》是我们迄今为止所发现的人类文明史上最早的一部成文法典。这是苏美尔文化的一次复兴，辉煌，但也短暂。

公元前2007年，最后一个由苏美尔人建立的国家被一支叫“埃兰”的部落所灭，自此，苏美尔人永远地退出了人类历史的舞台，销声匿迹了。苏美尔人是人类社会中最早创造出灿烂文化的一支部落，它所创造发明的农耕技术、天文观测技术、数学计数方法以及语言文字都达到了空前的发达程度，甚至令我们今天的人类对其中的一些奥妙都百思不得其解。苏美尔人虽然消失了，但它所创造的文化和文明还是由后来的闪族人继承和发展了下来，其中楔形文字就是最好的例证。

埃兰人从两河流域的东部山区而来，也是属于闪族的一支。它虽然击败了乌尔的苏美尔人，但并没有能够统一两河流域，从这时起，两河流域陷入相互争战的混乱局面。

从公元前2200年左右到公元前2007年埃兰人击败乌尔的苏美尔人，这段时间可以说是群雄争霸、战乱四起，好似中国的春秋战国时代。我们就将这段时间称为“两河流域的战国时期”吧。

9. 古巴比伦王朝

公元前2200年前后，就在库提人从两河流域的东北部山区来到两河流域后的同时，从两河流域西部的叙利亚草原也来了一支部落，这支部落叫“阿摩利”。

阿摩利部落也是闪族，是闪族的又一支。阿摩利人在两河流域的南部扎了下来，但骁勇善战、争强尚武的阿摩利人并不安于平平稳稳地过日子，他要有自己的地盘，有自己统治的地域和资源。在阿摩利部落移民到两河流域的200年后，阿摩利人终于抢占了一座位于幼发拉底河河畔的小城，这个小城的名字就叫“巴比伦”。

大约在公元前1894年，阿摩利人首领苏姆阿布姆在巴比伦小城建立了巴比伦王国。阿摩利人在接受了苏美尔文明、阿卡德文明的同时，又将这些文明推向一个新的高度，其农业技术、金属冶炼技术、行政管理方式、文字系统等都有很大发展。随着其文明程度的提高，其所占领的城邦也越来越多，诸如马里、伊新、拉尔萨等。

但各城邦表面上大家都是兄弟，好说好商量，但背地里却机关算尽、苦苦争斗。

尽管在当时，这个小小的巴比伦王国和其他众多的城邦一样，还很不起眼，但它后来竟然发展成了一个庞大的王朝，这就是人类历史中大名鼎鼎的古巴比伦王朝。

古巴比伦王朝是两河流域文明史中又一个辉煌的里程碑，它是如此辉煌，以至于我们很多当代人将两河流域的文明统称为“古巴比伦”了。

而古巴比伦王朝最为辉煌的一段日子，应当属其第六代国王汉谟拉比在位的时间，其时大约为公元前1792年至公元前1750年。汉谟拉比是一位聪明绝顶、精明强干的君王，具有雄才大略，是古巴比伦历代君王中最为杰出的一位。汉谟拉比登上王位后，即着手进行统一两河流域的战争。他采取打压结合、远交近伐的政策，将一个个城邦统统都纳入自己的囊中。终于又一次将两河流域统一了起来，而且其版图甚是广大。

但汉谟拉比最大的功绩还在于他在位时颁布了一部《汉谟拉比法典》。

公元1901年12月，由法国人和伊朗人组成的一支考古队，在伊朗西南部一个名叫苏撒的古城旧址上进行发掘工作。一天，他们发现了一块刻有楔形文字的黑色玄武石，而几天以后又发现了类似的两块。考古人员将三块石头拼合起来，发现恰好是一个椭圆柱形的石柱。石柱有两米多高，它的上部是一幅刻着两个人的浮雕像：一人坐着，右手握着一根短棍，另一个站着，双手作揖，好像在朝拜。石柱的下部，则是一大篇垂直书写的楔形文字的铭文。

此时，距离楔形文字的破译已经过去了50多年，专家们已经可以读懂楔形文字了。于是，这篇石柱上的楔形文字铭文很快就被释读出来。原来，这是古巴比伦汉谟拉比王朝期间，汉谟拉比颁布的一项法典。后人就称它为《汉谟拉比法典》了。石柱上部的浮雕随即也被释读出来，那是正义之神在向汉谟拉比授予象征王权的权标，它的含义是：王权神授且公正四方、不可侵犯。

《汉谟拉比法典》被释读了出来，其文字是楔形文字，而语言则是阿卡德语。这是一篇包罗万象、浩繁细致的法典，既涉及了民事，也涉及了刑事。我们只要看一看它所涵盖的几个主要方面就知道它有多么包罗万象、多么浩繁细致了。这个法典中包括了如下几个主要方面：

关于诉讼审判的规定；

关于保护私有财产的规定；

关于婚姻家庭和财产继承的规定；

关于人身保护的规定；

关于劳动、劳动工具、劳动报酬及责任事故追究的规定；

关于租赁牲畜、船只以及佣工和报酬的规定；

关于奴隶的规定等。

通篇法典一共有3 500行，由序言、正文和结语三部分组成，而正文部分则有条款达282条之多。

《汉谟拉比法典》是反映古巴比伦王朝政治、文化、历史的一篇重要的文献，也是今人研究两河流域文明史的一篇重要的参考文献。通过历史研究可以看得出来，这篇法典对以后西亚各朝各代的立法都有着不可估量的影响。

10. 赫梯人和加喜特人

古巴比伦王朝维持了300年，虽然时间上不是很长，但它在人类文明史上写下了重重的一笔。除了那个《汉谟拉比法典》外，它在其他领域也是颇有建树，对西亚各国及周边地区都产生了很重要的影响。比如，希腊人从古巴比伦人那里学到了数学、物理学和哲学，犹太人从古巴比伦人那里学到了神学，阿拉伯人从古巴比伦人那里学到了建筑学等。但任何事情都会否极泰来，有辉煌，就会有灭亡，有高峰，就会有低谷。

公元前16世纪，古巴比伦王朝终于结束了它的辉煌，走向了衰亡。大约在公元前1595年，恰好是古巴比伦王国存世满整整300个年头。这年，古巴比伦城被从北方小亚细亚而来的另一个强大的帝国所攻占。这个强大的帝国叫赫梯，是在小亚细亚地区逐步发展起来的一个帝国。赫梯最初形成于公元前19世纪，只是个小城邦，后来到公元前16世纪时，已经发展得足够强大，有能力经常南下侵扰两河流域。这次，赫梯人攻占下巴比伦城后，又因为其帝国内部出现问题，随即撤出了巴比伦城。但古巴比伦王朝已经走到了终点，这年，古巴比伦王朝在经历了极度的辉煌后，无可挽回地灭亡了。

赫梯帝国很快就走了，它在两河流域一带饱掠一番之后，将那个曾经不可一世的一个古巴比伦帝国王朝推翻、拉下马来，随即又悄无声息地走了，留下了一个灭亡的古巴比伦王朝，两河流域重又陷入混乱之中。

时间又过了100年左右，是在混乱中度过的。

这时，两河流域又来了新的主人，新主人的名字叫加喜特。加喜特人原居住在札格罗斯山中部，也就是现在伊拉克和伊朗的边境地区，后来看到两河流域粮食收成好，又有鱼吃，便下了山来到了美索不达米亚平原。大约在公元前1490年，加喜特人见到古巴比伦人已经王朝覆灭、城内空虚，于是便乘虚而入，占据了巴比伦城，还建立了加喜特王朝。这个加喜特王朝也曾繁荣一时，与当时的地中海南岸的埃及新王国、小亚细亚的赫梯帝国、其北部的亚述帝国比肩而立，称雄一时。加喜特人全面接受了两河流域原有的文化，语言为阿卡德语，文字为楔形文字。加喜特人对两河流域的统治也是相当成功，统治时间长达400年左右。

这段历史，在两河流域的历史上不算很有名气，但也有特点，就是一短、一长。一个是赫梯人的很短，来了就走，一个是加喜特人的很长，居然统治达400年。

11. 亚述——一个军事强国

加喜特人在统治了两河流域400年之后，也最终走向衰败。而取代加喜特人统治的是一个强大的军事帝国——亚述帝国。

亚述帝国在两河流域的历史上是赫赫有名的，但要将它的历史说清楚，还要仔细地从头说起。

亚述这个部落，或这个城邦，在苏美尔时期就已经开始存在了。公元前3000年左右的时候，一支名为“胡里特”的部落在两河流域的北方、底格里斯河中游地区定居了下来，后来闪族人的一个部落也加入到了他们的中间，两个部落逐渐融合，形成了一个新的部落，这个部落说阿卡德语，但有很强的口音，写楔形文字，但又变化和发展了楔形文字。再后来，大约在公元前2500年的时候，这个部落建立了自己的城邦，取名“亚述尔”城，这个部落也就叫“亚述”了，这个部落里的人被称为亚述人，他们讲的方言被称为阿卡德语亚述方言。

当萨尔贡一世领导的南方阿卡德王朝最为辉煌的时候，北方的亚述人不得不向他们低头称臣。后来，阿卡德王朝灭亡了，库提人、乌鲁克人、乌尔人相继统治两河流域，亚述人仍然是抬不起头，每年老老实实地纳贡上税。直到公元前2007年，乌尔人被从东部山区来的埃兰人打败，两河流域陷入战乱时代，亚述人才稍微抬起了头。

大约在公元前2006年，亚述号称独立，不再受任何大国的摆布和奴役。到了公元前19世纪末时，沙姆希亚达德一世建立亚述王国。这之后，亚述迅速发展起来，成为两河流域北部一个比较强大的王国，版图南及阿卡德，西达地中海。

但好景不长，没过多久，南方又兴起了一个超级大国——古巴比伦。这个古巴比伦势头更强大，势力范围横扫两河流域的中下游。无奈，亚述又一次低下了头，向古巴比伦王朝称臣纳贡。

历史学家将亚述的这段历史称为古亚述时期，时间跨度大约从公元前3000年至公元前1500年。

到了公元前14世纪中叶，此时，古巴比伦王朝已经覆灭，亚述人开始翻身了。亚述人先击败了它附近的另一个强国——米坦尼王国，继而又击败了加喜特人、赫梯帝国，终于占领了两河流域。这期间国势虽然时起时伏，但仍然还很强大，历史学家将亚述的这段历史称为中亚述时期，时间跨度大约从公元前1400年至公元前1000年。

到了公元前10世纪时，亚述进入了铁器时代。铁器的使用，使得亚述人的生产力有了很大提高，尤其是为其武器增添了锐利。这期间，帝国日趋强大，且穷兵黩武、东征西讨，为自己创下了一个战争帝国的美名。亚述帝国的强大，终于结束了加喜特人从公元前1490年以来在两河流域长达400年的统治。

公元前7世纪末，亚述帝国发生内战，很多原先被征服的地区又纷纷起义，摆脱亚述的统治。公元前672年，“米底”独立；公元前655年，埃及独立；公元前626年，“新巴比伦王国”建立。同时，腓尼基、叙利亚等地区也掀起了反抗亚述帝国的浪潮。而且，一支游牧部落“西徐亚人”此时也开始入侵。亚述帝国终于撑不住了，在内外打击下迅速地走向崩溃。

公元前612年，米底和新巴比伦两国结成联盟对亚述帝国进行打击，在这个新兴联盟的打击下，亚述帝国的宗教文化中心亚述尔城和首都尼尼微先后陷落。当联军攻入尼尼微时，亚述最后一代帝王辛沙里施昆眼看大势已去、无力回天，为了不被生擒，竟然绝望地跳入了火海，以身殉国了。尼尼微被联军洗劫一空，之后又被付之一炬，一代名城尼尼微和那个曾显赫一时的军事帝国亚述一起，就此灰飞烟灭。

历史学家将亚述这段历史称为新亚述时期，时间跨度为公元前1000年左右至公元前612年。

亚述帝国对人类文明的贡献之一是它大规模地建设了首都尼尼微

公元前8世纪时，当时的亚述王辛那赫里布将亚述帝国的首都从萨尔贡迁到尼尼微。尼尼微，位于底格里斯河上游东岸，与现在伊拉克的摩苏尔城隔河相望。这座古城，其历史是相当相当久远了。

据说，在公元前40世纪前，这里就有居民了。到了公元前19世纪末，沙姆希亚达德一世建立亚述王国时，将尼尼微作为夏都。此后，尼尼微经过历代帝王扩建，日益发展，逐渐成为亚述帝国的政治、经济中心，也是西亚地区的一个重要的商品贸易集散地。公元前705年，辛那赫里布即帝位，尼尼微被正式定为亚述帝国的首都，而原先的亚述尔城则成为亚述帝国的宗教文化中心。从这时起，尼尼微开始大规模兴建神庙和王宫，尼尼微城开始繁华似锦、盛极一时，成为当时世界最繁华的城市之一。

亚述帝国对人类文明的贡献之二是它的军事特点和战争艺术

亚述帝国历代诸王都积极奉行穷兵黩武的对外侵略扩张的政策，年复一年、无休止地对其周邻诸国用兵。对亚述统治者来说，打仗就是一切。因此在长期的战争中，亚述人形成了自己的军事特点。无论是在武器装备方面，还是在军事组织、战略战术方面，亚述人都已经将战争以及和战争有关的一切活动都升华到了一个艺术的境界，无所不用其极，且得心应手、高效率低成本，尤其是那强大无比、神秘莫测的闪电进攻、快速突击成了亚述军队的最得意的拿手好戏。

到公元前7世纪时，亚述帝国已经达到了它的最繁盛的时代，它依靠强大的军事力量，远征埃及，近讨埃兰，使得它所占领的地区达到了西亚地区历史上空前的广阔，其版图北起高加索，南到尼罗河，东达伊朗高原，西临地中海。这是世界古代史上空前的一个大帝国。

亚述帝国对人类文明的贡献之三在于它文化的建设和发展

亚述帝国穷兵黩武，东征西讨，带来的一个副产品却是文化的交融。亚述文化博采古巴比伦及西亚各国之长，且有发扬和提升，形成了自己的特点。亚述时期建造的大量的宫殿、神庙、城墙和其他建筑，都体现了一定的建筑艺术水平和技术水平，建筑物上作为装饰用的大量浮雕，也具有很高的艺术水平。亚述巴尼拔王在位期间，建造了世界上第一座图书馆——尼尼微王家图书馆，馆内藏有达24 000多块的泥版文书，其内容涉及了宗教、神话、艺术、天文、医学等领域，是今人研究亚述历史的重要资料。亚述帝国采用的语言是阿卡德语中的亚述方言，而文字仍然是楔形文字。在亚述帝国最强盛时期，居然还编纂了一本词典——《西拉巴力里亚》，这本词典中不仅有古老的苏美尔文字符号表和对这些符号的发音、含义的解释，甚至还有语法说明。

12. 新巴比伦

亚述帝国从公元前19世纪建国至公元前7世纪灭亡，绵延1 200余年，期间的帝王多得数不过来，名字就更记不住了。但这最后一位亚述帝王还是要记住的，要记住的不是他的名字，而是他以身殉国的举动。

历史的经验和哲学的认识告诉我们，任何事物的发展都是波浪形的。任何一个国家，有强盛的时候，也必然有衰败的时候，有登峰造极的时候，也必然有覆灭崩溃的时候。而大凡一个强国从辉煌走向灭亡，这最后一位帝王总是不幸的，因为他是亡国之君，而且无论他是圣贤还是昏君，他多多少少都要对帝国的覆灭负一定的责任，他一定要饰演这亡国悲剧中的一个角色。

亚述帝国的最后一位帝王叫辛沙里施昆，我们现在还不知道他是一个昏君呢还是一个圣贤，我们只是知道，这位帝王在眼见自己的帝国即将毁灭之时，他选择的不是投降，不是逃跑，不是隐姓埋名，不是苟且偷安，而是毅然地选择纵身火海，与帝国同归于尽。这举动难说很高尚，很有可能是无奈之举，但还是让人有几分敬佩之心。

在亚述帝国的最后一位帝王跳入火海2 200多年后，在华夏大地的中国大明王朝帝国也上演了一出类似的悲剧。公元1644年，甲申年，汹涌澎湃的农民起义军攻入了大明帝国的心脏——北京城。帝国的最后一位帝王叫崇祯，当崇祯帝闻知北京城四周都已经是农民起义军、昔日那不可一世的庞大帝国已经被压缩到只有紫禁城那一片弹丸之地、随时都会被敌人手捏把攥地捻成粉碎时，崇祯帝真正领悟到了“无力回天”这四个字的绝望程度。崇祯帝在紫禁城内亲自持剑砍杀妻妾、女儿，并逼迫皇后自尽后，跑到了城后面的一座小山上，在一棵老槐树下自缢身亡。临死前，崇祯帝还以血指书，在衣服上写下了这样的字句：“朕自登极十七年，逆贼直逼京师，虽朕薄德匪躬，上干天怒，致逆贼直逼京师，然皆诸臣之误朕也，朕死，无面目见祖宗于地下，自去冠冕，以发覆面，任贼分裂朕尸，勿伤百姓一人。”可惜一国之皇帝，万人之上，九五之尊，饱读诗书，精英围绕，然而，在面对帝国灭亡之势时，竟然如此目光狭隘，把堂堂一个帝国的灭亡竟然归罪于身边的几个大臣，“诸臣误朕”矣，而看不到宫殿之外的大千世界，听不到远方的隆隆炮声和疾驰的马蹄声，更感受不到历史潮流的巨大力量。

据历史学家说，崇祯是中国历史上最勤政的皇帝之一。但就是这样一位皇帝也难挽救一个行将灭亡的帝国，因为这是历史的潮流，没有人能阻挡得了。尽管崇祯帝最后将帝国灭亡的罪过推给了他身边的几个大臣，但崇祯帝最后的举动也着实让人欷歔同情，或许也有几分敬佩吧。不成功，便成仁，多少还有几分责任心。

好了，扯远了。还是回到我们的两河流域吧。

亚述帝国灭亡后，新巴比伦王国统一两河流域。新巴比伦王国是由“迦勒底人”建立的，所以历史上也称为“迦勒底王国”。

迦勒底人是闪米特人的一支。公元前630年，迦勒底人领袖那波帕拉萨趁亚述帝国内乱之机，逐渐取得了对巴比伦地区的控制。公元前626年建立新巴比伦王国，后又与米底王国结成联盟，在公元前612年攻陷尼尼微，灭亚述帝国。亚述帝国灭亡后，其领土被新巴比伦王国与米底王国瓜分，其中米底王国分得了亚述本土——即亚述成为帝国之前的领土——和“哈兰”地区，而新巴比伦王国则分得了亚述帝国的其他地区，即两河流域南部加上叙利亚、巴勒斯坦及腓尼基地区。

新巴比伦王国建立并统治两河流域后，其文化上有一段辉煌的发展。也正是因为如此，后世称之为新巴比伦帝国。新巴比伦帝国最有作为的国王是尼布甲尼撒二世。

尼布甲尼撒二世曾于公元前597年和公元前586年两次率军攻入耶路撒冷城，灭掉了以耶路撒冷城为首都的犹太王国，并下令把犹太人中所有的贵族、祭司、商贾、工匠一律作为俘虏，成群结队地押解到巴比伦城做为奴隶使用，而只剩下一些极贫苦的人留在耶路撒冷。将大部分犹太居民掳往巴比伦作为囚役，这一事件就是历史上著名的“巴比伦之囚”。也是犹太历史上永远也抹不去的一个伤痛。

尼布甲尼撒二世还注重国内建设，公元前587年重新修建完成的巴比伦城是古代西亚最大的城市。它的城墙有内外两层，外墙顶上可容两辆马车并驾齐驱，城内有1 000余座神庙，居民达50万之众。

还有一条关于新巴比伦王国的最重要的消息就是那个被称为古代世界七大奇观之一的巴比伦空中花园。但这个空中花园只是个传说，考古学家和历史学家都还没有给予证实。

据说，这个空中花园是尼布甲尼撒二世为了他的妻子而建，而这个妻子是米底国的一位公主。公主美丽可爱，深得老尼宠幸，可是时间一长，公主却渐生愁容。老尼一问方知，原来公主患了思乡病。老尼爱妻心切，于是命令工匠按照米底国山区的景色，在巴比伦的宫殿里建造了一个层层叠叠的阶梯型花园，花园里面栽满了奇花异草，并有幽静的林荫小道，小道旁是潺潺流水。老尼甚至命令工匠在花园中央修建了一座城楼，城楼高耸入云，覆以金顶，给花园又增添了一道亮丽的景色。然而，最令人称奇的是花园的供水系统。因为巴比伦雨水不多，而空中花园又远离幼发拉底河，所以空中花园内有不少奇妙的输水设备。这些输水设备靠奴隶们不停地推动连系着齿轮的把手，把地下水运到最高一层的储水池，再经蜿蜒的小溪灌溉花草，最后经人工河流返回地面。巧夺天工的花园终于博得公主的欢心，老尼也心满意足。由于这个花园比宫殿的宫墙还要高，给人感觉仿若整个花园悬挂在空中一般，因此被人们称为"空中花园"。据传说，当年到巴比伦城来朝拜、经商或旅游的人们老远就能看到这个空中花园，尤其是那高耸入云的城楼，在阳光下熠熠生辉，美轮美奂。

然而，这个美丽的故事到现在为止还只是一个传说而已。考古学家和历史学家从大量的泥板文书中，始终没有找到关于这个"空中花园"的记载。那层层叠叠的花园，那高耸入云的城楼，那奇妙的输水设备以及那蜿蜒的小溪恐怕都只是后人的猜想了。而这个传说则是来自于公元前3世纪时的一位古希腊旅行家昂蒂帕克，昂蒂帕克在周游世界后，指出世界上有七处宏伟巨大的人造景观，并将之称为"世界七大奇迹"，而这个巴比伦"空中花园"便是其中之一了。只是我们不知，这个"空中花园"是昂蒂帕克亲眼所见呢，还是他也是道听途说而来。该不会这个昂蒂帕克忽悠了我们全世界2 300多年吧！

新巴比伦王朝维持了不长的时间就开始走下坡路了。王朝末年，国内矛盾日益尖锐，国力渐衰。公元前539年，波斯王居鲁士率军入侵，竟然兵不血刃地轻取巴比伦城。新巴比伦王朝灭亡。新巴比伦王朝从公元前612年与米底王国联盟攻入亚述帝国首都尼尼微城到公元前539年被波斯人打败，期间只经历了73年。

历史学家们还是很缅怀这段历史的，将历史上的这段时期称为新巴比伦王朝时期。

13. 该波斯登场了

新巴比伦王朝退出两河流域的政治舞台后，波斯帝国开始粉墨登场了。

大约在公元前1000年，一支叫波斯的部落从中亚迁到了现在的伊朗西南部法尔斯地区。开始的时候，波斯人曾一度臣服于两河流域北部的米底王国，但后来，逐渐发展起来了，粮食多了，人也多了，又会造武器，于是，野心也渐渐地开始膨胀起来。

公元前550年，波斯王居鲁士二世出兵灭了自己的宗主国米底王国，便更加嚣张起来，先是确立波斯王国，继而进一步扩张，对周围地区进行讨伐。

公元前546年，居鲁士二世灭了小亚细亚的吕底亚王国，然后扩大战果，陆续征服了小亚细亚西部沿海的各希腊城邦。

公元前539年，居鲁士二世掉转枪口，瞄准了新巴比伦王国。可怜的新巴比伦王国刚刚过上了也就半个多世纪的好日子，就又遇到了战乱，新巴比伦王国在波斯人的强大攻势下竟然一点战斗力都没有，敌人刚一围城，就吓得全国骚乱，举旗投降，将土地和财产拱手相让。从此，波斯人成了两河流域的新主人。

10年后，居鲁士二世阵亡于战场，其子冈比西斯二世继位。这个冈比西斯和他的父亲一样，也是个战争狂，喜好穷兵黩武，但又和他的父亲有一点很不一样，其父是对敌狠、对己亲，而这个冈比西斯是对敌、对己都狠。他性格暴虐，又患有癫痫病，而且还生性多疑，所以，为了巩固自己的帝位，他竟然杀死了亲兄弟巴尔狄亚。冈比西斯二世即位国王后4年，即公元前525年，便远征埃及，统治了尼罗河流域。尽管战功辉煌，但朝中不服的人大有人在。公元前522年，在埃及的冈比西斯二世突然听说有人在朝中阴谋夺取自己的王位，于是便急匆匆地赶回自己的老巢法尔斯，孰料半途中竟然神秘地死去。有一种说法是冈比西斯二世被自己的剑误伤，染病身亡，当然这种故事恐怕都是当时的阴谋家们编造出来的谎言而已。

这时，身在朝中的冈比西斯二世的军事统帅大流士联合部分贵族，杀死了发动政变的叛乱分子，并即王位，是为大流士一世。

大流士一世是个聪明的阴谋家，也是个聪明的政治家。在他统治的37年时间里，他进行了一系列的改革，使得波斯帝国真正走向了辉煌。具体来说，他的改革有下面几个方面。

（1）在地方行政制度上采取军政分权制度

这项改革大概是大流士一世最大的一个贡献了。大流士一世吸取以往帝国王朝经常内讧的教训，所以，他将地方行政首脑和军事首脑分立，互相制约。大流士一世将帝国划为23个行省，每省设立总督负责管理行政、司法和赋税等行政事务。同时又将帝国划为5个军区，设将军负责统领驻军。总督和将军互不隶属，而直接对波斯皇帝负责。波斯皇帝还拥有一支“万人不死队”，作为皇帝的禁卫军，是全国最精锐的部队。所谓“万人不死队”就是一旦出现人员空缺的时候便要迅速补足，而始终保持一万人的规模。大流士一世以此措施强化了中央集权的统治，使得整个帝国既指挥调度灵便而又免除地方做大成为内患的可能。

（2）在文化及法律方面有所建树

大流士一世强化了“国王的意志和命令就是法律”这样的东方君主制的理念传统，同时设立了最高法院和地方法院。波斯帝国的法律主要由过去的部落习惯法演变而来，但同时也允许各自治地方的传统法律的存在。比如，在埃及，大流士一世统治期间，其地方法律与帝国法律没有多大差异，基本相同，而在巴比伦和犹太地区，其地方法律则分别保留了《汉谟拉比法典》和《摩西五经》的内容，与帝国法律就有些差异了。这样的措施，使得不同文化的种族能够相互包容，共荣共存。看来，这是所谓“多元文化”的最早版本。

（3）统一度量衡，修筑驿道，开凿运河

大流士一世以两河流域的度量衡为基础，统一了整个帝国的度量衡制度，使得货物贸易顺畅高效。大流士一世修建了贯通帝国主要地区的交通网络，沿着这些网络又设置许多驿站和旅店。传说这些被称为“御道”的交通网络最初是为了满足大流士一世能尽快吃到爱琴海的鲜鱼而修筑的，但不管怎样，这个交通网络对于帝国的经济发展却是意义重大。由于交通发达，沿途又有驿站接济和士兵保护，全国的贸易往来迅速发展起来。通了御道之后，从小亚细亚海岸到帝国首都只需要3天时间。而350多年后，中国汉朝的张骞出使西域，打开了一条“丝绸之路”，而大流士一世开辟的这些御道便成了“丝绸之路”的一部分了。大流士一世还努力促进帝国的海上商贸，他开辟海上航路，派舰队探索印度洋，开通从印度河口到埃及的海上航线。他甚至还开通了从尼罗河到苏伊士地峡的运河，第一次将印度洋和地中海连在了一起。

由此可见，大流士一世对于波斯帝国的确是功不可没。但大流士一世统治的后期，波斯帝国开始出现颓势和急功近利的现象。公元前490年，大流士一世发动了旨在吞并希腊诸城邦的波希战争，然而，波斯军队并没有取得最后胜利，而是在著名的马拉松战役中，大败于雅典军队。这就是历史上著名的第一次波希战争。

大流士一世对波斯帝国的贡献当然很大，他自己好像也很清楚这一点，而且是过于清楚了。所以他要流芳百世，让自己的名字永远被后世记住。于是，大流士一世差人在贝希顿山上凿了一幅歌功颂德的浮雕并刻下了一段铭文。铭文用三种语言书写，将自己如何拯救波斯，如何成为波斯王，如何励精图治使波斯崛起等故事都刻在了山崖上。当然这里面有史实，也有谎言，我们后面还要再讲。

贝希顿山上的铭文用三种楔形文字刻写。但可惜，这些楔形文字在几百年之后，就再没有人能读懂了，直到公元19世纪中叶，英国军官罗林森来到了这里。

第一次波希战争的失败是波斯帝国的一个转折点。从此以后，波斯国势渐趋衰落。大流士一世死后，其子薛西斯一世继位，并于公元前480年又发动了第二次波希战争，但仍以失败告终。公元前479

年，以雅典为首的希腊海军反攻波斯，攻进小亚细亚，使小亚细亚诸希腊城邦摆脱了波斯的统治。公元前478年，波希战争以双方签订《卡里阿斯和约》而告结束，波斯帝国从此承认小亚细亚之希腊城邦的独立地位，并且将其军队撤出爱琴海与黑海地区。波斯帝国从此真正走向末世。

薛西斯一世死于宫廷政变，以后近150年内，诸位帝王都比较懦弱，没有太大的作为。只是由于希腊内部有雅典和斯巴达争霸的矛盾，而波斯帝国利用金钱和外交手段时而支持这一方，时而又支持另一方，才得以保持对小亚细亚的微弱控制。到了公元前337年，大流士三世即位。尽管这个大流士三世名字和他的老祖父一样，但能力和运气都比不上大流士一世了。在大流士三世统治时期，希腊城邦中的马其顿脱颖而出，那个年轻的亚历山大王更是不可一世。亚历山大王先是攻下小亚细亚，继而又攻占埃及，然后又占领了两河流域，攻入巴比伦城，再然后，由巴比伦城东行，进入波斯本土，最终占领了波斯的苏萨与波斯波利斯这两个都城，建立了一个更加不可一世的帝国——亚历山大帝国。公元前330年，波斯王大流士三世亦被其部下所杀，波斯灭亡。

波斯帝国从公元前539年灭掉新巴比伦王国到公元前330年被马其顿的亚历山大所灭，期间经历200余年。我们就将两河流域的这段历史时期称为“波斯帝国时期”吧。

14. 隐藏在文字背后的秘密

两河流域的发展史真是如同一个大舞台一般，你方唱罢我登场，各个部落、各个种族都在这块舞台上亮相登场，扮演一个角色，虽然有在舞台上表演的时间长一点的，也有昙花一现、稍纵即逝的，但它们共同演绎了两河流域这个辉煌灿烂的历史大剧。

这个历史剧太长了，且错综复杂，让今人很难记住这里面如此众多的演员和角色。这就好比中国的文学名著《红楼梦》，一个人小的时候第一次读它，真是记不住这么多的人物和他们之间的亲戚血缘关系，等到中年的时候读第二遍，才隐隐约约地把荣宁两府上上下下的人大致搞定，到了老年，想当红学家了，再读第三遍，但读完之后仍然还是没有搞清楚这书中“元迎探惜”四个姑娘到底都是谁家所生。所以，为了能较好地记住两河流域平原，或者叫美索不达米亚平原这漫长历史的大致脉络，我们也仿造民间“《红楼梦》人物表”的做法，将这个立体三维的历史编成一个直线的表，以求一目了然、易懂易记。

公元前8500年左右至公元前2360年左右，苏美尔时期；

公元前2350年左右至公元前2200年左右，阿卡德时期；

公元前2200年左右至公元前2007年，库提人、乌鲁克人、苏美尔人、埃兰人先后统治两河流域，所以，此段历史可以称为战国时期；

公元前1894年至公元前1595年，古巴比伦王朝时期；

公元前1595年前后，短暂的赫梯帝国时期；

公元前1590年左右至公元前1490年，100年左右的混乱时期；

公元前1490年至公元前1000年左右，加喜特人统治时期；

公元前1000年左右至公元前612年，新亚述时期，也是亚述帝国的最后一个阶段；

公元前612年至公元前539年，新巴比伦王朝时期；

公元前539年至公元前330年，波斯帝国时期。

公元前330年，亚历山大大帝率军横扫地中海沿岸、小亚细亚、西亚及印度河恒河流域，绵延8 000余年的两河流域文明史终于画上了句号。

漫长的8 000年历史，被浓缩在一个十几行字的时间表里，应该是比较容易记住它的大致脉络的。当然，历史学家可能会对这么个时间表不屑一顾或嗤之以鼻，但不管它了，本文不是学术论文，只是个故事而已，不可太认真。

这个两河流域文明史中，最有代表性的一个产物就是楔形文字了。在如此漫长的两河流域发展史中，这么多的部落、种族轮番登场，一个帝国推翻另一个帝国，然而这其中却有一样东西没有大的改变，那就是楔形文字。甚至在语言都发生变化了的时候，这个楔形文字仍能适应语言的变化，依靠自身顽强的生命力，继续记录着这个大舞台上每一个角色的演出生涯。楔形文字从公元前4000年左右开始出现，连绵数千年，亘久不衰，一直到亚历山大大帝灭掉波斯帝国或者稍晚的时候，才逐渐淡出舞台，隐退到历史的深处。

好，让我们再回到本文开始讲的那个贝希顿山上的浮雕和铭文吧。这是波斯皇帝大流士一世在位期间命工匠们为自已树立的一块纪念碑。

波斯王大流士一世是个有心机、有作为的一代君王，他的有心机、有作为除了体现在他的军事征伐和治国有方外，似乎还体现在他留在贝希顿山上的那一块巨大的石刻。

这贝希顿山上的铭文到底说的什么事呢?

多亏罗林森和格罗特芬德将楔形文字的密码破译了出来，我们也就知道这山崖上的石刻是在讲一个什么样的故事。

话说公元前522年，当时的波斯皇帝，也就是那个为了维护自已的地位而杀死亲兄弟巴尔狄亚的冈比西斯二世正率大军远征埃及。此时，在波斯朝廷内，有一个名叫高墨达的祭司，其长相酷似那个被冈比西斯二世杀掉的兄弟巴尔狄亚，于是便乘机冒充巴尔狄亚复活，利用人们的同情心招兵买马，在波斯各地发动叛乱。叛乱持续了半年之久，冈比西斯二世得知后不得不从埃及回师平叛，谁知半路上竟突然暴死，那个祭司高墨达便以巴尔狄亚的名义名正言顺地当上了皇帝。但这个高墨达唯恐人们认出他来，每天深居简出，从不召见大臣。一时之间，朝廷内疑窦重重、流言四起。

一天，冈比西斯二世过去的一个王妃偶然间发现这个新皇帝没有耳朵，甚为疑惑，便将此事告诉了自己的父亲，波斯的一个贵族欧塔涅斯。欧塔涅斯听了女儿的密告，便断定这个皇帝是假冒的，因为欧塔涅斯知道，多年前有一个叫高墨达的人因为一个过失曾被当时的波斯皇帝居鲁士二世，也就是冈比西斯二世他爸割去了双耳。欧塔涅斯将这一情况报告给了包括后来的皇帝大流士一世在内的另外六名波斯贵族，七个人一合计，决定杀死高墨达，夺回政权，平定叛乱。政变很顺利，成功了，但是，这七个贵族却围绕着谁该当下一任皇帝的话题争论不休，大有剑拔弩张之势。最后这七人商定，次日清晨在郊外骑马集合，谁的坐骑首先嘶叫就由谁来当皇帝。大流士一世动了脑筋，让他的马夫做了一个小小的手脚，这样，大流士一世的马最先叫了起来，于是，大流士一世便当上了皇帝。

大流士一世不愧为一个足智多谋的帅才，他利用叛军之间缺乏联系的弱点，各个击破，在不到一年的时间里，平定了叛乱，匡扶正义，国家又回到安定团结的局面上来。

这就是那贝希顿山上的铭文所讲的故事，它记载了大流士一世匡扶正义、拯救国家的这些传奇故事和丰功伟绩，字里行间多为歌功颂德、吹捧溢美之词。再看那帧山崖上镌刻的浮雕，其主角自然是志得意满的大流士一世。只见他身罩披肩，倚弓而立，气势轩昂，目视前方，左脚踏着倒在地上的骗子、篡权者高墨达，右手指向前方，仿佛在给波斯人指明一条通往幸福和平的康庄大道。

然而，历史真的是这样的吗?

现在很多历史学家通过大量文献资料交叉考证，认为这个关于骗子高墨达的故事完全是一个精心编造的谎言，其目的就是为大流士一世谋反篡位找到一个冠冕堂皇的借口。

但不管大流士一世当时的境况是怎样的，他却在标榜自已、歌颂自己的同时，在这贝希顿山上为我们留下了一块价值连城的、甚至是价值无边的宝石。而正是这块宝石，为我们今人打开楔形文字这扇神秘的大门提供了一把钥匙，让我们洞悉美索不达米亚平原这个大舞台上这几千年来各色演员的表演能力和心机历程。

楔形文字在经历了几千年的辉煌之后，终于隐退了。但楔形文字的隐退并不代表着两河流域文明的彻底消亡。而历史真相则是告诉我们，这个辉煌了几千年的文明与另外一个文明融合了在一起，并在其中继续生长和延续，只是后来那另外一个文明所表现出来的特征更为明显、更为有特色，也形成了自己独有的一套体系。历史学家们往往将这另外一个文明称为“古希腊文明”。

大有文章紫红色

1. 考问腓尼基

从公元前10世纪左右到公元前8世纪左右这段时间，在地中海东岸，相当于今天的黎巴嫩和叙利亚一带，曾经出现过一系列文明高度发达的古代城邦。今天的我们将这些城邦称为腓尼基，将那时生活在这些城邦里的人称为腓尼基人，将那时这样的一个人类群体称为腓尼基民族。总之，“腓尼基”就如同“巴比伦”一样，是一种文明的代名词。

腓尼基这个民族是从哪里来的呢？这个问题，历史学家和人类学家们现在仍然没有给出确切的答案。我们只是知道，大约在公元前20世纪时，这个民族已经生活在地中海东岸了，而且还创造出了了不起的文明。

“腓尼基”这个词是什么意思呢？历史学家和语言学家倒是给出了一个比较靠谱的答案。他们认为，“腓尼基”是古代希腊语，意思是“紫红色的国度”。

为什么腓尼基被称为“紫红色的国度”呢？这似乎也是一个

谜，但历史学家们也给出了一个似乎也算靠谱的解释。据说，在腓尼基人生活的年代，地中海沿岸各国，如埃及、巴比伦、赫梯以及希腊的贵族和僧侣们都喜欢穿紫红色的大袍子，紫红色代表了荣誉和地位。但紫红色却很容易褪色，时间稍微一长，袍子的紫红色便淡去了，这个问题令这些贵族和僧侣们很是头疼。但他们却发现，腓尼基人穿的紫红袍子，却永远不褪色，即使衣服都穿破了，那紫红色还如新衣服一样，鲜艳纯正。

腓尼基人的紫红色袍子为什么不褪色呢？原来，腓尼基人的袍子是用一种特殊的染料染制而成。腓尼基人居住在地中海岸边，长久的海洋生活使他们发现，地中海的海底中有一种海蚌，这种海蚌中含有一种鲜艳而且牢固的紫红色颜料，将这种紫红色颜料从海蚌中提取出来，用来染制衣服是再好不过了，衣服即便都穿破了，颜色依然鲜亮如新。于是，“紫红色的人”，即“腓尼基人”便传开了，腓尼基人因为身穿永不褪色的紫红色袍子而闻名遐迩。

2. 腓尼基人的贡献

腓尼基人因为学会了生产永不褪色的紫红色颜料而闻名地中海地区，但腓尼基人对人类文明的贡献远远不止于此。

首先，腓尼基人和当时的尼罗河流域、两河流域的各民族一样，已经建立了自己的城邦，城邦居民们自己推选国王，拥有一套相对民主和完善的政治制度。这些政治制度又促进了腓尼基城市的建设。当时，腓尼基人已经在地中海东岸一带建造了众多的城市，这其中最为繁华的一个城市当属推罗城。这个推罗城大致就在今天黎巴嫩的苏尔城，位于黎巴嫩南部沿海的一个小岛上。大约在公元前30世纪时，推罗城就已经有了雏形，到了公元前10世纪左右，推罗城已经极尽繁华，并且盛产紫红色染料，以至于当时有人用“堆银如堆土，堆金如堆沙”来描写该城的景象，显然这是夸大之词，但从中可以推想出推罗城在当时的繁荣景象。也有人称推罗城为“海中女王”，可知，当时的推罗城不光繁华，而且还很漂亮美丽。公元前332年，马其顿的亚历山大大帝开始进攻这个具有战略意义的岛城，但推罗城固若金汤，亚历山大连攻7个月竟未能攻克。于是，亚历山大动用庞大的人力、物力，修建了一条从陆地通往岛城的长堤，并使用攻城器械最终攻下了该城。自此，推罗城与腓尼基人一起逐渐走向了衰败。

腓尼基人除了会生产染料外，他们的手工艺品制作也是很出色。那时的腓尼基人已经会制作玻璃花瓶、珠宝饰物、金属器皿等精美的手工艺品，甚至连武器都可以做的别致细腻而成为艺术品。

腓尼基人还特别善于商业贸易，他们不仅贩卖自己制作的各种精美的手工艺品，而且还销售来自世界各个地方的特产，如来自远东和印度的谷物、酒类、纺织品、地毯和宝石，来自黑海沿岸的铅、黄金和铁，来自塞浦路斯的铜、柏树和玉米，来自希腊的各种工艺品，来自西西里岛的酒和油，来自巴利阿里群岛的酒，来自科西嘉的蜡，来自非洲内地的象牙和奴隶，来自西班牙的金银，以及来自不列颠的锡。所有这些都汇集到了腓尼基人手里，然后再经他们的手卖出去，腓尼基人是天生的商人。随着商业贸易的发达，腓尼基人在地中海沿岸建立了许多商站，这些商站都成了当地经济最繁华的地方，而且有些商站后来都发展成了著名的商业城市，比如今天法国的马赛就是在腓尼基人当年商站的基础上发展起来的。有些商站甚至演变成了殖民地，进而发展成一个强大的城邦国家，比如在非洲北部、今日突尼斯境内的迦太基就是当年腓尼基人最大的一个殖民地。这个殖民地异常强大，曾经一度让罗马人都胆颤心惊，以至于爆发了人类历史上一场著名的军事战争——布匿战争。

商业贸易的需求又促使腓尼基人发展了航海的技术。腓尼基人驾驶着那酷像中国龙舟的海船游弋在地中海里，甚至还穿过直布罗陀海峡，来到了大西洋，然后向北则到达了不列颠群岛，向南则到达了非洲西海岸。据考古学家推测，最晚到在公元前11世纪前后，腓尼基人航行至最远的地方已达好望角。喔，我的上帝！要知道，这比公元15世纪、16世纪世界大航海时代要早上2 500～3 000年了，郑和和哥伦布都望尘莫及啊。

然而，腓尼基人对世界文明最重要的贡献则是他们发明的书写符号。腓尼基人在长期的商业贸易往来中，需要大量的数字和文字的书写记录，而无论是埃及的象形文字，还是两河流域的楔形文字，书写起来都比较繁琐，而且不便于学习掌握。于是，腓尼基人出于实用的需要，在长期的生活积累中，将象形文字和楔形文字加以简化，而逐渐演变成了一套便于书写的文字符号。这些符号去掉了象形文字和楔形文字优美的外观，数量也远远没有象形文字和楔形文字那样多，而是经过千锤百炼之后萃取出来的若干个抽象的符号。这些符号易写、易认、易读，而且最大的好处就是数量非常之少，只有22个。腓尼基人发明的这22个符号就是后来影响世界几千年文明史的腓尼基字母。

现在的科学家和历史学家、文字学家已经公认，腓尼基字母是

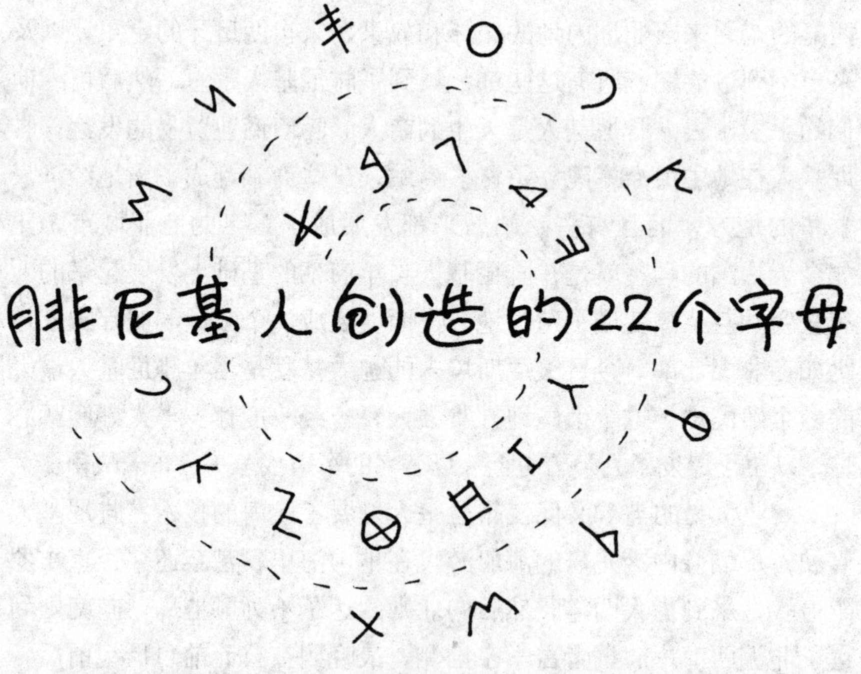

今天欧洲乃至世界各地许多文字的共同祖先。

腓尼基字母随着腓尼基人商业贸易的往来，传到了希腊；希腊人对腓尼基字母加以改进后，增添了几个希腊字母，之后，这些字母又传到了意大利；古罗马人又对这些字母加以改进，将字母的字形做了适当的调整，然后，又将这些经过调整的字母传给了当时的欧洲人；于是，这个以字母为基本元素的文字系统终于在欧洲地区泛滥开来，一发而不可收拾，最终传遍了全世界。

以字母这个表声符号为基本元素的这样一个文字系统终于使得原先以“象形”、“表意”和“表声”兼而有之的象形文字、楔形文字退出了历史舞台，而代之单纯以“表声”为特色的字母文字。

3. 布匿战争

腓尼基人，这个以紫红色闻名的民族，对世界文明做出了很大的贡献。同时，它也给我们留下了很多的谜团。

腓尼基人在历史上曾遭到很多民族和帝国王朝的打击，如赫梯帝国、亚述帝国、新巴比伦王朝、波斯帝国等，但它都挺过来了，并没有被消灭。然而，到了公元前332年，马其顿的亚历山大大帝对它的打击则是最致命的一次。那年，亚历山大大帝用了7个月的时间，攻下了腓尼基人的重镇——推罗城。城破后，亚历山大大帝因自己损兵折将惨重及城内居民拒降，遂摧毁该城，并将城内3万余居民或杀害或卖做奴隶。自遭受亚历山大的这次打击后，地中海东岸的腓尼基人便一蹶不振了，他们逐渐地融合到了周边各个民族中间，失去了这个民族的认同性。但尽管如此，腓尼基人对世界文明的贡献却永远地流传了下来，尤其是那22个腓尼基字母。

在腓尼基人最为辉煌的年代，即公元前10世纪前后，腓尼基人曾依靠航海技术和商业贸易的优势，占领了地中海沿岸众多的地方，形成了一些殖民地。尤其是在地中海南岸，即今天的突尼斯境内，腓尼基人建立了一个强大的殖民地——迦太基帝国。这个迦太基帝国在相当长的一段时间内，统治了地中海沿岸大部分地区，并与地中海北岸的古罗马共和国遥遥相对，令古罗马共和国惴惴不安。公元前264年至公元前146年，古罗马共和国对迦太基帝国发动了三次迦太基战争，终于灭亡了迦太基帝国，从此，腓尼基民族便彻底地从世界历史的舞台上消失了。

古罗马人将迦太基称为布匿，将迦太基人称为布匿人，所以历史上，往往将迦太基战争称为布匿战争。布匿战争共进行了三次，耗时近120年的时间。古罗马人通过这三次布匿战争，终于将迦太基人在地中海的霸权夺了过去，从而逐渐发展成为一个以亚平宁半岛为核心的庞大帝国。

布匿战争是世界战争史上非常有名的一场战争。而且就是这个布匿战争，杀害了世界历史上一位著名的科学家，也造就了世界历史上一位军事强人。前者是古希腊科学家阿基米德，后者是迦太基军事将领汉尼拔。

4. 阿基米德

公元前287年，阿基米德出生于地中海西西里岛东岸的叙拉古，也就是今天的锡拉库萨。此时的西西里岛，其西部已经是迦太基人统治的天下，而东部则是希腊人生活的地方。阿基米德的家庭是个希腊贵族家庭，家里不光富有，而且其父亲还是一位学识渊博的知识分子，懂天文，懂数学。在阿基米德11岁时，父亲就将小阿送到了埃及的亚历山大城，跟随欧几里德的学生学习。

这时的亚历山大城是当时世界上最为繁华的城市之一，而且还是雅典之外的另一个古希腊文化中心。小阿在这里学习生活了30多年，成长为了阿基米德。在这30多年中，阿基米德跟很多学者都有过密切的交流和交往，也对数学、天文学、力学等产生了浓厚的兴趣，并在这些领域取得了瞩目的成就，而他的成就在于他既继承和发扬了古希腊抽象研究的科学方法，注重问题的严密性、准确性、逻辑性，又使这些抽象的研究和实际应用紧密地联系了起来。比如：

阿基米德在总结了埃及人用杠杆来抬起重物的经验后，发现并证明了杠杆原理，并依照这个原理设计出了许多抬重物的机械。

阿基米德在研究浮力的过程中还发现了浮力定律，也就是著名的阿基米德定律，即浸在液体里的物体受到向上的浮力，浮力大小等于物体排开之液体所受的重力。当今很多少年儿童科普读物中就有阿基米德为国王测定王冠含金量的故事，这个故事所讲的原理就是这个阿基米德定律。当然，这个故事的真实性现在已经受到科学家的质疑，即在当时的条件下，精确测定相当于一个王冠重量的金子和其他金属之间的体积差还是一件非常困难的事情。但无论如何，阿基米德发现了阿基米德定律还是大家公认的。

阿基米德还确定了抛物线弓形、螺线、圆形的面积以及椭球体、抛物面体等各种复杂几何体的表面积和体积的计算方法。在推演这些公式的过程中，他创立了“穷竭法”，类似于现代微积分中所说的逐步近似求极限的方法。

阿基米德是科学地研究圆周率的第一人。他提出用圆内接多边形与外切多边形边数增多、面积逐渐接近的方法求圆周率。他求出了圆周率大小范围为：

$$223/71 < \pi < 22/7$$

应该说阿基米德比中国的祖冲之在圆周率计算方面早了大约700年。阿基米德还证明了圆面积等于以圆周长为底、半径为高的三角形的面积，而证明方法就是使用的“穷竭法”。

阿基米德还发明了以水为动力的星球仪，并用它模拟太阳、行星和月亮的运行以及日食、月食现象。阿基米德认为地球是圆球状的，并围绕着太阳旋转，这一观点比哥白尼的“日心说”要早1 800年。但由于当时物质条件、精神条件所限，阿基米德并没有就这个问题做深入系统的研究。

阿基米德还非常重视试验和动手制作。他一生当中，设计制造了许多仪器、机械，如杠杆机械、滑轮机械、扬水机，甚至还有武器如抛石机等。如今，在埃及等地，那个被称作“阿基米德螺旋”的扬水机仍在使用。

公元前240年，阿基米德结束了30多年的留学生活，回到故乡西西里岛叙拉古。此时的西西里岛刚刚经历了第一次布匿战争，迦太基人在这次战争中失败，整个西西里岛已经又被罗马人统治了。叙拉古作为一个小城邦，在迦太基人和罗马人的争夺中苟延残喘，见风使舵。阿基米德这时已经是一个40多岁但成就满满的科学家了，回到家乡的阿基米德当上了叙拉古国王的科学顾问，帮助国王解决生产、军事和日常生活中的各种问题。

公元前218年，第二次布匿战争爆发。叙拉古和迦太基结盟共同抗击罗马人。但罗马人最终胜利，并严厉惩戒这个和迦太基结盟的城邦。公元前212年的一天，罗马人攻陷叙拉古。当时，已经69岁高龄的阿基米德正在自己家中潜心研究一道数学题，一个罗马士兵闯入了阿基米德的房间，不由分说地践踏了阿基米德的演算草稿和图形，阿基米德愤怒地与之争论，不料，这个残暴的罗马兵竟然举刀砍向这位科学老人，一代科学巨擘竟然如此结束了辉煌的一生。

科学巨匠阿基米德死于残暴之手，实在是叫人悲痛、惋惜，就连罗马人自己也感到遗憾。事后，罗马军为阿基米德立碑，碑上“铭文”甚是特别。那碑上刻着一个图形，是一个球体内切于圆柱体的几何图形。因为阿基米德生前在几何数学方面的一个重大发现就是：

一个球体的体积和表面积，都是其外切圆柱体的体积和表面积的三分之二。

5. 汉尼拔

汉尼拔，是个对普通大众来说不甚知名的名字。但稍微对世界战争历史有些感兴趣的朋友，恐怕就对这个名字敬畏如神了。汉尼拔，古代迦太基杰出的军事将领。

汉尼拔大约出生于公元前247年，此时正值罗马人与迦太基人的第一次布匿战争期间。汉尼拔的父亲是迦太基军队的统帅，而战争的失败，使得小小的汉尼拔在心里留下了终生的阴影，也使得他立誓要与罗马人势不两立。

公元前237年，汉尼拔的父亲率军攻打伊比利亚半岛，也就是今天的西班牙、葡萄牙地区，希望能扩大迦太基的控制区域，改善迦太基面临的困境。孰料，父亲竟然在这次战役中阵亡。

父亲阵亡后，汉尼拔的姐夫继承了兵权，成为迦太基军的统帅。姐夫凭借外交手段，与罗马人签下了条约，条约规定，罗马人与迦太基人的势力范围以埃布罗河为界，河北为罗马人的统治区，河南则为迦太基人的统治区。姐夫还在伊比利亚半岛东南海岸建立了一个新的基地，称为“新迦太基”，这样，伊比利亚半岛丰富的资源使迦太基不但有能力偿还对罗马人的战争赔款，而且还可以再次壮盛起来。可是，好景不长，姐夫在公元前221年遇刺身亡。

此时，已经26岁的汉尼拔被任命接管了迦太基军队的军权。汉尼拔凭借着自己的聪明才干和父亲、姐夫的嘱托，在接管军权后迅速地完成了对伊比利亚半岛埃布罗河以南整个地区的征服并树立起了自己在军中的权威。

罗马人看到迦太基人在连续失掉两位军中统帅后，又来了一位更有头脑、更强悍的首领，感到有些恐慌，尤其是看到整个埃布罗河以南地区在短时间内尽归敌手、迦太基人又开始壮大起来后更是如坐针毡、如鲠在喉。于是，罗马人秘密地与在埃布罗河南面的一个叫萨贡托的城邦结盟，宣布该城邦为罗马保护地。汉尼拔闻得此讯后，认为此举违反了双方早先签署的条约，随即出兵将萨贡托包围，并在围城8个月后攻陷此城。罗马人闻讯，也是勃然大怒。于是，罗马人与迦太基之间的第二次布匿战争又拉开了战幕。这一年是公元前218年，汉尼拔29岁。

面对强大、蛮横的敌人，汉尼拔没有退缩，他在总结了第一次布匿战争失败的经验后，毅然决定率军攻打罗马人的本土——亚平宁半岛。汉尼拔的理念是：将战争带到敌人的后方去。

汉尼拔率领迦太基大军从伊比利亚半岛翻越比利牛斯山和阿尔卑斯山，进入到亚平宁半岛北部，和罗马人展开了游击战。罗马人没有想到汉尼拔会像猴子一般地翻山越岭、远道奔袭而来，但罗马人像老虎，并没有将汉尼拔的军事指挥才能放在眼里，只是凭借庞然的虎势匆忙应阵。而汉尼拔在军事指挥中，充分地发挥了他的聪明才智，他巧妙地借用地形乃至天气的变化，再施以不同的兵法，从而在一系列的战役中都取得了骄人的成绩。

公元前218年进行了特拉比亚战役，公元前217年进行了特拉西美诺湖战役，公元前216年进行了坎尼战役。三大战役，战战皆胜，令罗马人闻风丧胆。尽管在这段时间内，汉尼拔因病而导致一眼失明，但他仍然斗志不减。

汉尼拔的远征奔袭，且屡战屡胜，使得罗马人一度陷入了恐慌，也使得罗马人认识到汉尼拔绝不是一个可以被小觑之人，此人的军事才能当远远盖过其父、其姐夫矣！此时，罗马人这群老虎才真正开始认真对待猴子汉尼拔。

在三大战役之后的几年里，罗马人开始加强与罗马联盟城邦之间的联系，并对那些和迦太基人暗中勾结、眉来眼去的城邦进行残酷的惩罚。也就是在这个时候，罗马人攻入了西西里岛的叙拉古，杀害了阿基米德。同时，罗马人还注重研究汉尼拔的军事情报，研究汉尼拔的战略部署和战术技巧，罗马人甚至学会了汉尼拔的游击战，以游击战对付游击战。罗马人甚至还学会了用外交手段加军事手段两手抓两手都要硬的方法来阻止汉尼拔的进攻。随着时间的推移，汉尼拔由于远离本土，又加之罗马联盟之间互相配合，没有缝隙，难以从中寻找到军需物资的补给，迦太基人的攻势渐渐显出颓态。

公元前210年左右，罗马人中也出现了一个具有非凡才能的军事达人——大西庇阿。公元前204年，大西庇阿率领罗马人从西西里岛入侵迦太基本土，也玩了一个“将战争带到敌人的后方去”的策略，终于迫使汉尼拔从亚平宁半岛返回北非本土。

公元前202年，两个军事天才——大西庇阿与汉尼拔大战于迦太基西南120公里处的一座古城——扎马，史称“扎马会战”。然而，就是这次战役，成为了汉尼拔一生中唯一的一次，也是最后的一次败仗。

据称，在这次著名的“扎马会战”之前，大西庇阿与汉尼拔曾为了能达成停战协议而会晤过。尽管这个停战协议没有达成，但这两个军事达人曾在军帐中长时间地相对而坐，且默默无言、一动不动，两人的眼神中都流露出对对方的仰慕之情。英雄惺惺相惜。

仰慕归仰慕，相惜归相惜，敌人终究还是敌人，仗还是要打的。此战，汉尼拔失败，而且败得很惨。

公元前201年，第二次布匿战争结束。战争以迦太基全面失败告终，只好与罗马人签订了屈辱的城下之约。这些不平等的条约有很多内容，其中就包括“没有罗马的同意，迦太基不得动用军队”的规定。自此以后，迦太基一蹶不振。

在这之后，汉尼拔成为了迦太基的行政官，鞠躬尽瘁，努力工作，一沐三握发，一饭三吐哺，以帮助迦太基从战争的创伤中恢复元气。“乾坤含疮痍，忧虞何时毕”，汉尼拔为自己的祖国呕心沥血，但结果却仍忧虞。

公元前195年，在强大的罗马人的逼迫下，汉尼拔出走东方，流亡到地中海东岸、西亚和小亚细亚一带。但罗马人一直对他追杀不已。

公元前183年，汉尼拔终于在走投无路的情况下服毒自尽，终年64岁。

有意思的是，那位和汉尼拔惺惺相惜、互相仰慕又互为敌人的罗马将军大西庇阿也于同年去世，终年52岁。

6. 疑团种种

第二次布匿战争之后，迦太基帝国开始显现颓势。尽管后来改任迦太基帝国行政官的汉尼拔进行了很大努力，力图恢复帝国往昔的元气，但收效甚微。更何况，汉尼拔后来被罗马人追杀，直至在异国他乡服毒自尽，迦太基更是缺乏中兴强人了。

尽管是这样，罗马人仍然对迦太基不放心。迦太基人一天不除，罗马人就一天不得安生。

第二次布匿战争52年后，公元前149年，罗马人又找借口发动了第三次布匿战争，意欲彻底消灭迦太基人。迦太基人踞城抵抗达2年有余，但终因饥荒和疾病，无力再撑，于公元前146年城破国亡。

迦太基陷落后，城市被夷为平地，25万居民经过战争幸存的约5万人，也均沦为奴隶，被贩卖至各地。至此，迦太基帝国终于灭亡了，迦太基人也逐渐湮没在世界人口的大潮中，没了踪影。

现代学者已经证实，迦太基人的祖先就是生活在地中海东岸的腓尼基人，“迦太基”一词就是从腓尼基语而来，意为“新的城市”。而由于公元前332年亚历山大大帝对推罗城的摧毁以及公元前146年罗马人对迦太基城的摧毁，曾经红极一时、富甲一方、遍游地中海周边各国、广置殖民地、后又统治西地中海地区、建立迦太基帝国的腓尼基人及后来的迦太基人终于彻底地从世界舞台上销声匿迹了。

腓尼基人对我们人类文明社会所做的贡献不可谓不大，如染料生产术、造城术、航海术、商业贸易技术、军事技术等，尤其是腓尼基人发明了空前的一种书写符号——字母。这种书写符号的发明，使得我们书写的速度大大地提高了，也使得人类原始的书写符号由以象形为主转变为以形声为主，使得人类的文字进程有了一个跳跃式的发展。

同样，现代学者们已经公认，腓尼基字母是现代西方乃至世界各地多种文字的共同祖先。无论是希腊字母，还是罗马字母，还是拉丁字母，都脱胎于腓尼基字母。东方一些民族的文字，甚至现代中国汉语的汉语拼音也是师从此道，不出左右。

腓尼基人为世界人类文明留下了很多很多的遗产，但同时，腓尼基人也为我们留下了许许多多的疑团。

有学者称，早在腓尼基人最为辉煌的时代，也就是公元前11世纪前后，就已经开通了通往亚洲中国地区的商业贸易之路，建立了和中国商朝的联系。甚至说，这条贸易通道，兴许就是最早连通地中海地区与黄河流域的贸易之路了，而中国汉朝时，由张骞出使西域开辟的以长安为起点，经甘肃、新疆，到中亚、西亚，并联结地中海各国的丝绸之路不过是腓尼基人所开创的贸易之路的一部分或延伸而已。

此种言论一出，确是惊世骇俗，世人皆瞠目结舌。此话可当真吗？难道世界历史以及中国历史要因此而改写吗？这可真是一个难以置信的言论！

或许这只是一个冒昧、大胆的猜测，也或许有一些真凭实据呢。但总之，猜测可以大胆，求证还是要格外小心、格外认真的。无论如何，抛出这些言论的学者还是举出了一些“证据”以说明该猜测之可信。让我们且来看看这些“证据”都是如何“自圆其说”的吧。

说：中国的商朝也是一个重“商”的王朝，这点和腓尼基人有很大的相似处，因为腓尼基人也很重“商”；腓尼基人重视商贸，其商旅之路有可能及达远东，在中国的晚商时代已经到达了黄河流域，并影响了当时生活在黄河流域的这个民族。

说：腓尼基人喜穿紫红色的大袍子，这一生活习惯也影响到了遥远的黄河流域的民族，使得黄河流域的这个民族也以紫色、红色为荣；比如，他们经常讲“大红大紫”、“红得发紫”等，都说明这个民族也喜欢紫红色；而且，这个民族的都城叫“殷墟”，而“殷墟”则有“紫红色的场所”、“紫红色的集市”、“紫红色的坟墓”、“紫红色的故城”之含义。

说：腓尼基人以“紫”为贵，而东方的这个民族也以“紫”为贵，如天上有“紫微宫”，地上有“紫禁城”，皇帝书写的诏书为“紫诏”，皇帝所赠僧衣为“紫袈裟”等；东方的这个民族不但以“紫”为贵，还以“子”为贵，先生、老师、圣人均称为“子”；所以也可以说，后面的这个“子”就是前面那个“紫”的同音异体字。

说：腓尼基人的重要城市是“推罗”，腓尼基人对“推罗”的崇拜影响了东方人对“五岳”的崇拜，所以，东方这个民族将五岳之首命名为“泰”；音相似，以为记之。

说：腓尼基人在地中海居住的那个地区被人们称作“迦南”，而东方的这个大民族也被世人称为“China”，音相似，似乎也有些冥冥巧合之处。

说：腓尼基善于航海，根据考古发现，他们的海船上经常有“眼睛”的图腾，而东方民族的龙船上也经常会出现“眼睛”的图腾。

说：在黄河中下游地区曾出土黑陶，而地中海地区也有黑陶出土，认为两处黑陶应该同源。

说：腓尼基人发明了22个字母，而东方这个民族发明了天干地支，天干地支的数量也是22个，这个数字的一致可能不是简单的巧合。

甚至说：腓尼基的字母对这个东方民族的文字——甲骨文的起源和发展也产生了影响。

……

等等，等等，还有很多很多这样的“证据”。

但我们怎么看，这些“证据”都还不是很确凿，似乎都是较为牵强、武断的推测，顶多也就是“巧合”而已。但在这里，我们还是把这些“证据”罗列在上，供大家奇文共赏吧，就是把玩、娱乐一下也没什么不好。

而且，更重要的是，说不定哪一天，真有什么石破天惊的新发现，从而证明这些“证据”中的某一个或某几个有些道理呢。

畅游在蓝色与白色之间

1. 克里特文明也称米诺斯文明

在地中海巨大广袤的蓝色汪洋之中，有一个突兀于海水之上、面积大约有8 000平方公里的岛屿，这是克里特岛。克里特岛的北面，隔海相望，是爱琴海围绕的巴尔干半岛，南面隔海相望，是北非大陆。

很久很久以前，就在这个岛上，孵化、衍生出一种文明，我们现在认为，它就是爱琴海文明的最早发源地。由于它出现在克里特岛上，我们就称这个文明为“克里特文明”，称创造这些文明的人为“克里特人”吧。

公元前10000年左右，特里特岛上已经有人居住。这些人是从哪里来的呢？有学者推测大概是从亚洲或非洲渡海而来。当然这些早期住民来到这里的目的自然是为了寻找更为适宜的生活环境，而克里特岛的自然环境自然被这些千里迢迢渡海而来的人们相中，便在此定居下来。

公元前3000年左右，克里特岛上的人类进入了青铜时代。从此，克里特文明开始萌芽、繁荣起来。

克里特文明是如何萌芽的呢？这有两种可能性。一种可能就是克里特岛上的住民靠着自己的勤奋、好学、努力以及天分，日积月累，铁杵磨针，终于一日茅塞顿开，开始了轰轰烈烈的文明生活。还有一种可能就是外来的力量加速了克里特文明的进程，而这外来的力量很有可能就是来自埃及尼罗河谷的文明。因为在那时，在北非尼罗河谷，纳尔迈（又称美尼斯）已经统一了上下埃及，埃及已经进入王朝时代，开始了文明的进程。而现在我们在克里特岛上发现的一些古迹或文物或多或少地都带有一些古埃及的色彩，这似乎也说明了一些问题。但这两种可能都是学者的推测，并没有直接的证据来证明。

公元前2000年左右，克里特岛上的文明发展到了一个令后人极为惊诧的程度。而由于在古希腊神话中克里特岛上的国王被认为是众神之神宙斯与腓尼基公主所生之子“米诺斯”，所以，我们就将克里特岛上的这个文明也称为“米诺斯文明”了。其实，“克里特文明”就是“米诺斯文明”，“米诺斯文明”也就是“克里特文明”。只是，“米诺斯”这个名字完全是神话中留下来的，现实生活中，是否确有其名，还不为人知，但无论如何，我们现在就用这个名字了。

克里特人不但在农业、冶金、制陶、雕塑、绘画等各方面都创造出辉煌的成就，更值得称道的是他们创造了令后人叹为观止的建筑技术和航海技术。

公元19世纪末的时候，考古学家们在克里特岛北部一个叫克诺索斯的地方发掘出一处辉煌的古代王宫，据考证，这就是米诺斯时代留下来的遗址，其建造年代大约在公元前2100年至公元前1800年期间。王宫是一组围绕中央庭院的多层楼房建筑群，占地面积达22 000平方米，宫内厅堂房间总数在1 500间以上，整个王宫依山而建，楼层错落，厅堂密接，天井众多，梯道走廊曲折复杂，建筑布局出奇制巧，真仿若古希腊神话传说中的“迷宫”一般。尤其不可思议的是，考古学家们发现，在这个克诺索斯王宫里，竟然拥有类似现代社会的自来水设施和冲水卫浴设施。

也就是在克诺索斯迷宫建造的同时，克里特人还大大发展了航海技术。在米诺斯文明尚未发现之前，历史学家曾经认为：腓尼基是第一个海上霸权，腓尼基人畅游地中海，航游大西洋，还建立了迦太基殖民地，而后来的古希腊人是从腓尼基人那里学会航海的。但在克里特文明被发现之后，历史学家们根据各种证据又开始认为：是腓尼基人向克里特人学会了航海，腓尼基人受大陆上亚述、巴比伦等帝国的逼迫不得不向海上去谋求生存和发展，他们的航海技术发展于公元前13世纪至公元前12世纪，而此时，克里特文明早已完成了文明的创造，航海技术闻名遐迩、蜚声地中海。

除了上面讲的这些成就外，米诺斯文明还有一个大的成就，那就是文字。大约在公元前20世纪前后，即米诺斯文明最为辉煌的时代，克里特岛上出现了文字，而且还不是一种文字。根据目前的考证，我们发现这些文字中，有两种属于象形文字，图画痕迹更重一些，有一种是线形文字，字母痕迹更重一些。遗憾的是，直至今日，还没有人能释读这些文字。考古学家和文字学家将那个线形文字称为“线形文字A”。之所以称为“线形文字A”，是因为考古学家和文字学家后来又发现了另一种线形文字，为区别两种线形文字，便有了“A”、“B”之分了。

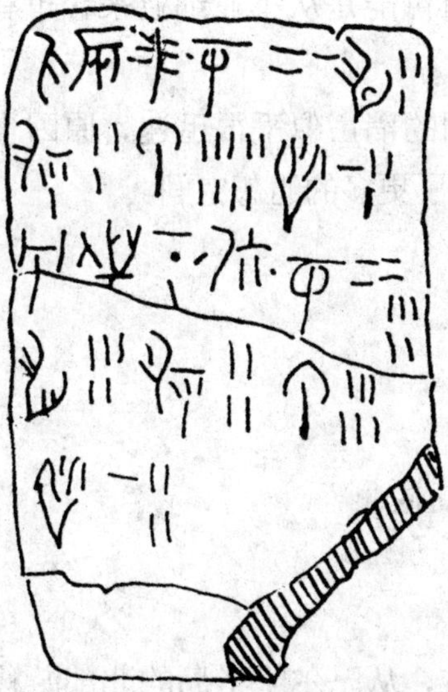

线形文字A

可能就是因为我们到现在还没有破解这些文字的缘故，所以，我们对米诺斯文明的了解还不是很多，很多论断还只能依靠推测而来。

公元前1500年左右，米诺斯文明突然消亡。而消亡的原因也令今日的学者们众说纷纭，猜测不断。大致来说，学者们的观点可以归纳为两个。

其一是火山喷发说。有人认为，大约在3 600年前，即公元前1600年左右，克里特岛附近的锡拉岛上一座火山突然猛烈喷发，其喷出的烟柱上升到高空，火山灰甚至随风飘散到格陵兰岛、中国和北美洲；火山喷发还引发了大海啸，高达12米的巨浪席卷了距离锡拉岛100多公里的克里特岛，摧毁了沿海的港口和渔村；火山喷发造成的火山灰长期飘浮在空中，造成了一种类似核大战之后的“核冬天”效应，使得此后几年农作物连续歉收。米诺斯文明可能因此遭受了毁灭性打击，迅速走向衰亡。有学者根据研究确定，锡拉岛火山喷发的时间在公元前1627年至公元前1600年之间，也就是说，米诺斯文明是在这个时候消亡的。但这个时间和其他学者考证的米诺斯消亡时间相去甚远。

其二是外族侵略说。有学者认为，米诺斯文明的消亡缘于外族的入侵，而这外族人有可能是从小亚细亚来，也有可能是从巴尔干半岛的迈锡尼而来。

总之，米诺斯文明的消亡似乎很迅速，原因也不明朗。于是，这也就给我们后人留下了更多的遐想空间。

2. 迈锡尼文明

公元前21世纪左右，从巴尔干半岛的北部游移来了若干个部落到巴尔干半岛的南部定居。这些部落有很多，部落的名字也很复杂，就我们现在所知的有亚该亚部落、爱奥尼亚部落、伊奥利亚部落、多利安部落等。这些部落和原先就在当地的佩拉斯吉部落一起共同生活，通婚繁衍，很快就融合了在一起，形成了一种新族群。

500年后，公元前16世纪左右时，这个新兴的族群在迈锡尼、梯林斯、皮洛斯、忒拜、雅典等地逐渐建立起一些奴隶制的城邦国家，形成了以迈锡尼为代表的一种文明。我们就称这个新兴的族群为“迈锡尼人”，称他们创造的文明为“迈锡尼文明”吧。

在迈锡尼文明时代的这些城邦国家里，已经有了明显的阶级和职业的划分。从现有的资料来看，似乎有几个城邦是一个联合王国，所以，他们拥有同一个国王。国王掌管着军事、司法和宗教这些最重要的事情。国王的下面由大将军进行辅佐，大将军则是军队的首领。为了管理上的方便，一个联合城邦王国往往被划分成几个省或几个区，而每个省或区又有由国王任命的总督和副总督来管理。除去这些，还有公务员、手工匠、农民、商人等阶层。而处在社会最底层的则是奴隶。

在迈锡尼文明时代，迈锡尼人已经会种小麦、大麦、橄榄、葡萄、亚麻、芝麻以及各种果树，而且他们已经学会了饲养绵羊、山羊和马匹。

那时的迈锡尼人已经知道用橄榄油、玫瑰、鼠尾草来做为护肤品和香水之用，已经知道用羊毛和亚麻来纺织成做衣服的材料。

那时的迈锡尼人已经有了冶金业，青铜是他们最主要的产品。同时，手工业也很发达，金银匠、象牙匠、宝石匠、陶匠等工种分工精细，包罗万象。

那时的迈锡尼人已经学会了贸易，贸易范围已经超出巴尔干半岛。有文物显示，他们贸易的范围已经达到爱琴海周边，如克里特岛，甚至可能达到埃及、西西里岛及至西欧等地。

那时的迈锡尼人已经会建造复杂、坚固的城堡和宫殿了。这些城堡和宫殿大多以石头砌造，其城墙坚固、机关巧设、设施完备，和克里特岛上如迷宫般的克诺索斯王宫多有相像。

然而，最主要的，这时的迈锡尼人已经发明了文字。他们的文字也是线形文字，而且很有可能是在克里特岛线形文字A的基础上发展起来的。为区别于在克里特岛上发现的线形文字，这种线形文字被称为“线形文字B”。

线形文字B

线形文字B于1952年被一位英国的建筑师迈克尔•文特里斯破译。文特里斯在他还是14岁的时候，也就是1936年，曾听过英国考古学家伊文思的一次讲课。伊文思曾在20世纪初的时候主持了克里特岛和迈锡尼的考古发掘工作，对这两个地方情有独钟，而他讲课的内容就是关于爱琴海文明以及神秘的线形文字。文特里斯被伊文思的课吸引了，他立志要弄清线形文字的秘密。文特里斯长大后，成为了一名建筑师，但他对神秘的线形文字仍然耿耿于怀。经过多年的研究，他终于从那扑朔迷离、诡异多变的古文字符号中辨识出一些模式和常数，并探赜索隐，拨开貌似无序的表面而窥探其深藏的隐含。功夫不负有心人，在文特里斯30岁那年，他成功地释读出线形文字B。

遗憾的是，出土的以线形文字B记载的文献并不是很多，不像埃及的象形文字文献、两河流域的楔形文字文献，都有着数量巨大的文献可以考证。由于以线形文字B记载的文献数量较少，所以，迈锡尼文明的真面目直到今日还是若隐若现，给人以神秘莫测之感。

公元前15世纪左右时，迈锡尼文明更加繁荣起来，迈锡尼人开始移民各地。从爱琴海岛屿到小亚细亚、到塞浦路斯、到中欧、到不列颠群岛，很多地方都出现了迈锡尼人的定居点。

公元前15世纪中叶时，迈锡尼人来到了克里特岛。此时，克里特岛上的米诺斯文明或许已经消亡，或许正在消亡，也有可能是因为迈锡尼人的到来而开始消亡。总之，从这个时候起，迈锡尼文明更加辉煌，而米诺斯文明则淡出历史舞台。

公元前15世纪左右至公元前14世纪左右，迈锡尼文明走向巅峰，大量的宫殿就是在这段时间里建造的。

公元前13世纪以后，迈锡尼文明开始走向衰落。是什么原因导致了迈锡尼文明衰落呢？到目前为止，这个问题和米诺斯文明衰落的问题一样，也是一个谜。学者们给出了几个参考答案，如自然灾害、外族侵略、内部冲突等，但都不是标准答案。如果有哪位读者感兴趣的话，就请自己去慢慢地考证、寻找这正确的答案吧，说不定会有一些惊天的发现呢。

有一点可以基本确定的就是，迈锡尼文明衰落的过程很缓慢，从公元前13世纪初开始，一直到公元前12世纪的最后几年，在经过了200年左右的挣扎和回光返照之后，迈锡尼文明才终于寿终正寝。

3. 卡德摩斯王子和腓尼基字母的延续

在希腊的神话传说中以及古希腊的历史中，有一座城市是非常有名的，那就是忒拜城。

很多中文的文献里都将忒拜城翻译成“底比斯城”，但在世界古代历史中，还有另一个“底比斯城”，也很赫赫有名，那就是古埃及的“底比斯城”。所以，为了区别这两个城市，这里就将古希腊的这座城市叫做“忒拜城”了。

由于缺少文字记载，忒拜城的早期历史似乎比较模糊、暗淡，但仍有迹可循。忒拜城建立于一个叫做卡德米亚的鹅卵形高地之上，根据考古推测，其建设年代可以追溯到公元前2500年至公元前2200年这一段时期。而这一时期正是克里特岛上米诺斯文明的发展时期。

这忒拜城是什么人建造的呢？我们现在还无从知晓。那个时候，米诺斯人虽然已经高度发达，但仍局限在克里特岛上面，而迈锡尼人还没有形成。

但神话传说和一些历史学家的推断都显示出，忒拜城和东方的腓尼基人有很大的渊源关系。

神话中说，很久很久以前，腓尼基王生出了一个漂亮乖巧的公主，取名叫欧罗巴，意思是“日落的地方”。不久，欧罗巴就出落得亭亭玉立，成为了绝世美人。消息很快就被远在希腊奥林匹斯山上的众神之神宙斯得知，于是，宙斯便化身成一头公牛将欧罗巴拐骗而去。腓尼基王见公主丢失，既恼怒又担心，便遣欧罗巴的哥哥卡德摩斯王子前去希腊寻找，并警告说，找不到妹妹不准回国。

卡德摩斯王子带领众多的腓尼基人在海外苦苦寻找公主欧罗巴，历经多年仍然无果，而且迫于父命也不敢回国。苦闷的卡德摩斯王子只好去请求神谕。神谕指示卡德摩斯王子不必回国，应该寻机建立一个属于自己的国家。同时神谕指示卡德摩斯王子，当他在寻找妹妹欧罗巴的路上会遇到一头母牛，只要跟着母牛走一直走到母牛停下的地方，那里也就是卡德摩斯王子建立自己国家的地方了。果然，卡德摩斯王子不久便遇见了一头母牛，他跟着母牛走到了希腊波奥提亚地区中部的一块高地上。卡德摩斯王子知道，这里就是他永久安居的地方了。

卡德摩斯王子率众多腓尼基人在这块高地上定居下来。后来，这块高地因为卡德摩斯王子的到来而被称为卡德米亚高地。卡德摩斯王子带领移民过来的腓尼基人在卡德米亚高地上繁衍生息、治邦安民，并建设了一座城市，这座城市就是忒拜城。

卡德摩斯王子虽然没有找到妹妹欧罗巴公主，但欧罗巴的名字却蜚声遐迩。从此以后，小亚细亚西边这片广袤无边的土地便有了一个美好的名字——欧罗巴。这就是今天的欧洲了。

由于卡德摩斯王子的到来，使得今天的欧洲有了一个美妙的名字。卡德摩斯王子还建设了据说是欧洲的第一座城市——忒拜城。卡德摩斯王子确实功绩卓著。但卡德摩斯王子的功绩还不止于此，更重要的是，卡德摩斯王子为这一地区带来了腓尼基字母。

卡德摩斯王子从东方的腓尼基而来，带来了腓尼基字母，他要用腓尼基字母来书写古希腊的语言。然而，这恐怕是有一定难度的。所以，卡德摩斯王子没有全部采用22个腓尼基字母，而是只取了其中的16个字母。后来，另一位古希腊传说中的英雄帕拉墨德根据古希腊语言的发音为这一字母表又增添了4个字母，其发音分别为th、x、ph、kh。再后来，到了公元前6世纪末5世纪初，古希腊诗人西摩尼德斯也是根据古希腊语言的发音再次为这一字母表增添了4个字母，其发音分别是z、长e、ps、长o。至此，完整的、24个字母组成的希腊字母表终于成形了。希腊人为纪念最早将腓尼基字母引进过来并书写古希腊语的这位传说中的人物卡德摩斯，便将希腊字母称为“卡德摩斯字母”。

以上这一则有关卡德摩斯王子和希腊字母形成的故事，有很大一部分是传说或神话的成分，不可全信，但也不能不信。总之，自卡德摩斯王子来到希腊之后，欧洲有了自己的名字——欧罗巴，希腊字母也从腓尼基字母中脱胎出来，逐渐演化而最终成形。

4. 仰天孤鸣

近代学者的考证已经证明，希腊字母的祖先的确是从腓尼基人手中得来的腓尼基字母。早期希腊字母的形体以及排列顺序，除了极少例外外，大部分都跟腓尼基字母相同。更重要的是，希腊字母的名称跟腓尼基字母也相同，而这些名称在古希腊语言里是没有意义的，只有在腓尼基语言里才是有意义的词。

希腊字母是从什么时候形成的？这是一个有争论的问题。有人认为早在公元前15世纪，也有人认为要迟到公元前7世纪。大多数历史学家和文字学家根据考证普遍认为，希腊字母的成形大约是在公元前11世纪前后。这个时候正是古希腊从青铜时代进入铁器时代的转变时代。

古希腊人对字母的贡献，更重要的在于元音字母的创造。腓尼基字母原来只表辅音，不表元音，但是每个辅音字母都内含一个元音或者可变的元音。这种字母是音节性的辅音字母。

目前世界上各种表音文字中对元音的表示法大致有两类：一类是附加符号表示法，另一类是独立字母表示法。而独立字母表示法打破了音节字母的限制，科学地把音节分为辅音和元音。从文字，尤其是字母文字的发展历程来看，由音节字母进而发展为音素字母，这是一个较为艰难的认识发展过程，它体现了人类对自身语言的分析能力的提高。

古希腊人创造的不是元音字母的形体，而是元音字母的制度。希腊的元音字母，是从22个腓尼基字母中，提出几个已经失去发音或者在古希腊语言中闲置无用的字母，借来用做表示元音之用。

腓尼基文字原来是从右到左横写的，这种书写顺序在阿拉马字母系统各种文字中一直保持到今天。传承于腓尼基字母的古希腊文字，最初也是从右到左横写的。可是后来改变了，古希腊人将书写方向转变了，变为从左至右，因为用右手写字，这样的书写方向可以不挡眼，是合理的改变。现在，这个从左至右的书写方向已经逐渐成为世界上最通行的书写规则。

在书写方向的改变过程中，中间还曾经历过一个过渡时期。在这个过渡时期中，古希腊文字采用一种“牛耕式”的书写方向，即一行向左，一行向右，往复来去，有如老牛在耕地。而且更为奇特的是，行序也曾出现过自下而上的书写方向，即好比在现在的一张纸上，写字是从底部开始，一行一行地往上写，写到这页纸的顶端。但到了公元前500年以后，书写规则逐渐统一，一致采用从左至右的字序和从上而下的行序，不再变动。

富于美感而崇尚实用的古希腊人，对字母的字形也做了修改，他们把原先多多少少地带有图形痕迹的字母改成了更为简单、更为醒目、更为匀称、更为优美的呈几何图形样子的字母。这种更改，使得字母的形体完全摆脱了人类早期的图画文字的羁绊，而成为了实用与艺术的结合体。

古希腊文化是欧洲近代文化的源头，希腊字母也是欧洲各民族文字的源头。在漫长的人口迁徙、文化传承过程中，希腊字母又演化、分离出很多其他的字母体系。其中拉丁字母和斯拉夫字母最有代表性，最有生命力。

今天世界上使用最广泛的拉丁字母就是以希腊字母为基础而一步步加工改良而成的。可是，当拉丁字母大踏步前进及至足迹几乎遍布全世界时，希腊字母却固步自封，没有大的进步。现在拉丁字母已经成为国际通用的字母，而希腊字母却成为一种使用人口不多的"一国独用"的字母。它像一只孤傲的白天鹅，独立在被拉丁字母和斯拉夫字母瓜分了的欧洲的夹缝中，仰天孤鸣，曲高和寡，只是不断地向世人传达着那幽幽的思古之情。

东风西渐

1. 黑暗中的星火

公元前12世纪末，迈锡尼文明终于灭亡了。灭亡的原因众说纷纭，但较多的学者认为可能是由于一个叫“多利亚”的部落入侵了迈锡尼。多利亚部落虽然在文明程度上没有迈锡尼发达，但这个部落更崇尚自由，较少专制，且善战好勇，也就使得虽然经过几百年锤炼、技术力量逐渐强大、制度逐渐完善、阶级壁垒更加森严的迈锡尼反而挡不住相对比较落后、但更灵活更无所顾忌的一个部落的攻击。此种事情正如中国的一句俗语：光脚的不怕穿鞋的。总之迈锡尼文明灭亡的原因是一个待学者们深入研究的课题，我们不去细说。

公元前1000年至公元前800年，希腊半岛上经历了历史上的一个“黑暗时代”。说其“黑暗”，主要是说，重要的文明社会，如米诺斯文明、迈锡尼文明都已经灭亡了，而新生的文明却还没有问世，天空中出现了短暂的日食。

尽管说它“黑暗”，但这段时间，仍然有一些灵光乍现，如黑暗、广袤的平原上一颗星火一般。这星火就是《荷马史诗》。

《荷马史诗》是古希腊两部长篇史诗《伊利亚特》和《奥德赛》的统称，相传是由古希腊一位叫荷马的盲人诗人所作。但关于荷马其人是否真实存在过，其准确的生存年代为何都还有很大争议。一些学者认为，荷马可能生长在公元前9世纪和公元前8世纪这期间。

《伊利亚特》叙述了在特洛伊战争中希腊联军统帅阿伽门农与主将阿喀琉斯之间为了争夺女俘而引发冲突的故事，而《奥德赛》则是讲述了希腊联军的另一个将领奥德修斯在特洛伊战争胜利后返回家乡与妻子团聚的过程中所发生的历险故事。两部史诗分别都成24卷，其中《伊利亚特》大约有诗句15 000行，而《奥德赛》大约有12 000行。目前学者们普遍认为：这两部史诗最初可能只是一种基于神化传说的口头文学，后来靠着乐师们的演奏背诵而流传下来；如果荷马确有其人的话，那么他应该是将这两部史诗整理定型的作者，而非原创者。

《荷马史诗》以古希腊各城邦、战场及汪洋大海为故事背景，以“美女”、“英雄”为故事线索，以“人神共性”为思想脉络，展现了一幅既恢弘磅礴又自由浪漫，既英雄豪爽又美女绝世的历史图景，成为人类文学史上的一部绝妙之作。《荷马史诗》也为日后希腊人在“追求成就、实现自我”的社会价值观方面树立了一个典范，成为了希腊版的《圣经》。

公元前1000年至公元前800年这一段“黑暗时代”，正是由于有了《荷马史诗》这一颗耀眼的星火，这黑暗便有了希望，这黑暗便孕育了黎明前的躁动，所以这“黑暗时代”也被称为“荷马时代”。

2. 极具辉煌

从公元前800年至公元前146年，在经历了200年的黑暗时代后，以希腊半岛为中心，进而辐射到整个巴尔干半岛、亚平宁半岛南部、西西里岛、塞浦路斯、小亚细亚甚至地中海南岸等地的这一个广大区域进入了一个空前的辉煌时代。

这耀眼的辉煌持续了大约650年。

这辉煌引领西方世界乃至整个世界进入了一个崭新的文明阶段，这辉煌引领着人类在诸如哲学、科学、历史、政治、建筑、文学、戏剧、雕塑等领域里都取得了空前的巨大的成就，这辉煌使得人类看到了在物质世界之外还有一个更为广阔、深邃的精神世界，这辉煌将人类的思想境界提到了一个前所未有的高度，这辉煌甚至一直照耀到当代世界，成为几千年来人类精神生活的一个美好源泉。

这一个时代，这耀眼的辉煌便是古希腊文明。

关于古希腊文明的历史文献、科普介绍、学术研究及商榷争论已经多得数不胜数，而且都很全面概括、高深精辟，本文实在没有能力将它们都囊括进来一一加以介绍。我们就将这段时期在若干领域里的成就或代表人物简单地罗列出来，供读者参考吧。

（1）哲学方面

古希腊在哲学有巨大的发展，这和世界上其他文明有着很大的区别，古希腊文明更加注重对人生、宇宙、物质本原的探讨，涌现出很多哲学流派，如米利都学派、爱利亚学派、柏拉图学派等。其中的代表人物也多如繁星，如泰勒斯、阿那克西曼德、阿那克西美尼、毕达哥拉斯、赫拉克利特、色诺芬尼、巴门尼德、埃利亚的芝诺、麦里梭、留基伯、德谟克利特、普罗泰戈拉、苏格拉底、柏拉图、亚里士多德、西塞罗、基提翁的芝诺、爱比克泰德、伊壁鸠鲁、卢克莱修、恩培多克勒等。

（2）科学方面

古希腊在科学方面，尤其是在数学领域创造了巨大的成就，这其中有兼职哲学家的毕达哥拉斯，他发现了勾股定理；有苏格拉底、柏拉图、亚里士多德这些既是哲学家也是数学家的人；有发明代数学的丢番图，有研究圆锥曲线的阿波罗尼奥斯，有创造几何学的欧几里德，当然更有那个正在做数学题时被罗马士兵杀害的阿基米德。

当然，古希腊在天文、地理等领域的科学研究也同样成绩斐然。

（3）政治方面

古希腊在政治制度方面也有很大的进步，开创了一个叫“民主共和”的国家制度。尽管这个“民主共和”还是假民主、假共和，因为，真正有公民权的国家公民还只是少数有钱人、有权人，而且还只限于男性，但它毕竟影响了后世几千年，直至今日，仍还有人对这个时代的“民主共和”念念不忘，欲死欲活地复辟之。这期间，在政治方面的代表人物有：梭伦、克利斯提尼、伯里克利、阿里斯提德等。

（4）戏剧方面

古希腊在戏剧方面也有超出其他文明的不菲成就。其中古希腊悲剧尤为突出，这其中有被誉为“悲剧之父”的埃斯库罗斯、被誉为“戏剧艺术的荷马”的索福克勒斯、被誉为“心理戏剧鼻祖”的欧里庇得斯。古希腊喜剧也是不出左右，共产生了三大喜剧诗人：克拉提诺斯、欧波利斯和阿里斯托芬，但只有阿里斯托芬传下了一些完整的作品。相传阿里斯托芬一生共写过44部喜剧，还得过7次奖，那奖项堪比奥斯卡和格莱美，而流传下来的剧本有11部。

（5）建筑方面

古希腊人在这段期间建造了大量的城市，从而形成了大量的城邦。同时，古希腊人也创造了辉煌的建筑艺术成就。最有代表性的当属目前还在存的雅典卫城，它是由当时的执政官伯里克利委任当时最有名的雕塑家费迪亚斯重新修建而成的。而卫城中最主要的建筑就是位于最高点的祭拜雅典娜的帕特农神庙。这座帕特农神庙是一座白色的大理石建筑，其色彩洁白、比例和谐，无论是身处其间还是从山下仰望，都可看到她那优雅端庄、美轮美奂的建筑姿态。古希腊建筑已经从单纯的生活庇护场所演变成了艺术的殿堂，充满了数学和视觉的美感。

（6）体育方面

古希腊在体育方面的成就就更是路人皆知了，地球人都知道奥运会源于古希腊。据资料记载，古希腊奥运会从公元前776年起，到公元394年止，经历了1168年，共举行了293届，这是我们现在的奥运会的前身，奥林匹克精神也就成了我们当代体育事业的象征。但且慢！且慢！古希腊的体育竞技活动可能远远不止于此吧。我们通常以为奥林匹克运动会是古代希腊唯一的运动会，但实际上，这是一个很大的误会！实际上，古希腊不止一个运动会！古希腊三面环海，特殊的地理环境造就了古希腊人对于户外运动、特别是竞技比赛的热爱，运动与古希腊人的生活息息相关。古希腊时代盛行以竞技形式表示对神的崇拜，向神奉献最精湛的技艺，向神显示躯体和精神的健美，所以，古希腊全境内年年都要举办一场运动会。注意，是每年都要举办一场运动会，而奥运会只是其中之一。在那时，跟奥运会规模相当的运动会，一共有四个，分别是

祭献天神宙斯的奥林匹克运动会（Olympic Games）；
祭献太阳神阿波罗的皮西安运动会（Pythian Games）；
祭献海神波塞冬的地峡运动会（Isthmian Games）；
祭献大力士神海格力斯的尼米安运动会（Nemean Games）。

上述四大运动会，每年轮流举办，也就是说每个运动会四年举办一次。这也就是现代奥林匹克运动会四年举办一次的真正由来。

好了，还有很多很多成就，真的无法一一列出并给予简单的介绍了。若将古希腊的成就都详详细细地讲述出来，恐怕是只能用四个字来表达这项工作的难度了——浩如烟海。

公元前146年，以第三次“布匿战争”结束为标志，位于亚平宁半岛的古罗马文明开始强大起来，而辉煌了650年之久的古希腊文明从此淡出历史舞台。

古希腊文明这段历史是人类历史上绝对空前也基本绝后的一个繁荣、辉煌、不朽的时代。

3. 古希腊文明从东方来?

古希腊文明如此灿烂辉煌，达到了人类文明史上登峰造极的地步。然而，这个古希腊文明是如何产生的呢？它是原生的吗？还是受其他文明的影响?

据历史学家、考古学家、科学家们近年来的考证，这样一条定论似乎已经被很多人所认同，那就是：古希腊文明大多来自于东方，或受启迪于东方。也就是说，古希腊文明是建立在多个原生文明的基础之上的，而这多个原生文明则包括古埃及文明、两河流域文明以及爱琴海文明。不可否认，古希腊文明对东方文明继承颇多，甚至在公元前8世纪至公元前6世纪这段时期，古希腊历史上曾经历了一场“东方化革命”，其宗教、神话、艺术、建筑、科学、技术等辉煌的成绩都有着东方的因素在其中。从下面的论述中，我们可以看出古希腊文明对东方文明的依赖和借鉴。

希腊字母来源于腓尼基字母，这一点前面已经讲到了。腓尼基字母演化出了希腊字母，而希腊在日后的科学领域高度发达，所以，现在的科学领域内，以希腊字母作为物理、数学符号的有很多，如：α、β、Δ、π、Φ、Σ、ω等。这之后，希腊字母又演化出拉丁字母、斯拉夫字母。所以说，希腊文字源于东方。

希腊的神话传说在世界文学史上占有极为重要的地位，但希腊的神话故事有很多也是继承于东方的神话故事。如希腊神话中关于创世纪的部分有这样的情节，讲的是宙斯与他的两个兄弟——波塞冬和哈德斯通过抽签三分宇宙的事。波塞冬抽到的是海，自此大海成为他的永久居所，波塞冬也被称为海神；哈德斯抽到了泥泞、黑暗的冥府作为他的永久居所，所以，哈德斯被称为冥神；而宙斯抽到的则是宽敞明亮、云彩飘逸的天。那么大地被谁抽走了呢？谁也没有抽走，大地为三兄弟共有；三兄弟和众多的神一起住在奥林匹斯山。然而，这样的创世神话并不是希腊人的发明。在两河流域的阿卡德时代就已经产生了类似的神话，其故事情节与希腊神话非常相似。说，三个西亚主神通过抽签瓜分天下，天神安奴抽到了天，水神恩基抽到了海，而风神恩利尔则抽中了地。两个地区的神话故事情节相似，有可能是巧合，表示出人类对大自然的初步认识基本一致，但若情节高度相似，应该认为是有上承下传的关系了。

希腊的神话传说中还有一些精彩的形象，直至今日仍为人乐道，那就是把人与动物的特征集于一身的怪兽们，如带翼狮身女怪“斯芬克斯”、鸟身女怪“塞壬”、蛇发女怪“戈耳戈”、狮头羊身蛇尾的吐火女怪“奇美拉”、鹰头狮身怪兽“格里芬”，以及人身鱼尾的海神“特里登”等。而这些“跨物种”的怪兽在希腊现身之前的很早很早的时候就已经在古埃及和两河流域的宗教和艺术中出现了。如此众多的靠人脑杜撰出来的怪兽出现在不同的历史时期和不同的地域环境，不能说是人类对大自然的认识基本一致了吧。唯一的解释是：古希腊的这些神话源于古埃及和两河流域。

古希腊的艺术品也在很多方面与两河流域有着渊源关系。公元前8世纪之前的古希腊陶瓶上，可以看到，只有一些简单的几何图形的装饰，而在公元前8世纪至7世纪的陶瓶上，则出现了用曲线来活灵活现地描画现实生活中事物的图案，这种陶瓶明显地带有叙利亚一带闪米特民族的风格。在这些陶瓶上，绘有植物、动物的图案，尤其是有些陶瓶上，甚至出现了狮子、豹子的形象，而这两种动物在希腊这个地方是根本没有机会看到的珍奇野兽。但是早在好几百年甚至上千年以前，这两种动物便是两河流域的人们在其艺术创作中所津津乐道的主题了。不光是古希腊的陶瓶，就连古希腊的青铜塑像、象牙塑像等艺术品，也都带有浓厚的叙利亚和两河流域色彩。在雅典曾出土过用一根象牙雕刻而成的一套裸体女性雕塑，这可能是古希腊最精美的象牙雕塑了。雕像大约制作于公元前750年，形制是叙利亚风格的，题材也是叙利亚特有的，因为那个裸体女性是古代闪米特神话中专司生育和爱情的女神——阿斯塔蒂。

再说古希腊的建筑。一说起古希腊的建筑，我们马上会想到那些巍峨壮观的神庙。直至今日，雅典卫城的帕特农神庙仍是无数画家、建筑师、诗人所向往的地方。神庙是古希腊人生活的中心，没有了神庙，便无法想象“希腊文明”这幅图画该是如何一番景象。但是，我们同时也要知道，在米诺斯时代，在迈锡尼时代，在公元前8世纪之前，希腊人完全没有神庙、神坛的概念。考古发掘表明，古希腊的这些神庙神坛不是从希腊这块土地上原生出来的，而是在公元前8世纪至公元前6世纪这个时候的一场“东方化革命”中从埃及和两河流域引进的。只是古希腊人将神庙这个东西做的太极致了，之中加入了技术、美学甚至哲学的因素，从而使神庙的建设达到了登峰造极的地步，才让后人忽视了它的源头起自哪里。

在科学方面，古希腊人的成就也同样是建立在东方成就的基础之上。古希腊在数学、天文学等方面都受到古埃及和两河流域的影响。

在哲学方面，古希腊人受东方影响的程度就更大了。古希腊早期的哲学家们大多数都是来自小亚细亚及其附近的地区，如米利都、以佛所等城市，甚至有些人来自腓尼基。这些古希腊的哲学家们喜欢探求“世界的本源是什么？”这样的命题，创建了哲学史上一个著名的学派——米利都学派。米利都学派的创始人泰勒斯认为万物之源为“水”，水生万物，万物又复归于水。这个观点看似简单却揭示了“万物最初皆诞生于水”这一真理，排除了当时流行的“神造世界”的臆想断说。米利都学派的另一代表人物阿那克西曼德主张万物本源是“无限”，一切生于无限复归于无限，而无限本身既不能创造又不能消灭。米利都学派的第三位代表人物是阿那克西曼德的学生阿那克西美尼，他认为万物之源为“气”，气亦有凝聚与疏散这样的相对运动，由此产生了世界万物及其变化。还有一位古希腊的哲学家叫赫拉克利特，他认为，世界这个有秩序的宇宙既不是神也不是人所创造的，它过去、现在和将来永远是一团永恒的“活火”，按一定尺度燃烧，一定尺度熄灭。虽然这些古希腊哲学家们的观点花样百般、层出不穷，但仔细考察起来，我们就会发现，其实这些所谓的“本体论”思想很早以前就存在于埃及人、两河流域人和腓尼基人的神话传说与民间故事当中了，如古巴比伦创世神话中，水乃万物之本的思想已经非常成熟完备。不能否认希腊哲学家们的观点与演绎或多或少地都继承了这些东方思想。

其实，人类自从几百万年前诞生以来，就没有停止过交往。几个我们现在所知的人类文明发源地之间也很有可能曾有过密切的人员往来和物资交流。古罗马文明在很大程度上传承于古希腊，古希腊文明传承于两河流域文明和古埃及文明也有据可考。但其他一些地方的文明起源是否也受到过外力的影响呢？比如，黄河流域的华夏文明，在其最初萌芽时期，是否也和外界有过接触并受其影响呢？美洲的玛雅文明是否真的是在与世隔绝的大陆上独立发展起来的呢？而即便是独立发展起来的那些文明，其最初动力又是什么？是渐进式的发展还是爆发式的发展？这些问题好像太过久远与深邃了，花很多时间和精力探讨这些问题在某种程度上也显得有些荒唐。但人类自身生来所禀赋的好奇心，人类探究自己源出何方的欲望驱使着我们在一步步前行，只要我们假以时日，我们终会发现一些蛛丝马迹，并最终找到答案的。

4. 亚平宁半岛

亚平宁半岛在地中海中部的北岸，其北部是阿尔卑斯山与波河平原，中部有台伯河流过。整个半岛像一个长长的靴子伸入地中海，与西西里岛一起，将地中海拦腰分成两半。

石器时代时，亚平宁半岛上已经有人类居住，生产活动主要是采集和渔猎。

进入青铜时代后，在欧亚草原上活动、漂游的部落来到了波河与台伯河流域，与当地的居民融合，并学会了制造铁器，从此农业开始。

公元前10世纪前后，希腊人由巴尔干半岛进入到亚平宁半岛，希腊文明也随之而来，希腊字母便成了亚平宁半岛上的语言记录符号。

公元前8世纪前后，希腊人大量涌入亚平宁半岛，开拓殖民地，建立城邦，希腊文明成了亚平宁半岛上主导的文明力量。

此时，有一支部落生活在亚平宁半岛的中部台伯河流域，这支部落叫拉丁部落。据历史学家推测，拉丁部落的居民很有可能是由半岛上的原始住民与欧亚草原游牧民族及后来的希腊人混合而成的民族。这个混血的民族显然比其他民族要聪明一些，所以，这个拉丁部落是整个亚平宁半岛上较早进入农业社会的一支部落。公元前753年，拉丁人在台伯河岸边建立了一个城市，取名“罗马”，是以神话中人物“罗慕洛”的名字命名。

罗马城建成后，进入了王政时代，且日益强大，渐渐地统治了整个亚平宁半岛。此时的罗马已经不再单单指那一个城市了，而是指拥有数个城市、数个部落、范围广大的一个国家了。

此时，拉丁人为了记录自己的语言，将舶来的希腊字母作了进一步的改良，从而形成了拉丁字母。改良后的拉丁字母数量比希腊字母要少，只有21个，分别为A、B、C、D、E、F、G、H、I、K、L、M、N、O、P、Q、R、S、T、V、X。而这个排在末尾的X被称为“最后的字母”。

公元前510年，在经历了200多年、7个国王的王政时代后，罗马人不满国王的统治，奋而起义。从此，罗马又进入了共和国时代。

进入共和国时代后，罗马如日中天，民主制度的确立极大地调动了社会的积极性，使罗马一跃成为当时世界上的强国。

从公元前264年至公元前146年，罗马与地中海南岸的迦太基进行了三次“布匿战争”，最终获胜，成就了在地中海西部地区的霸权地位。而所谓“布匿”，就是拉丁语，指迦太基国的腓尼基人。

从公元前215年至公元前148年，罗马经过四次“马其顿战争”，征服了马其顿并控制了整个希腊，又通过“叙利亚战争”和外交手段，控制了西亚的部分地区，从而建成一个横跨非、欧、亚，称霸地中海的大国。

公元前27年，罗马在经历了“前三巨头”、“后三巨头”统治的时代后，进入帝国时代。

此时，拉丁语中从希腊引用过来的外来词迅速增加，在文字表述上需要有所区别，于是，又引进了原先希腊字母表中的Y和Z，排在拉丁字母表的最后，作为书写外来词之用。显然，原先字母表中的X已经不是“最后的字母”了。此时的拉丁字母表有23个字母。

又过了几百年，到中世纪时，这个拉丁字母表中又增添了几个小兄弟：由I分化出J，由V分化出U，又由U分化出W。至此，这个拥有26个字母的一套字母表终于形成，并流传后世直至今日。

拉丁人不光是在希腊字母的基础上，创建了这个拉丁字母表，而且还对每一个字母都做了简化和实用的形体加工，使得原本就已经具有艺术气息的希腊字母更有魅力也更实用了。拉丁人对这些希腊字母进行形体加工的原则大致如下：

原则1：尽可能采用最简单的图形来描画字母；

原则2：尽可能避免容易混淆的图形；

原则3：便于书写、笔画尽量少，比如，断开的笔画改成了连续的笔画，弯曲不超过两次，每个字母最多不超过三个笔画等。

就这样，经过形体加工后的拉丁字母呈现出了对称、齐匀、实用、美观的面貌。字母已经不单单是一种记录语言的工具，而且有了艺术欣赏的成分在里面。

也就是在这个时候，拉丁字母出现了大小写之分。

非常对称、齐匀的字母固然好看，但过分的整齐却使人在阅读时引发劳累之感。拉丁人心血来潮，将好不容易刚刚舍宾塑身、整齐划一的字母又打乱，在文字中穿插了一些“草书”而成的字母，于是，由字母的“草书”而逐渐演化成的所谓“小写”字母便应运而生了。这所谓的“小写”就是将字母的笔画“圆滑”化，而且这笔画一会儿向上伸伸胳膊，一会儿又向下踹踹腿，非要打破原先书写字母的规矩。就这样，以这个小写字母书写出来的文字，主干平直而又上下参差，便于识读而又有欢快跳跃之感。

而“大写”字母则逐渐地在两种情况下才使用：一为用于专用名词的开头，以便和普通名词区别开，这就好像古埃及的象形文字中以椭圆花饰来装点国王的姓名一样，作用和功能如出一辙；二为每一句话的开头字母也采用大写，这样便于阅读者快速扫读“语段”。

字母大小写的出现，丰富了文字表达的功能，也使得文字的阅读更加方便、更加快捷、也更加有乐趣了。字母大小写乃拉丁人或罗马人之发明创造。

5. 全球吹遍拉丁风

公元1世纪和2世纪时，罗马帝国发展到最为辉煌的时候，它的侵略扩张本性也发挥到极致。至图拉真时代，罗马帝国的版图已经扩大到了最大范围，它东起两河流域，西及不列颠的大部分地区，南包埃及、北非，北抵莱茵河和位于多瑙河以北的达西亚，所辖人口有5 000万之众，仅罗马城内也有人口60万至100万之多。罗马帝国成为当时世界上最强大的帝国。

从公元3世纪起，罗马帝国开始陷于动荡之中，国力急剧衰退。

公元3世纪中期，先是帝国内部起义不断，宫廷内乱不止，继而是驰骋于欧亚大草原上的游牧民族不断来侵扰，帝国周边的哥特人、法兰克人、阿曼尼人也经常与帝国发生战争。

公元395年，罗马帝国一分为二，分裂成东西两个罗马帝国。西罗马帝国的首都仍在罗马城，而东罗马帝国以君士坦丁堡为首都。

公元476年，持续了500年之久、曾经是西方文化中心的西罗马帝国最终灭亡。

尽管拉丁人的罗马帝国灭亡了，但拉丁语言和拉丁字母却被帝国的军队、商人和官吏带到了他们所征服的广大地区。

帝国时代，拉丁语作为官方语言，被引进到帝国所征服的各个地方，带动这些地方的语言也“拉丁化”了。帝国灭亡后，这些分布在各地的“拉丁化”方言又分别演化，继而形成具有“拉丁”遗风的民族语言，如意大利语、法语、西班牙语、葡萄牙语、罗马尼亚语以及加泰隆语、普罗旺斯语、摩尔达维亚语等。这一演化过程大约从公元5世纪帝国灭亡时起到公元8世纪，历时300年左右。到公元8世纪末时，这些民族语言在语言上的演化基本完成，继而又萌发了民族文字，而这些文字也基本上都是采用拉丁字母作为本民族文字的最基本元素。

在欧洲，还有很多本来是非“拉丁化”语言的民族，这些民族经过长期的实践和努力，很多也都是采用了拉丁字母作为自己民族文字的元素，拉丁字母反过来又促使这些非“拉丁化”的语言开始拉丁化。如：

北欧一些国家的民族，原先属于日耳曼语系的民族，在公元8世纪前，他们使用一种叫“条顿鲁纳”的字母来拼写自己的文字，而从公元8世纪到12世纪这段时间，他们又改用“斯堪的纳维亚鲁纳”字母。而12世纪以后，这些北欧国家的民族又纷纷开始采用拉丁字母了。究其原因，恐怕是由于基督教的传播。基督教在欧洲的蔓延，促使各民族的文字以及语言逐渐“拉丁化”。

还有一支日耳曼语系的部落生活在易北河和奥得河一带，这就是后来说德语的一些民族。这些民族的文字从公元8世纪起开始也由“鲁纳”字母转为拉丁字母。公元16世纪，德国宗教改革家马丁•路德用民族文字翻译《圣经》，促进了德语的拉丁化。

盎格鲁、撒克逊和朱特部落在公元5世纪时跨海侵入不列颠群岛，和当地人融合后形成了说英语的民族。其文字在公元5世纪到6世纪时，采用盎格鲁纳字母，而在6世纪之后，便也让位于拉丁字母了。

公元1492年，航海家哥伦布被“地圆说”鼓动，启动了他的环球冒险之旅。不想，却意外地发现了一个新大陆——美洲。这之后，随着欧洲殖民者的不断涌入，美洲迅速成为拉丁字母的天下。如今，整个美洲都使用拉丁字母。

公元17世纪，欧洲人发现了澳大利亚、新西兰及大洋洲，于是，殖民者又蜂拥而至。不消说，欧洲的语言和文字被带到大洋洲，而且，当地的民族语言也采用拉丁字母写出来，成为拉丁化的地方文字。如居住在新西兰的毛利人，现在已经有了拉丁化的毛利文；夏威夷群岛上有了书写夏威夷语的拉丁化夏威夷文；而塔希提、萨摩亚、汤加、图瓦卢、瑙鲁等地区也都有了拉丁化的本土文字。

亚洲的一些国家和地区也被卷入了文字拉丁化的大潮中。印度尼西亚和越南，在国家独立后，采用拉丁字母创造本土文字并成为本国的正式官方文字。土耳其，为了迎接现代生活，摆脱传统束缚，配合政治革命和宗教改革，实行了拉丁化的文字改革。中国，也为了国际交往的便利和信息技术的使用，利用拉丁字母拼写自已的语言，创造出了“汉语拼音”来作为辅助的文字工具。

非洲，据科学家们考证是人类的起源地，然而却是文字和文明的曙光最后照临的大地。公元15世纪以前，整个非洲几乎没有文字。公元15世纪之后，随着欧洲殖民者的侵入，非洲的语言和文字都开始拉丁化。公元20世纪第二次世界大战后，撒哈拉沙漠以北的地区成立了若干个阿拉伯文化的国家，文字转为阿拉伯字母文字，而撒哈拉沙漠以南的非洲，除了埃塞俄比亚以外，文字均为拉丁字母文字。

时至今日，人类社会已经进入到了信息化时代，全世界迫切需要一种国际通用的信息符号来做为信息交流的工具，而拉丁字母具备了标准化和音素化的优点，且已经渗透到全球各大洲，广为认知，因而承担起了这个信息时代国际通用字母的历史任务。

弯弯的月亮

1. 肥沃的新月地带

在西亚地区，有两个著名的地理区域。

一个是大名鼎鼎的两河流域，也就是美索不达米亚平原。在这个两河流域，诞生了人类最早的文明——苏美尔文明，以及人类最早的文字——楔形文字。这在前文已经讲过。

还有一个则是西亚裂谷。这西亚裂谷实际上是那个南北贯穿非洲直抵西亚地区的“西亚—东非大裂谷”的最北段，它从亚喀巴湾北端向北经过阿拉伯谷地、死海、约旦河谷地、贝卡谷地与奥龙特斯河谷地，直到土耳其南部。其中约旦河与奥龙特斯河为重要的灌溉水源，而死海是一个天然的大盐库，且许多地段为这一地区居民重要的贸易通道。

两河流域与西亚裂谷这两个地理区域交汇于幼发拉底河中游以西的地方，涵盖了今伊拉克东北大半部、土耳其东南边缘、叙利亚北部与西部、黎巴嫩、巴勒斯坦以及约旦西部的一些地区，于是在地理上形成了一个新月形的地带。又因为这个地带降水较多，灌溉水源丰富，有利于农牧业发展，文化非常久远且异常发达，与其北面地形崎岖的托罗斯山区、扎格罗斯山区或与南面广袤荒旱的阿拉伯半岛相比都显得较为肥沃。所以，历史学家、地理学家便将这一地带称为“肥沃新月地带”。

在肥沃的新月地带，出现了人类早期的、而且辉煌的文明社会，如苏美尔、阿卡德、巴比伦、亚述以及腓尼基等，也出现了人类早期的文字，如楔形文字、腓尼基字母，这些都是人类文明最灿烂的成就。

当历史进程推进到公元7世纪时，新月地带以及其南面的阿拉伯半岛又出现了另外一个辉煌的文明——阿拉伯伊斯兰文明。

2. 阿拉马字母

公元前11世纪左右，也就是在加喜特人统治两河流域时期，有一只北方闪族部落生活在两河流域和叙利亚一带，这只部落的名字叫“阿拉马”。阿拉马人说阿拉马语，在当时也创造出了很了不起的文明，在他们生活的周边地区建立了很多小城邦，而这小城邦中，最有势力的一个是大马士革。和同时代的腓尼基人一样，阿拉马人也创造出了自己的文字——“阿拉马字母”。

阿拉马字母和腓尼基字母一样，也是北方闪族字母逐渐演化的结果，和腓尼基字母可以说是同胞姊妹。但在日后的发展过程中，腓尼基字母向叙利亚以西的地中海各地逐渐蔓延发展并衍生进化，而阿拉马字母和阿拉马语言则是向叙利亚以东的亚洲西部甚至更远的东方流传。

公元前732年，大马士革被亚述帝国灭亡，阿拉马人也就此解体。但奇怪的是，虽然阿拉马人的政治组织被灭亡了，但阿拉马语和阿拉马字母却依然有着强大的生命力，它的影响范围和影响强度反而越来越大。到公元前7世纪末时，阿拉马语成为叙利亚和两河流域的通用语言，而自公元前5世纪后，阿拉马语已经成为当时的波斯帝国的官方语言之一，而在从埃及经小亚细亚至印度这一条国际商路上，阿拉马语也是通用的语言，往来的商人们以此语言进行沟通、贸易。

阿拉马字母随着阿拉马语言也流传至这些地区，尤其是在两河流域地区，阿拉马字母文字与楔形文字开始了长期争夺天下的斗争。到公元元年左右，特权阶级所垄断着的、繁复的、神秘的楔形文字终于败下阵来，而让位于那个比较通俗、简易、更适合于大众的阿拉马字母文字。

公元前331年，随着马其顿亚历山大大帝的入侵，波斯帝国瓦解，阿拉马字母的黄金时代终于结束了，西亚各地的阿拉马字母开始分化、演变。

据考证的结果我们知道，阿拉马字母共产生了6个变种或分支，分别是：希伯来字母、阿拉伯字母、叙利亚字母、巴尔米拉字母、曼代字母和摩尼字母。

前3个分支后来发展得比较有影响，在历史上占有一席之地，而后3种则是昙花一现，现在的人很少知道了，甚至都没有听说过。但无论如何，它们的祖先都是阿拉马字母。

3. 阿拉伯人从何而来？

阿拉伯人从何而来？这个问题就和“人类从哪里来”一样，至今没有定论。而相关的文字记载和口头传说也不是很多。但我们基本可以肯定的是，阿拉伯人诞生于阿拉伯半岛及其北部的新月地带。

阿拉伯半岛是阿拉伯人生存和发展的最初的舞台。这个舞台位于亚洲的西南部，是世界上最大的一个半岛，其土地面积相当于欧洲的四分之一，美国的三分之一。阿拉伯半岛三面环海，东临秀丽的波斯湾和阿曼湾，南濒浩瀚的印度洋，西傍狭长如丝带般的红海，而北面就是肥沃的新月地带。

阿拉伯人从何而来这个问题，科学的解答几乎没有，我们只好搬来《圣经》，看看《圣经》如何说。

《圣经》说，先知亚伯拉罕生有二子，长子叫以实玛利，次子叫以撒。以实玛利的后代就是现在的阿拉伯人，而以撒的后代就成了犹太人。

据说，以实玛利当年定居在了阿拉伯半岛的麦加这个地方，并在麦加建立了一个叫“克尔白”的天房作为朝觐的场所。

以实玛利很快就和麦加附近的土著部落人打成一片，并用自己的人格来感化他们。土著人也很快就接受了以实玛利的语言、宗教和文化。这就是后来的阿拉伯语及其文化的前身了。

以实玛利和当地土著部落的人通婚，生下12个儿子，这12个儿子又分别创建自己的部落，开始散落在整个阿拉伯半岛地区和新月地带。这就是后来的阿拉伯人了。

当然，以上的故事都是《圣经》的记载，还有待于进一步考证，不可不信，也不能全信。总之，将《圣经》的故事拿过来，算是给“阿拉伯人的起源”这个问题一个比较好的交待吧。

4. 阿拉伯字母从何而来？

到了公元前2世纪时，在位于现在的约旦南部地区生活着一个阿拉伯游牧部落，叫“那巴泰”。那巴泰人擅于在岩石岩洞中建筑自己的住所，甚至发展成了城市及邦国。这些那巴泰人还没有忘记阿拉马字母，于是便用阿拉马字母记录他们的阿拉伯语言。此时，古老的阿拉马字母就被演化成那巴泰字母了。

公元106年，那巴泰国灭亡，那巴泰字母又演化出西奈字母。

公元5世纪左右，西奈字母演化出现在的阿拉伯字母，这就是后来阿拉马字母6个分支中的1个。

到了公元5世纪末时，阿拉伯人已经学会用阿拉伯字母记录自己的语言，用阿拉伯语进行文学表达。古代阿拉伯诗歌在这段时间出现了。

公元570年，诞生了一位伟大的阿拉伯人，这就是先知穆罕默德。穆罕默德创立了伊斯兰教。

穆罕默德是一位真实的伟人。

为什么说穆罕默德是一位真实的伟人呢？因为他比历史上另外两位宗教领袖释迦摩尼和耶稣都更年轻，距离我们更近，历史记载更详细、更准确，所以说是真实的人。为什么说是伟人呢？因为他成功地将一个民族、一种语言、一种宗教统统地捆绑了在一起，而形成了一个强有力的阿拉伯伊斯兰文化，以至于我们现在一说起阿拉伯，就会想到“伊斯兰”，就会想到“穆斯林”。

公元610年，伊斯兰教的先知穆罕默德开始用阿拉伯语传教。

公元650年，《古兰经》用阿拉伯语追录成典。自此，阿拉伯语完成了从口头文学到书面语言的过渡。

5. 穆罕默德和伊斯兰教的创立

伊斯兰教是世界三大宗教中最年轻的一宗，它产生于公元7世纪初期，创立者是穆罕默德。穆罕默德的全名应该是“阿布•阿尔卡西姆•穆罕默德•本•阿卜杜拉•本•阿卜杜勒•穆台列卜•本•哈希姆”，其意思就是“受到善良的人们高度赞扬的真主的使者和先知”。

“伊斯兰”一词是阿拉伯语的音译，是“和平”和“顺从”的意思。信仰伊斯兰教的人被称为“穆斯林”，意思是“顺从者”。按照伊斯兰教的观点来讲，穆罕默德并不是伊斯兰教的创始人，而是“正道”的复兴者，他只是接受真主的启示而传播伊斯兰教。

公元570年，穆罕默德出生在麦加附近“古莱氏”部落一个没落贵族家庭。在他出生前两个月，父亲阿卜杜拉去世，仅留下几头骆驼、几只羊和一个女奴，家境贫寒。6岁时，穆罕默德又丧母，于是，小小的穆罕默德便随了叔父阿拔斯生活。穆罕默德童年时，不曾上学，也不会读书写字，只是为他人牧羊。

12岁时，穆罕默德随叔父到叙利亚经商。在这段经商的过程中，它接触了基督教和犹太教的教义，并对自己所处的阿拉伯社会有了一些初步的了解。

25岁时，穆罕默德受雇于麦加城内的一个富孀赫底彻，为她经常往来于麦加和叙利亚两地，后来，竟然和这位富孀结了婚。这时，富孀赫底彻已经40岁，比穆罕默德大了整整15岁，但他们的生活还是很美满的。此次婚姻为穆罕默德的未来事业准备了物质条件和社会地位。

富孀赫底彻有一个堂兄叫吾尔格，是个基督教学者。穆罕默德在和吾尔格的接触中，感受到这位堂兄对宗教极为热衷，遂受其影响，并在冥冥之中有了一些启示。

在伊斯兰教产生之前，阿拉伯人的信仰很不统一，多为自然崇拜，被拜的“神”也多种多样，而麦加城附近的古莱氏部落就崇拜“安拉”神。此外，犹太教和基督教对阿拉伯人也有一定的影响。看到这种情况，又由于受堂兄的影响，穆罕默德决定创立一个阿拉伯人自己的宗教。

据说，穆罕默德在40岁那年离家出走，到深山和沙漠中隐居潜修。一天夜晚，正当穆罕默德在麦加附近的一个山洞里潜修冥想时，真主安拉派天使来到他的身边，给他传来了第一次启示。天使告诉穆罕默德说，真主安拉命穆罕默德为使者和先知，并要穆罕默德以真主的名义传道。于是，穆罕默德宣称，亚伯拉罕和以实玛利是阿拉伯人的祖先，而古莱氏部落神“安拉”是阿拉伯民族唯一的真神，他自己则是安拉的使者、先知。

于是，伊斯兰教创立。

从公元610年至公元632年，穆罕默德为了伊斯兰教奔走、传教，到处宣讲真主安拉的启示。《古兰经》就是穆罕默德在22年的传教生涯期间陆续宣布的安拉的启示。

穆罕默德在这22年的传教生涯中，经历了被迫害、逃亡、结盟等事件，当然最后，战争也是避免不了的。公元630年，穆罕默德率领十万大军夺取麦加城，确立麦加为伊斯兰教的宗教圣地。同时，确立麦地那城为阿拉伯国家的首都。麦地那曾是穆罕默德逃亡和结盟之地。

穆罕默德靠传教和战争，使得阿拉伯半岛上不同的部落终于都有了一个统一的信仰——伊斯兰教，而且使得半岛终于得到了真正的统一，形成了一个庞大的阿拉伯帝国。这个帝国的版图涵盖了阿拉伯半岛、新月地带甚至埃及。

公元632年，穆罕默德在完成了自己的历史使命后，因患热病而去世。穆罕默德去世时，只留下一个女儿，没有男性子嗣。于是，在他去世后，他的岳父艾布•伯克被推举为阿拉伯国家的第一任哈里发。所谓“哈里发”是阿拉伯语，意为先知的代理人或继承人，是集宗教、军事和行政大权于一身的阿拉伯国家元首。

6. 阿拉伯帝国600年

第一任哈里发艾布•伯克只做了两年。在这两年中，半岛上有一些部落发生叛乱，但很快就被艾布•伯克所平定，从而使得半岛的统一更加巩固，并为阿拉伯帝国向外扩张创造了条件。

第二任哈里发叫奥马尔。这个奥马尔一上任，就开始了向外扩张的行动。公元636年，阿拉伯人占领了叙利亚和伊朗；公元638年，阿拉伯人占领了巴勒斯坦；公元639年至646年间征服了整个埃及；公元645年攻占了昔兰尼加和利比亚。这个昔兰尼加现在是利比亚东部的一个地区。

公元646年至公元656年，贵族倭马亚家族出身的奥斯曼当选第三任哈里发。从此之后，阿拉伯国家政权开始具有明显的贵族性，平民与贵族之间的差别开始扩大，军政高级职位往往由贵族或哈里发的近亲来担任。同时，倭马亚家族在富庶的叙利亚和埃及等地占有大量土地，并竭力扩张政治势力。

在这段时间里，信仰伊斯兰教的阿拉伯人开始出现分裂。

代表贵族利益的一部分人号称“逊尼派”，而所谓“逊尼”就是“遵守行为”的意思，也就是说自己是伊斯兰教的正统继承人。

而另一派号称“什叶派”，所谓“什叶”就是“宗派”的意思，也就是说与正统的“逊尼”相对立。“什叶派”的代表人物是穆罕默德的女婿阿里。阿里认为，奥斯曼是倭马亚家族，而倭马亚家族过去曾是穆罕默德的政敌，无资格当哈里发，而自己是先知穆罕默德的近亲，理所当然地应该袭任哈里发。所以，什叶派也称阿里派或世袭派。

就这样，伊斯兰教中的两大派别就此产生，并相斗1 500多年，至今未停歇。两大派别在相斗过程中又产生了许多小的派别。

公元656年，第三任哈里发，贵族倭马亚家族出身的奥斯曼遇刺身亡，阿里登上哈里发的位子，成为第四任哈里发。

然而，时间不长，公元661年，阿里也遇刺身亡。一个名叫摩阿维亚的贵族被推举为第五任哈里发。从此，哈里发的人选不再经过选举产生，而是世袭继位。摩阿维亚开创了倭马亚王朝，并将首都从麦地那迁往大马士革。倭马亚王朝属于逊尼派，以叙利亚和埃及的大贵族为主要支柱。

倭马亚王朝建立后，残酷地镇压了什叶派和其他派别的反抗活动，并继续推行大规模侵略扩张的政策。在北非，倭马亚王朝侵入突尼斯，攻陷迦太基城，并越过直布罗陀海峡，攻入欧洲。在东方，倭马亚王朝的势力范围扩张到中亚和印度河流域，甚至还与中国的唐朝发生冲突。到公元8世纪中叶，倭马亚王朝已经形成一个西起大西洋、东到印度河、横跨亚非欧三大洲的大帝国，伊斯兰教也随之变成一个世界性的宗教。

公元8世纪20年代，在倭马亚王朝的东方行省出现了一个新的政治派别——阿拔斯派。伊拉克大地主阿布•阿拔斯自称是先知穆罕默德的叔父阿拔斯的后裔，他指责倭马亚家族是先知的仇人且非法窃取了哈里发的地位。公元750年，阿布•阿拔斯利用其他反对者的起义推翻了延续仅90年的倭马亚王朝，建立起以伊拉克和伊朗封建贵族为主要支柱的阿拔斯王朝，并迁都巴格达。

公元8世纪中叶至公元9世纪中叶，阿拔斯王朝统治的阿拉伯帝国进入了繁荣时期。这时，战争减少，经济发展，贸易兴盛，文化交流也随之发达起来。在叙利亚、两河流域南部、波斯湾东岸和阿姆河流域形成了当时著名的粮食产地，号称四大谷仓。中国的丝绸和瓷器、印度的香料、中亚的宝石、东非的象牙和金砂等都经过阿拉伯人之手转销世界各地，首都巴格达成为阿拔斯王朝的政治、宗教、国际贸易和手工业中心。

阿拔斯王朝虽然强大，但并不是铁板一块。由于阿拔斯王朝对帝国境内各民族采取强硬的剥削和压迫政策，导致阶级矛盾、民族矛盾和统治集团内部的矛盾此起彼伏，内乱连绵。许多地区先后起义脱离阿拔斯王朝而另立一方，如在西班牙地区出现了后倭马亚王朝，在北非地区出现了法蒂玛王朝，在埃及和叙利亚地区出现了图伦王朝。

到了公元9世纪末和10世纪时，阿拔斯王朝境内的起义更是接连不断，王朝统治下的帝国版图日益缩小，仅仅剩下巴格达周围美索不达米亚平原的一部分。

公元1055年，塞尔柱突厥人入侵巴格达，成为了这里的实际主人。从此，王朝哈里发的政治权力被解除，而仅仅保留了其宗教领袖的地位。

200年之后，东方强大的蒙古人又来了，蒙古军队像铁扫帚一样，横扫欧亚大陆。

公元1258年，延续500余年的阿拔斯王朝在蒙古铁骑的践踏下，终于灭亡，阿拉伯帝国彻底瓦解。

在阿拉伯帝国这600余年的历史时期，随着帝国的扩张，随着伊斯兰教的传播，随着阿拉伯语的传播，随着阿拉伯语与其他语言的杂交、衍生，阿拉伯字母也散布到了欧、亚、非的很多地区，形成了一个庞大的阿拉伯文化圈。

7. 百年翻译运动

这里特别值得一提的是，在阿拉伯帝国阿拔斯王朝时期，曾出现了一次非常有名的文化运动，这就是阿拉伯历史上的“百年翻译运动”。而正是这一文化运动才将阿拉伯帝国带入了一个辉煌的时代。

通观阿拉伯文化的历史，我们可以知道，现在所谓的阿拉伯伊斯兰文化实际上是由三种文化源流汇合而成，这三种文化源流的大致情况是这样的。

第一种：伊斯兰教产生以前阿拉伯半岛上的阿拉伯人所持有的文化。据考证，在公元前几世纪时，在阿拉伯半岛的南部，也就是现在的也门地区，就已经出现了钱币、文字等文化信息。而在麦加地区，由于古莱氏人热衷于商业往来，常常将东方古国，如伊拉克、叙利亚等地的文化带回半岛，使得麦加这一地区的文化也比较发达起来。在这一时期，阿拉伯文化已经体现在其语言、诗歌、谚语、故事和星象等方面，甚至关于宇宙的哲学思想也已经开始萌芽。

第二种：主流的阿拉伯伊斯兰教文化。如前所述，公元7世纪时，伊斯兰教诞生，从此，这不断发展、变化、衍生并成熟的阿拉伯伊斯兰文化便成了今日世界上一支强大的文化劲旅，它在语言、哲学、文学、艺术、宗教、政治、法学诸方面都创造出很高的成就，而那个既神圣又神秘的《古兰经》则是文学、宗教的代表之作。

第三种：外来文化。自先知穆罕默德逝世后的四大哈里发，到倭马亚王朝，到阿拔斯王朝，阿拉伯帝国一步步地走向了辉煌。在这个发展过程中，帝国不断向外扩张，版图不断扩大，成为地跨欧、亚、非三大洲的庞大帝国。而阿拉伯人铁骑所到之处，正是人类文明的先驱所在，如拜占庭、波斯、印度西北部、两河流域、叙利亚、中亚、埃及、马格里布（即今突尼斯、阿尔及利亚、摩洛哥地区）、西班牙等地，而阿拉伯人也正是通过吸收并发展这些地区的光辉灿烂的文化成果，如拜占庭文化、波斯文化、巴比伦文化、古埃及文化，甚至希腊、罗马和中国文化，才得以形成延续至今而且庞大繁荣的阿拉伯伊斯兰文化。

这三种文化汇合成了阿拉伯伊斯兰文化，而这第三种文化，也就是外来的文化，能够融入阿拉伯世界，则是靠了那个著名的“百年翻译运动”。

从公元8世纪中叶起，阿拔斯王朝为适应帝国政治、经济、文化和宗教发展的需要，实施博采诸家、兼容并蓄的文化政策，大力倡导并赞助将希腊、罗马、波斯、印度等国的学术典籍译为阿拉伯文，从而有利于更好地吸取其他民族的先进文化，丰富和发展阿拉伯自己的伊斯兰文化。由于帝国对这项事业的重视，在帝国内竟出现了一个独立的翻译阶层。在被翻译成阿拉伯文的原著作中，其中希腊语著作为最多，其次是古叙利亚语、波斯语、梵语、希伯来语和奈伯特语。麦蒙哈里发时期，帝国为了更好地组织译述和科研活动，在巴格达创建了帝国最高学术机构——“智慧宫”，供翻译家们在这里工作、研习。而优秀的译著也常常会受到哈里发的奖赏。

百年翻译运动历经百年有余，成绩卓著。这一时期翻译成阿拉伯文的重要著作包括有托勒密的天文学、希波克拉底的医学、欧几里得的几何学、亚里士多德的哲学、柏拉图的哲学等，另外还有印度的数学、波斯的文学，等等，这些学术著作累计达数百部之多。

百年翻译运动不仅为阿拉伯伊斯兰文化的发展提供了丰富的养料，而且为东西方文化的交流做出了重要贡献。

在这百年翻译运动中，出现了一位卓有贡献的阿拉伯学者，此人叫侯奈因•本•易司哈格。

侯奈因生于公元809年，卒于公元877年，是阿拉伯文化史上最伟大的翻译家和学者。侯奈因本是基督教徒，但他精通希腊语、波斯语、古叙利亚语和阿拉伯语，尤其擅长将希腊语译为古叙利亚语和阿拉伯语。

麦蒙哈里发当政时期，侯奈因被任命主持“智慧宫”的工作，他发挥自己的特长，自己翻译、同时也指导别人翻译了大量希腊、罗马典籍。侯奈因将古罗马医学大师盖伦的全部著作翻译成了古叙利亚文，又将其中的39部译成了阿拉伯文，同时还翻译了多部古希腊哲学家亚里士多德和柏拉图的著作。

侯奈因的译文理解深刻、准确练达、注释详尽。尤其是在医学及哲学术语方面，侯奈因的译文大大地丰富了阿拉伯语的语汇，增强了阿拉伯语的表达能力。侯奈因以极其严谨认真的态度，用充满智慧及想象力的思维，创造出了一批与古希腊语相对应的医学、哲学、生物学及天文学领域的阿拉伯语汇，为使阿拉伯语成为中世纪的学术语言做出了令人钦佩的贡献。

8. 新月高悬

公元13世纪，蒙古人西征，阿拉伯帝国瓦解，但阿拉伯伊斯兰文化却仍然生生不息。阿拉伯伊斯兰文化的生命力甚是强大，连占领者都被同化，后来蒙古人的几个汗国也都改说阿拉伯语，皈依伊斯兰教。

在蒙古人之后的帖木儿帝国（公元1370年至公元1507年）、莫卧儿帝国（公元1526年至公元1857年）、奥斯曼帝国（公元1299年至公元1922年）也无不将伊斯兰教作为国教。阿拉伯伊斯兰文化在这些帝国里仍然延续发展。

至今，阿拉伯语通行于中东和北非地区，有27个亚非国家及4个国际组织——其中包括联合国——将阿拉伯语作为官方语言，以阿拉伯语作为母语的人数有2亿多人。阿拉伯字母也随着阿拉伯语传播蔓延。

而伊斯兰教则更是通行世界。至今，在全世界约68亿的人口中，信仰伊斯兰教的穆斯林人数就有15亿之多。而将伊斯兰教定为国教的国家就有30多个。

如今，先知穆罕默德出生的地方麦加已经成为全世界穆斯林朝圣的地方。在麦加城内，大清真寺环绕着天房“克尔白”。那“克尔白”是一个方正、神秘的黑色圣殿，据说为世人创设的第一座房子。当年穆罕默德在麦加传教之时，清除了这“克尔白”神庙中所有的部落神，而只保留了一块黑色陨石作为伊斯兰教的圣物，并把“克尔白”神庙改为清真寺。穆罕默德向所有教徒宣布，每一个穆斯林一生中必须到这里朝圣一次。现在，据统计，每年到圣殿“克尔白”朝觐的穆斯林超过了1 000万人。

阿拉伯伊斯兰文化有一个重要的形象标志，那便是高悬空中、神秘冷峻的一弯新月。

阿拉伯伊斯兰文化是如何和月亮联系在一起的呢？这又是一个未解之谜，我们至今还没有得到一个特别准确、完美的解释。但历史上的一些事件多多少少提供了解谜的线索。

公元1453年，信仰伊斯兰教的奥斯曼帝国正处于辉煌时期，奥斯曼大军经过几十天的鏖战，终于攻占了拜占庭帝国的首府君士坦丁堡，拜占庭帝国——即东罗马帝国随即灭亡。奥斯曼帝国将自己的首都迁至于此，并将这座城市改名为伊斯坦布尔。在城市中，原来有一座拜占庭帝国东正教的教堂，名字叫圣索菲亚大教堂。这座大教堂建于公元6世纪，其造型精美绝伦、亦真亦幻，其中拱门、扶壁、穹顶都是建筑艺术的典范。然而，奥斯曼的穆斯林们不喜欢这些，他们将这座大教堂穹顶上的十字架拆掉，并在教堂周围加建了许多尖塔，使它变成了一座伊斯兰教的清真寺。又过了许多年，在公元1566年时，奥斯曼的穆斯林们觉得这清真寺穹顶之上应该有一些显著的标志才对，这样才能和原先的十字架相抗衡，于是，穆斯林们在这清真寺的穹顶之上安装了一个大大的铜制新月。铜制新月安装上去之后，呈拱月之势的清真寺整体上显得更加宏伟、巍峨、庄严与肃穆，其宗教标志性更加凸显。这一做法，得到了横跨欧、亚、非三大洲的奥斯曼帝国各地清真寺的仿效。从此，新月标志便成了阿拉伯伊斯兰文化的象征。现在，在很多伊斯兰教国家的国旗或国徽上，我们都可以看到这一轮弯弯的新月。

阿拉伯伊斯兰文化从公元7世纪初创，至今已有1 400余年了。尽管岁月漫长，但它仍然辉煌灿烂，在世界文明史上占有非常重要的一席之位。

异彩纷呈次大陆

1. 传说与考证

印度河流域这个地方也是人类文明发源较早的一个地方，其语言和文字是如何产生，是什么时候产生，又是怎样演变发展的呢？这恐怕又是一个皓首穷经的课题。别着急，别气馁，让我们静下心来，仔细抽丝剥茧，慢慢看来。

印度的神话传说中，有这样一段故事，说：

很久以前，印度教三大神之一的湿婆神和雪山女神乌玛在北方喜马拉雅山举行婚礼，两位神仙威望很高，又是成婚大喜，所以全世界各地的人们都前来祝贺。但来的人实在太多了，大地都承受不住，致使北方大地下陷，而南方大地上扬。眼见危机来到，湿婆神有些犹豫，不知如何是好，幸好周围左右的智者们纷纷出主意，建议湿婆神派一位德高望重的仙人到南方去，同时带走一部分人，以使大地平衡，化解危机。湿婆神左思右想，认为大仙人阿格斯叠的名望高、能力强，可以担当此任。于是，湿婆神将阿格斯叠传到面前，命他率一部分人到南方居住，以解大地危机。阿格斯叠欣然受命，但提出，南方、北方两部分人应有两种不同的语言，以免将来人口混淆，难于管理。湿婆神认为阿格斯叠的意见有道理，沉思片刻，又传来了一位德高望重的语法学家波尔尼。湿婆神在阿格斯叠和波尔尼的面前，用双手弹击一只神鼓，让阿格斯叠和波尔尼根据鼓音来分别创造一种语言。于是，阿格斯叠按照神鼓左半部发出的声音创造了南方语言，即达罗毗茶语言，而波尔尼则按照神鼓右半部发出的声音创造了北方语言，即梵语。是乎，印度南北两大语言体系，即达罗毗茶语系和梵语语系便就此诞生。

当然，这是神话传说，显然没有科学依据。语言的产生和发展显然也不会如此一蹴而就，而是一个相当长的发展演变过程。

据语言学家考证，现在达罗毗茶语系共包含有70多种语言，而操这70多种语言的人们大部分居住在印度南部和斯里兰卡地区。

据人类学家考证，现在的达罗毗茶人的祖先很有可能是在公元前4000年前后时，由欧洲南部来的移民与当地人混血而成。

2. 又是一次意外的考古发现

在过去的很长一段时间里，人们普遍认为古代印度的文明是于公元前14世纪左右雅利安人入侵印度时才开始的。但这种观点在公元1922年被打破了。

公元1922年，一位名叫拉•巴涅尔吉的印度考古学家来到印度河下游进行考察。他来到了一处叫摩亨佐•达罗的地方，准备在一座古代佛塔的废墟里挖掘一些佛教的遗物。但出乎意料地，拉•巴涅尔吉却发现了一座古城，经考察，拉•巴涅尔吉和其他考古学家证实，该古城的历史可能可以追溯到公元前2500至公元前1750年。

几乎就在拉•巴涅尔吉发现摩亨佐•达罗古城的同时，其他的一些印度考古学家在印度河上游一个叫哈拉帕的地方又发现了一座古城，古城年代与摩亨佐•达罗古城甚为相仿。

之后，在印度河流域，人们又陆陆续续地发现了很多的古代城镇和村落的遗迹，其分布范围西达伊朗东界，东至贾木纳河，北迄古勒姆河流入印度河的河口一带，南抵坎贝湾沿岸。

由于这两座古城及周边众多的古城镇、古村落的被发现，古代印度的文明史被向前推进了1 000年。而这处于印度河流域的文明被称为“印度河文明”或“哈拉帕文化”。

摩亨佐•达罗和哈拉帕这两座古城，以当时的生产力水平来说，规模都是很大的。两座古城的城墙周长都达到了5公里以上，而居民，据推算，可能都有三四万人之众。在古城里，有街道、堡垒、塔楼、谷仓、作坊、宿舍、居民区等，其功能几乎与现代城市无异。尤其是在摩亨佐•达罗古城中，居然还建有一座游泳池。这个游泳池引起了不少学者的好奇，直到现在，大家还在猜测，这个游泳池真的是游泳用的吗？抑或是一个浴池，或者是一个宗教场所？

根据考古发现，古城中的居民已经学会了制造铜器以及铜、锡合金器，这些金属器具有斧头、锄头、镰刀、小刀、锯、钓鱼钩、箭头、矛头等。居民主要从事农业生产，使用水牛或野牛耕地，而种植的农作物有大麦、小麦、稻子、胡麻、甜瓜、枣树、棉花等。食物则是除了粮食外，还有牛肉、猪肉、家禽和鱼。

而更重要的是，文字已经在印度河文明中出现了。在两座古城及周边的古城镇中出土了大量的印章。这些印章以陶、石头、象牙等为材料，2.5厘米见方，上面刻有已经“书体化”的图形符号。

至目前为止，考古学家们已经发现了2 000多块这样的印章，通过对这2 000多块印章的研读辨释，学者们大致可以知道，这个已经“书体化”了的图形符号系统中拥有500多个图形符号。那么这些图形符号所要表达的意思是什么呢？

有些学者将这些符号分为几类，如人类文字符号中经常出现的头符、尾符、数字符等，试图以此方法来推导出这“印度河文字”系统中的某些逻辑关系。也有些学者在研酌，这500多个符号是“音

印度河流域出土的印章

素字母”呢，还是“词素文字”？如果它是表音的“音素字母”，按照人类其他语言和文字的对应关系看，500多这个数字似乎太多了；但如果它是表意的“词素文字”，这500多个符号似乎又太少了。当然，有些学者则假设，这个神秘的“印度河文字”系统中的图形符号可能既有“音素”符号，也有“词素”符号，而且还有一些表示类别的定性符号。

但直到现在，学者们对这神秘的“印度河文字”仍然是一筹莫展，它对我们现在的世人来说仍然是天书一般。

这印度河文明的创造者是谁呢？学者们仍然争论不已。但大部分学者认为，这印度河文明的创造者是达罗毗荼人。

从两座古城及周边古城镇、古村落的考古中，我们知道，这个印度河文明从公元前26世纪开始，经历了约800年的时间，到公元前18世纪时开始走向衰落。公元前18世纪前后，古城里的一些大建筑物开始废弃、损毁，取而代之的则是一些低矮的小房屋，而城市里的大街小巷也不再畅通了，原本很完善的城市排水设备也渐渐毁坏，辉煌一时的古城走向衰亡。

是什么原因造成了古城的衰亡呢？学者们进行了种种猜测。有人认为是因为印度河流域降水量减少，土地逐渐沙漠化，使得人们不得不背井离乡，另寻他处居住；也有人认为，恰恰相反，是因为印度河的泛滥和改道逼迫人们放弃了古城；当然，也有人认为可能是地震、泥石流或龙卷风等自然灾害摧毁了古城，也摧毁了印度河文明。但，上面所有这些观点都缺乏足够的证据，统统都是猜测和假设。

目前，印度河文明对于我们来说还是一个谜，还有很多问题需要我们去解答，还有很多疑问需要我们去破解。也许，等到学者们破译印度河文字的那一天，等到我们再发掘出更多的带有文字符号的文物的那时候，我们就会对印度河文明有一个更深的了解了。

3. 雅利安人来了

公元前16世纪前后，也就是在摩亨佐•达罗和哈拉帕这两座古城毁灭后的200年左右，由中亚地区来了一支部落入侵到印度河流域，并在这里繁衍生息。历史学家将这股人群称为“雅利安人”。

雅利安人是什么人？这个名字好熟悉啊！好像很多的历史教科书中都出现过这个名字。

公元前30世纪左右时，在中亚一带，也就是现在的塔吉克斯坦、土库曼斯坦、吉尔吉斯斯坦、哈萨克斯坦、乌兹别克斯坦、阿富汗以及中国的新疆这一带，出现了一个游牧部落。这个游牧部落的生产力发展还是非常出色的，尽管在那么久远的年代，这个部落已经学会了驯养动物，比如马、牛、羊、猪等，而且还知道以马和马车来充当交通工具，以牛粪作为燃料。

这个部落的人自称“雅利阿”，在他们自己的语言里，就是“高贵”的意思，后来我们称他们为“雅利安”了。在公元前30世纪之前，这个雅利安部落从哪里来或者是怎样演化而来，那我们就不知道了，因为时间太久远，实在搞不清了。

雅利安人的生活开始还是不错的，牛肥马壮、随遇而安，但随着雅利安人口的增加以及环境气候的改变，渐渐地就出现了问题，主要的是水源短缺和牧场不够广大的问题。于是，雅利安人开始了大规模的远程迁徙。这是人类历史上一次规模巨大且影响深远的迁徙活动，其时大约在公元前30世纪末至公元前20世纪初。

好，下面我们就看看雅利安人都迁徙到了什么地方。

一部分雅利安人从里海沿岸地区越过高加索山脉进入小亚细亚的安那托利亚高原，也就是现在的土耳其。这些人和当地原住民杂居、融合后，被称为卢维人、帕来人、西台人、吕底亚人。

另一部分雅利安人从里海沿岸地区进入到了巴尔干半岛的东北部，接着又逐渐进入希腊，与当地住民融合后被称为希腊人。

还有一部分雅利安人从中亚地区辗转到了东欧草原西部，又沿着多瑙河继续向西挺进，他们翻越阿尔卑斯山进入亚平宁半岛，与当地住民融合后被称为拉丁人。

有一些雅利安人没有在亚平宁半岛驻足，而是继续向西和北两个方向迁移，形成了西欧的凯尔特人和北欧的日耳曼人。

又一支雅利安部落从里海西岸分批南下进入伊朗高原，被称为伊朗雅利安人。早期进入伊朗高原的雅利安人，先后在两河流域北部和南部分别建立了米坦尼王国和加喜特王国，居民被称为米坦尼人和加喜特人。后来进入伊朗高原的雅利安人则定居在这一地区的西北部和西南部，分别建立了米底王国和波斯帝国，被称为米底人和波斯人。

还有一支雅利安人从中亚地区径直向南，朝向印度河流域走去。但他们的行动似乎要比其他向西方而去的同胞们晚了几百年。历史学家们推测，这支雅利安人大约是在公元前16世纪或公元前15世纪时才来到印度河流域。这支雅利安人南下到达印度河流域后，与达罗毗荼人创造的印度河文明撞到了一起。尽管这时，印度河文明已经开始衰落了，但雅利安人还是从达罗毗荼人那里学到了很多东西，因为他们看到，达罗毗荼人比起他们来要先进得多，优越得多。到达印度河流域的雅利安人，其语言也开始发生变化，逐渐改变成被后人称为“梵语”的一种语言。

当然这段历史的真实面目一定会比上述文字要复杂得多得多，其历史进程也是一个相当漫长的过程，人种的演变、语言的演变也是千奇百怪、枝蔓纷乱。

但通过这段历史描述，我们会惊讶地看到，原来这个雅利安人确实很厉害啊，从两河流域到小亚细亚，从巴尔干半岛到亚平宁半岛，从北欧到西欧，从伊朗高原到印度河流域，几乎在欧亚大陆上尽是他们的身影了。难怪我们的历史教科书中屡屡出现这一个名字。

公元18世纪时，欧洲的语言学家们发现在印度河流域及现今的印度北方地区，人们所讲的梵语同欧洲的希腊语、拉丁语、克尔特语、日耳曼语、斯拉夫语等有着许多的共同点，这一发现佐证了在公元前30世纪末至公元前20世纪初这期间人类的这次大迁徙这一重大历史事件。以后，语言学家们即用“雅利安语”一词概括这些语言。而现在，语言学家们又给这些语言起了一个学名：“印欧语系语言”。

4. 婆罗米文字与婆罗门教

雅利安人来到了印度河流域后，生活自然大有改善，而且从达罗毗荼人那里学会了很多东西，生产力也大为提高。当然这其中雅利安人和达罗毗荼人之间的侵夺、争斗、战争、杀戮自然很多，而且，最终是雅利安人获胜。

雅利安人在印度河流域生活了几百年后，到了公元前7或6世纪时，也开始出现了文字。后人将这个文字称为“婆罗米文字”。

婆罗米文字是如何出现的？有两个说法：一是本土继承说，一是外来影响说。

本土继承说认为，雅利安人在几百年甚至上千年与达罗毗荼人共同生活以及相互斗争中，学会了达罗毗荼人创造的印度河文字，并加以改变、发展，遂形成了雅利安人的婆罗米文字，而这其中很微弱的证据是，在婆罗米文字中，有一些符号与印度河文字中的某些符号相似。然而，时至今日，印度河文字还没有被释读，也就难以断定这些符号在不同的文字系统中所代表的意思或发音是否有相似或相同之处，从而也就无法断定这不同文字系统间的继承关系。

外来影响说则认为，这婆罗米字母很有可能是受阿拉马字母的影响，或就是起源于阿拉马字母。早期的婆罗米字母与阿拉马字母之间有很多相似的地方，而且两种文字的书写方式也相同，即自右至左的书写方式，只是后来，婆罗米文字才改为自左而右了。还有一个也是比较微弱的证据间接地支持这一说，就是历史学家和考古学家已经证实，到达印度河流域的雅利安人与在两河流域生活的阿拉马人曾经有过比较密切的商贸往来。

以上两个“说”还都是学术上的假设，证据都还很微弱，都不足以完全肯定婆罗米字母的起源到底来自哪里。但这个问题似乎已经不是很重要。有一点我们现在是可以肯定的，那就是，婆罗米文字是现今印度很多文字的祖先。

说到这里，一个不能被我们忽略的问题出现了，那就是，“婆罗米”这个名字是如何来的。

在古代印度，流传着这样一个神话：宇宙初始之时，没有天地，没有日月星辰，自然也没有花木鸟兽和人类，那时，世上唯一的存在就是无边无际的大水；大水不停地涌动、奔腾，竟而产生了热量，而这热量又孕育出了一个黄色的大蛋；几万年之后，大蛋里孵出了一个创造之神，名字叫梵天；梵天从大蛋里一蹦将出来，即刻就把这个大蛋一分为二，一半变成了蓝蓝的天空，另一半变成了黄色的大地；再往后，梵天又创造出了众神和人类，并为人类创造了语言和文字。

雅利安人认为，他们自己就是这梵天的后代，是正宗的人类，天生具有高贵的血统。

当雅利安人来到印度河流域后，与当地的达罗毗荼人发生了争斗，甚至战争。尽管雅利安人在社会发展的阶段上落后于达罗毗荼人，但他们还是战胜了达罗毗荼人。雅利安人战胜达罗毗荼人后，为了永久占有统治地位，不让达罗毗荼人翻身，便创造出了一个著名的“种性制度”，而这个“种性制度”至今仍在印度实行。

雅利安人创造“种姓制度”也是靠神话来起家，因为神话具有魔幻的力量，让人不服不行。这个神话是这样的：人类开始的时候，出现了一个巨人，名字叫普鲁沙，众神不满普鲁沙的巨大便将它分割，分割后普鲁沙身体的各个部分便变成了日后的若干种姓；其中，普鲁沙的嘴变成了婆罗门，双臂变成了罗惹尼亚，双腿变成了吠舍，而双脚则变成了首陀罗。

这其中，婆罗门是僧侣贵族和宗教祭司，等级最高；罗惹尼亚，又名刹帝利，是王族的意思，仅次于婆罗门；吠舍则是一般平民。以上这三个等级大都是雅利安人。而首陀罗则是被征服的达罗毗荼人，地位最为底下，实际上和奴隶无异。

“婆罗门”，原为“祈祷”或“放大的东西”之意。在这个阶级分明的社会里，最高等级的婆罗门，一手握神权，一手握王权，祈祷施咒，占卜祸福，垄断经济，主导文化。婆罗门们可以免交各种捐税，因为他们自己认为，他们已经以自己的虔诚行为偿清了各种孽债。婆罗门们还不得被处以死刑和其他任何类型的肉刑，因为他们自己认为他们是不可侵犯的。婆罗门们非常欢迎别人送礼给他们，而最好的礼物就是土地，因为他们认为，这些礼物可以解除赠送者的一切罪孽，所以，婆罗门们个个富有，占据了大量的土地。婆罗门们在举行祭祀仪式时，编造各种理由，骗得低等级的人们进献各种祭品，从而借机搜刮大量财物。除了将大量的牲畜作为祭品外，婆罗门们甚至还采用活人来作为祭品，可谓杀人如草菅。

婆罗门们为了永远保持自己的特权地位，还规定，这四个等级的职业和不平等的地位是生来注定的，不可改变，而不同等级之间是禁止通婚的。

相信“梵天创世”之说和“种姓制度”的人形成了一个宗教团体，自称“婆罗门教”。而记载婆罗门教教义的经典著作叫《吠陀》。

《吠陀》是印度河流域最古老的文献材料，其主要内容是赞美诗、祈祷文和咒语等，是印度河流域的人们世世代代口口相传且经漫长岁月逐步累积而成的一部古老的经典。而这个所谓的“吠陀”，就是“知识”和“启示”的意思。所以，在印度河流域的历史中，从公元前16世纪到公元前6世纪这几乎1 000年间的历史时间段也被称为“吠陀时代”。

婆罗门教的自私、极端、顽固、残忍，最终导致了整个社会对它的反动。当婆罗门教发展到公元前4世纪时，在社会上反对婆罗门教的各种教派和新思想像雨后春笋一样，层出不穷。据说，那时候社会上已经出现了“六大师”、“六十二见”、“九十六种外道”等新教派和新学说，也可谓百家争鸣。当然，在这众多的教派和学说中，当数佛教的影响力为最大。婆罗门教在这百家争鸣的风雨飘摇中终于走向衰落。

婆罗门教衰落了，但并没有死亡，后来它又化身为“印度教”再次出现在历史的舞台上。这是后话了，这里暂且按下不表。

由雅利安人创造或继承的婆罗米文字与婆罗门教相生相应。婆罗门教衰落后，婆罗米文字也从此被人彻底遗忘了，直到公元19世纪30年代才又由文字考古学家们重新释读出来。

取代婆罗米文字而出现在历史舞台上的是梵文。

5. 佛祖诞生

印度河发源于喜马拉雅山脉，其主流向西南方向流经2 000多公里后，注入了阿拉伯海。同样发源于喜马拉雅山脉的还有一条大河，叫恒河，恒河主流则是向东南方向，流经了2 000多公里后，注入了孟加拉湾。

恒河与印度河一样，也造就了一代辉煌的文明——“恒河文明”。现今的印度人称恒河为“圣河”或“印度的母亲河”。

公元前6世纪至公元前5世纪时，印度进入列国时代。此时，在印度河和恒河流域一带，涌现出了许多的小王国，如迦毗罗卫、摩揭陀、跋蹉、俱卢、拘萨罗和阿盘提等。

其中，迦毗罗卫国疆土比较小，只有2 000余平方公里，但其经济富足，对外独立，又号称血统纯正，有尚武精神，所以颇受邻国尊敬。

就在这个时候，迦毗罗卫国诞生了一位举世闻名、人类历史上首屈一指的伟大人物。这个人就是释迦牟尼。

释迦牟尼本是迦毗罗卫国的太子，属刹帝利种姓，父为净饭王，母为摩耶夫人。释迦牟尼在19岁时，有感于人世生、老、病、死等诸多苦恼，遂舍弃王族生活，出家修行，经十几年修行，终于35岁时在菩提树下悟道，于是开启佛教。释迦牟尼本弘誓愿，于娑婆世界、五浊恶世中示显成佛、度化众生，弘法45载，年80岁左右时在拘尸那迦示现涅槃。

这位释迦牟尼的诞生，极大地改变了人类社会的精神面貌，为人类找到了一个可以寄托精神信仰的宗教崇拜，使人类社会进入到了一个前所未有的精神世界。后人尊称释迦牟尼为佛祖。

6. 孔雀王朝

历史在发展到了公元前4世纪时，印度河流域、恒河流域及其以南的类似于一个半岛的广大区域终于迎来了第一次的统一时代，并迅即进入到帝国的发展阶段。上述这片广大的土地被地理学家们称为“南亚次大陆”。而第一次统一这片土地的王朝被历史学家们称为“孔雀王朝”。

公元前336年，年轻的亚历山大继位为马其顿国王。这位年轻气盛、又富于军事天才的帝王率领大军横扫欧亚非，在十几年的时间里，迅速建立起了一个庞大的亚历山大帝国，其版图范围西起古希腊、马其顿，东到印度河、恒河流域，南临尼罗河流域的古埃及，北至药杀水。

公元前325年，亚历山大的军队大部分从印度河流域撤走，仅在旁遮普留下一小股部队，并设立了总督。这时，摩揭陀王国的月护王旃陀罗笈多迅速组织起一支军队，率领当地民众揭竿而起，赶走了马其顿人，建立了一个新的王朝，定都华氏城。其时为公元前321年或公元前324年。

由于旃陀罗笈多出身于一个养孔雀的家族，所以，后来人们把旃陀罗笈多建立的这个王朝称作孔雀王朝。

孔雀王朝的首都华氏城是个非常了不起的城市，它位于恒河下游，约在今印度比哈尔邦巴特那附近，是古印度的最大城市。据古史籍记载，华氏城长约15公里，宽约2.8公里，城周围环有宽阔的壕沟和高大的城墙，城墙上城楼、城门数十座。华氏城的皇宫花园里养着孔雀，绿树成荫。这个华氏城到了公元4世纪后，又曾为笈多王朝的都城。而在公元7世纪中国的一位大和尚玄奘旅居印度时，华氏城已彻底荒芜。

旃陀罗笈多虽是一代君王，却信奉耆那教，王朝建立后不久旃陀罗笈多因信奉耆那教而绝食死亡。旃陀罗笈多死后，他的儿子宾头沙罗继位，十几年后，宾头沙罗也去世，于是宾头沙罗的儿子阿育王继位。

开始的时候，阿育王是个非常残酷、尚武的暴君。阿育王在父亲死后，为了巩固自己的王位，竟然杀害了99个兄弟。当然他也是一个有远见、有野心的君王，在其在位期间，孔雀王朝控制了印度河流域、恒河流域、孟加拉湾、德干高原以及远达阿拉伯海的广大领域，国势异常强盛，与当时的古罗马帝国、中国汉朝并列世界三大强国。

但到了后来，阿育王却突然意识到，残暴和武力虽然能征掠土地、强制民众，但是却不能够征服人心。历次战争中伤亡的场面经常在他的脑海里出现，阿育王再也不能容忍战争的残酷了，他开始反省和忏悔。当然，这促使阿育王反省、忏悔的力量来自于佛祖。

阿育王小的时候，就很崇拜佛祖释迦牟尼，喜欢听人们讲释迦牟尼经过苦行修道终于成佛的故事。渐渐地，阿育王认识到，佛教的教义，在征服人心这一点上，确实比战争、比刀剑更为有用一些，佛教思想开始侵入阿育王的心灵世界。为了稳定统治，安抚人心，阿育王宣布佛教为孔雀王朝的国教，他自己也成为了一个虔诚的佛教徒。

阿育王在成为佛教信徒并宣布佛教为国教后，在各地兴建了许多佛教寺院、僧舍和学校。他还在首都华氏城召集佛教僧侣，举行了佛教史上的第三次大结集，并着人编纂、整理、订正佛教经典。

阿育王还派遣王子、公主和佛教徒们到斯里兰卡、缅甸等周边地区去宣讲佛教，于是，佛教在阿育王的极力倡导和推广下，不仅在印度河流域、恒河流域一带盛极一时，而且还远走他乡，传到了中国、朝鲜、日本、缅甸、柬埔寨等地，成为世界上第一个传播最广、受众最多、影响力最大的宗教，而且迄今为止，也是世界三大宗教之一。

孔雀王朝于公元前187年被巽伽王朝取代。尽管孔雀王朝的存在只有130多年，但它在历史上发挥的作用是不可忽视的。其中最主要的一个方面就是，在这一时期，佛教被发扬光大，并向世界四方传播出去，成为人类文明史上最为重要的一个篇章。

7. 梵语和梵文

在佛教盛行、孔雀王朝统治南亚次大陆的这段时间前后，这一片土地上的文字也发生了很大的变化，原先产生于印度河流域的婆罗米文字，已经演变成了很多种其他的文字。

在摩羯陀国，佛教大盛，佛祖释迦牟尼在传教时用的语言是摩羯陀的俗语，这种俗语被用来记录佛教的教义，于是，经过佛教经典的洗练，书写这种俗语的文字便逐渐演变成了佛教的神圣文字——巴利文字。

在孔雀王朝时期，婆罗米文字演变成了摩立亚文字，在孔雀王朝之后的巽伽王朝时期，摩立亚文字又演变成了巽伽文字。

在古国羯陵伽，公元前5世纪的时候，其文字也从婆罗米文字演变成羯陵伽文字，而在德干高原以南的地区，婆罗米文字则演变成了安德拉文字。

所以，在这段时期，印度河流域和恒河流域的文字是多种多样的，而且并存共生。

据从古寺庙碑铭的考证中，可知，在孔雀王朝前后，印度河流域和恒河流域的文字种类至少有18种。而据《佛陀传》记载，在释迦牟尼时代，印度河流域和恒河流域有文字64种。当然，对于后面这一数字，学者们还有质疑。但无论如何，我们知道，这一时期的古文字种类繁多，而且大多数都演变自婆罗米文字。

就在这众多的文字中，有一种文字却脱颖而出，日后成了统领这一地区的、占有重要席位的一种文字。这个文字就是梵文。

什么是梵文呢？在说清这个问题前，我们还是先说说什么是梵语。

在雅利安人来到印度河流域后，雅利安人与当地的达罗毗荼人迅速融合，并扩展蔓延到恒河流域及其整个南亚次大陆，其语言和文字也呈现出百花齐放的局面。至公元前后时，在南亚次大陆这块土地上，各种方言的数量已经不计可数，而文字种类，据现在可以考证出的结果，也已经达到数十种之多。这种多方言、多文字的现象直到当代的印度仍然存在。

就在这众多的方言中，位于次大陆西北部的一种方言，不知是什么原因，却脱颖而出。这种方言，经过文字的书写，又经过文法学者的洗练，到公元前3世纪时，逐渐发展为一种表现文学、经典的梵文雅言，成为了当时的知识分子所必须掌握的一种语言。

这种语言就是梵语，而所谓“梵语”的含义就是“梵天”所创造的语言，是一种神圣的语言。

而书写这梵语的文字就是梵文了。有学者认为，梵文字母仍然是演变自婆罗米文字。

公元前后，梵文开始崭露头角，它伴随着婆罗门教的复兴开始蠢蠢欲动。这个时候已经有碑铭采用梵文来书写了。

公元2世纪时，梵文开始成熟，有更多的碑铭以梵文镌刻。

公元4世纪时，次大陆进入了笈多王朝时代。此时，次大陆的文化繁荣，梵语、梵文的势力得到进一步加强。同时，原先已经衰落的婆罗门教重又抬头，走进历史舞台。此时，记录婆罗门教教义的经典著作《吠陀经》开始用梵文书写，婆罗门教也开始化身为印度教，以另一个面目出现在历史的舞台上。随着印度教的逐渐兴起，佛教的统治地位渐渐减弱，甚至连原先书写佛教教义的巴利文字也开始让位给梵文，佛教开始用梵文书写教义了。

公元6世纪中叶，笈多王朝结束。

公元7世纪时，书写梵文的文字开始演进成一种新兴的字母系统，是为“天城体字母”。由于该字母系统产生于古城“天城”，故由此得名。天城体字母成熟于12世纪，12世纪以后越来越广泛地被用于南亚次大陆上各种文献、各种语言的书写和拼写。

天城体字母有符号48个，其中14个代表元音，34个代表辅音，是典型的“音节字母”。此外这个符号系统中还有“止声”、“随韵”等辅助符号，以及若干标点符号。

天城体字母以T形笔画作为字母的骨架，也就是说每个字母的头顶上都有一条短横线。这种字体的风格始于笈多王朝时期，据考，可能是由于当时书写工具的原因，使得字母起首的笔画往往留有一道明显的楔形印记，后来这道楔形印记逐渐演变为字母顶端的一道短横线。这种字体风格后来逐渐流传并扩散，甚至连中国西藏地区的文字“兰札体”都具有了这一风格。

8. 阿拉伯文化到来

公元8世纪以后，南亚次大陆这块地方开始受到伊斯兰教的冲击，随着伊斯兰教的流入，阿拉伯文化开始渗透进来。

公元8世纪初，阿拉伯帝国一度扩张到了印度河流域，但立足未稳即退出。

公元10世纪中叶，突厥人在今天的阿富汗地区兴起了一个信奉伊斯兰教的伽色尼王朝。伽色尼王朝从公元1001年起，曾15次入侵印度河流域及恒河流域，攻陷曲女城，并掳掠数万居民将其沦为奴隶。

公元12世纪，突厥人又兴起了一个古尔王朝，古尔王朝不仅灭了伽色尼王朝，而且仍然对南亚次大陆地区实行扩张政策，占领了锡亚尔科特、拉合尔等地。

公元1206年，古尔王朝的一个部将艾巴克在镇守德里时，宣布独立而兴建王朝，自称“苏丹”。所谓“苏丹”就是国家君主的意思。由于艾巴克出身奴隶，他的王朝便被称为奴隶王朝。奴隶王朝的首都便设在德里。

公元1290年，突厥贵族卡尔基推翻奴隶王朝，也自称苏丹，开始了卡尔基王朝，首府同样还在德里。卡尔基王朝期间，继续向次大陆纵深地区德干高原扩张，次大陆地区的印度教受到严重打击，印度教寺庙受到摧毁，而伊斯兰教开始在这里占据主要地位。卡尔基王朝的版图几乎覆盖了整个次大陆。

公元1321年，卡尔基王朝的一位旁遮普总督图格鲁克带兵攻入德里，推翻卡尔基王朝，自称苏丹，建立了图格鲁克王朝。图格鲁克王朝期间，曾遭受蒙古人帖木儿入侵。公元1398年，帖木儿率大军攻陷德里，除了将少数技艺工匠掳走外，其余居民全部惨遭杀害，据说有10万之众。图格鲁克王朝在帖木儿入侵后，虽然又于公元1401年复辟，但所辖各地纷纷独立，其政令只及德里附近，王朝版图大大缩水。

公元1414年，帖木儿的部将赛义德又攻占德里，图格鲁克王朝亡，赛义德王朝始。

公元1451年，旁遮普总督、阿富汗人罗第出兵占据德里，赛义德王朝亡，罗第王朝始。此时，德里所能控制的区域已经非常小，王朝不过是一个小小的诸侯国而已。罗第王朝于1526年被莫卧儿帝国所灭。

公元1526年，一个强大的、延续了300多年的帝国王朝开始在这块土地上建立起来，这就是南亚次大陆上著名的莫卧儿王朝。莫卧儿王朝的缔造者是帖木儿的五世孙巴布尔。

从公元8世纪起到奴隶王朝建立，南亚次大陆受到中亚突厥人的侵扰，处于被占领、被统治的状态。

从奴隶王朝到罗第王朝，次大陆处于独立状态，而且都是以德里为统治中心，统治者都号称苏丹。在这300多年的德里苏丹统治时期，战乱不断，但社会生产力还是有所恢复和发展，初步改变了小国林立、王朝频繁更替、缺乏稳定的政治中心的局面，开始形成了一个领土辽阔、统治相对稳定的国家。但统治者大都是来自中亚的军事贵族，信奉伊斯兰教，对非伊斯兰教采取歧视甚至打击的政策。所以，这段时间，国家内阶级矛盾、民族矛盾和宗教矛盾此起彼伏，社会动荡仍是大局面，民众生活自然也是困苦多难。

显然，这段时期，次大陆地区受到了更多外来文化的影响，伊斯兰教的到来，给这块地区带来了阿拉伯文化，阿拉伯字母自然也在其中涌入了次大陆。

而莫卧儿王朝期间的这300余年，伊斯兰阿拉伯文化更是占了主导地位，阿拉伯字母的普及终于摧毁了梵文的统治，次大陆上的文字呈多样性发展。几百年间里，次大陆上各地的伊斯兰教徒尝试着用阿拉伯字母来书写他们那各种各样的语言。但同时，印度教徒，也就是原来的婆罗门教徒还在坚持用梵文的天城体字母或其他变体字母来书写他们的语言。于是，在这块次大陆上，就出现了很多语言都拥有两种或两种以上不同的文字来表述。

就在这几百年间，在次大陆西部，有一种方言逐渐传播开来而成为次大陆上的通用语言，这种语言被称为“印度斯坦语”。印度斯坦语在被写成文字的时候，也出现了两种字母并存的现象。伊斯兰教徒用阿拉伯字母书写印度斯坦语，写出来的文字叫“乌尔都文”，而印度教徒用天城体字母书写印度斯坦语，写出来的文字叫“印地文”。现今的巴基斯坦从印度分离成为一个独立国家后，即以乌尔都文为官方文字。

如今，这块南亚次大陆上最大的国家叫印度共和国。在现在的印度共和国，语言和文字仍然呈现出多种多样的局面。印地文被宪法认定为唯一的官方文字，但实际上，由于英国的长期殖民统治，英语和英文已经是实际上的官方语言和文字了。除此之外，还有为数不少的伊斯兰教徒使用乌尔都文。再之外，还有其他众多的文字在印度普遍使用，如马拉蒂文、古吉拉特文、旁遮普文、克什米尔文、孟加拉文、阿萨姆文、奥里亚文等。

这块大陆上的历史和朝代真是扑朔迷离、错综复杂！

这块大陆上的文字和语言也是百花齐放、百家争鸣！

问苍茫大地谁主中原

1. 让我们从传说开始吧

在亚洲东部黄河流域一带，很早很早以前就有一个民族生活在那里了，这就是中国的华夏民族。到了大约公元前50世纪的时候，这个民族逐渐发展起来，进入了新石器时代，并先后经历了母系氏族和父系氏族的公社阶段。

公元前30世纪前后，也可能是35世纪前后，或者是25世纪前后，传说嘛，时间可以改动，生活在现在陕西中部地区姬水河畔的一个“有熊”部落壮大起来，其首领是黄帝，“黄帝者，少典之子，姓公孙，名曰轩辕。生而神灵，弱而能言，幼而徇齐，长而敦敏，成而聪明”。也就是说，黄帝他爸叫少典，他自己的名字叫公孙轩辕，这个黄帝从小就聪明灵慧，神童。

这个黄帝本姓公孙，只是因为他生长在姬水河畔，所以也就姓姬了，名叫云。神童往往名字比较多，不足为怪。姬云长大以后，身高九尺开外。他为人敦厚朴实，好施仁义，很受部落人民尊崇，于是被拥戴为部落酋长。他利用姬河两岸天然的地理优势，与丰富的矿产资源，鼓励部落民众发展农牧业生产，亲自教百姓播五谷、植草木、驯养猪狗牛羊等，使部落很快富庶强盛起来，周围许多弱小的部落见姬云好行仁义，以邻为友，能团结人，就纷纷前来投奔归顺，使这个姬水河畔的部落逐渐成为中原地区最强大的一个部落。世人称赞姬云"以土德王天下"，土是黄色，所以后人们就叫姬云为"黄帝"了。

离开姬水部落不远，还有一个部落，因为部落中有一条姜水流过，所以就叫姜水部落。姜水部落里也生了一个聪明伶俐的小孩，姓姜名榆冈。坊间八卦说，这个小姜和小姬都是一个爹生的，也就是那个少典。姜榆冈长大之后，剽悍勇武，智慧过人，便做了姜水部落的首领，以"牛"为图腾，标记于旗帜之上。世人说他"以火德旺天下"，所以后人们就将他称作"炎帝"。

炎帝教会了姜水部落的人种植庄稼，后人也称炎帝为神农氏。据说炎帝还有一条神鞭，名为"赭鞭"，也就是赤红色的鞭子，用它抽打各种野草，野草便显出药性，炎帝为了验证这些药草有毒无毒，是热性还是寒性，到底能治啥病，就亲自尝百草，试其效用，为氏族百姓防病治病，神农尝百草的故事也就此生成。

炎帝部落的人，个个身强力壮，且繁衍迅速，炎帝便率领他的部落沿渭水、黄河东迁，又经河北、河南、湖北，甚至还到了山东，打败了不少弱小部落，最后又回到河南，"定都于陈"，即今河南淮阳。

当时，在黄河流域的南方还有一条大河，名长江。长江流域也涌现出一个比较强大的部落，叫九黎部落，首领是蚩尤。蚩尤有兄弟81人，个个能征善战、强悍凶猛，善使刀、戟、弓、弩等武器，所以，蚩尤自然也是生性好斗，喜武好战。蚩尤见炎帝自渭水南下，便率部落北上，与炎帝争抢地盘，大战于陈州。炎帝力不能敌，败走山东曲阜，蚩尤追至曲阜，炎帝又败退到河北阪泉，蚩尤继续追击，炎帝又逃往涿鹿。此时涿鹿已是黄帝部落的势力范围，黄帝便派使者来说服炎帝归顺，炎帝不从，反而与黄帝大战于阪泉之野，结果三战三败，炎帝见黄帝文韬武略、大仁大智，甚为佩服，于是终于归降黄帝。黄帝、炎帝结盟后，为了中兴部落、抵御外患，决定共讨蚩尤。

这样，黄帝率领刚刚结盟后的以熊、罴、狼、豹、貙、虎为图腾的六个部落，在涿鹿这个地方向蚩尤发起攻击。战争之初，蚩尤凭借着良好的武器和勇猛的士兵，连连取胜。后来，黄帝请来一些神奇的怪兽前来助战。蚩尤的兵士虽然凶猛，但是遇到黄帝的军队外加这一群怪兽，也抵挡不住，纷纷败逃。黄帝带领兵士乘胜追杀，忽然天昏地黑，浓雾迷漫，狂风大作，雷电交加，天上下起暴雨，黄帝的兵士无法继续追赶。原来蚩尤请来了风神和雨神来助战。黄帝也不甘示弱，又请来天上的旱神帮忙，驱散了风雨。一刹那之间，风歇雨停，晴空万里。蚩尤又用妖术制造了一场大雾，使黄帝的兵士迷失了方向。黄帝利用天上北斗星永远指向北方的现象，造了一辆“指南车”，指引兵士冲出迷雾。经过许多次激烈的战斗，黄帝先后杀死了蚩尤的81个兄弟，并最终活捉了蚩尤。黄帝命令给蚩尤带上枷锁，然后处死他。因为害怕蚩尤死后作怪，将他的头和身子分别葬在相距遥远的两个地方。蚩尤戴过的枷锁被扔在荒山上，化成了一片枫林，每一片血红的枫叶，都是蚩尤的斑斑血迹。这就是著名的逐鹿之战。

黄帝战败蚩尤后，黄河流域和长江流域的其他部落都纷纷归顺黄帝，黄帝便在釜山大会天下诸侯，并被推举为天子，完成了统一中华的不朽功勋。同时黄帝制定了华夏民族统一的图腾标识，也就是旗帜。当时有人建议仍以有熊部落的“熊”为图腾，但黄帝否定了这个建议。他认为，以“熊”为图腾将伤害新归顺的各部落的感情，不够仁义。于是，为了团结这些部落，黄帝解放思想、标新立异，提出了一个新的设计方案。这个新方案便是以蛇身为身、以鱼鳞为鳞、以龟尾为尾、以狮头为头、以鹿角为角、以鹰爪为爪的一种动物，并命名这个表示各个部落大团结的新物种为“龙”。后世所说，华夏民族是“龙”的传人，即由此而来。

以上这一大段文字，都是传说，而且是根据好几个不同版本的传说编辑而成。其实，华夏民族如同世界上很多民族一样，其进化的历史、种族的渊源、迁徙的足迹、发展的历程都还没有一个确切的说法。而上面这些传说只是人们口口相传的故事而已，信则有，不信则无，不可当真矣。

但不管怎样，华夏民族在很久以前，就在黄河流域开始繁衍生息了。而且大概就是从黄帝、炎帝那时起，就开始创造出自己的辉煌文明，一个个发明创造都在这个阶段开始出现，如文字、音乐、农耕、冶炼、历法、宫室、舟车、医药、服装、指南车，甚至国邦体制、经济制度、道德规范等，都于这个时候萌发出了很健硕的苞芽了。

在华夏民族所有的发明创造中，文字这一项应该是最为独特、最为辉煌的，因为它和其他民族的古代文字相比起来，是世界上使用时间最为长久的一种文字。它历经数千年而不衰，直到今日华夏民族仍然在使用它。而且它的使用人数最为众多，泱泱十多亿之众每日每时与之操手不离、生息与共。

这种文字，我们现在称为汉字。

2. 仓颉造字

中国的汉字最初是从何时而生呢？它是如何被发明创造出来的呢？文字学家、考古学家至今还在追索这个秘密，但没有一个明确的答案，因为毕竟是太久远的事了。

但一些传说却为中国的汉字发展找到了源头，而且，居然找到了那个发明汉字的人，还有名有姓。这个人叫仓颉。

在中国古老的传说中，有一位叫仓颉的人。他生活的年代距今有5 000年左右了，也就是和黄帝同时代的人。仓颉也称苍颉，原姓侯冈，名颉，号史皇氏，传说为黄帝的史官。大家都说是他创造了华夏的汉字。仓颉励志成功的故事大致是这样：

相传仓颉在黄帝手下当官。黄帝委派他管理圈里的牲口和屯里的粮食，他要每天向黄帝报告牲口和粮食的数量，以便黄帝在战争中决断进退。刚开始的时候，仓颉靠着自己的聪明和好记性，对付这项工作还得心应手，黄帝每问即答，张口就来。但随着牲口、粮食的种类和数量都在增加，仓颉感到脑子不够用了。才子遇到了第一道奥数题。

仓颉整日整夜地想办法，他先想出了在绳子上打结的办法。仓颉用各种不同颜色的绳子表示各种不同的牲口或粮食。多了一口牲口或多了一担粮食，他便在相应颜色的绳子上打一个结。这办法刚开始的时候还很奏效，效率很高，但时间一长，又有问题了。这增加的数目在绳子上打个结很便当，而减少数目时，在绳子上解开这个结就相对地麻烦了。才子遇到了第二道奥数题。

仓颉是个聪明人，他又想到了在绳圈上挂贝壳的方法，即用绳子做一个圈，在绳圈上挂各式各样的贝壳来代替他所管的物品，增加了就添一个贝壳，减少了就去掉一个贝壳。这法子也挺好，仓颉一连用了好几年。

黄帝见仓颉很能干，于是委派他管理的事情也愈来愈多，如每年祭祀的次数、每回狩猎后的分配、部落人丁的增减等，这些统统都叫仓颉来管。仓颉受到重用自然很高兴，但很快他又犯难了，管理的事情太杂，而且数量又多，仅靠结绳和挂贝壳已不抵事了，仓颉开始出现差错。仓颉对黄帝忠心耿耿，也是个负责任的人，他不允许自己出差错。但怎样做才能不出差错呢？仓颉又开始动脑筋。才子开始解答第三道奥数题。

一天，仓颉参加了集体狩猎。当他们走到一个三岔路口时，几个老人为往哪条路走而争辩起来。一个老人坚持要往东，说有羚羊，一个老人要往北，说前面不远可以追到鹿群，一个老人偏要往西，说有两只老虎，不及时打死，就会错过了机会。仓颉一问，原来这些老人都是通过辨认地上野兽留下的脚印才认定的。仓颉心中猛然一喜，他想：既然一种脚印可以代表一种野兽，我为什么不能用一种符号来表示我所管的物品呢？他高兴地拔腿奔回家，开始琢磨用各种符号来表示不同的事物。从这以后，仓颉每日仰观日月星辰，俯察鸟兽山川，大到自然气象，小至身边琐物，他宵衣旰食、苦思冥想，终于一些象形的符号被他画了出来，人、手、日、月、星、牛、羊、马、鸡、犬，这些东西都有了自己的特殊的符号。从此以后，仓颉的管理工作井井有条、头头是道。才子成功破解奥数难题，获得“诺贝尔奖”。

黄帝知道了仓颉创造的符号后，大加赞赏，并命令仓颉到各个部落去传授这种方法。渐渐地，这些符号就推广开了。久而久之，这些符号又经过演变，就形成了文字。

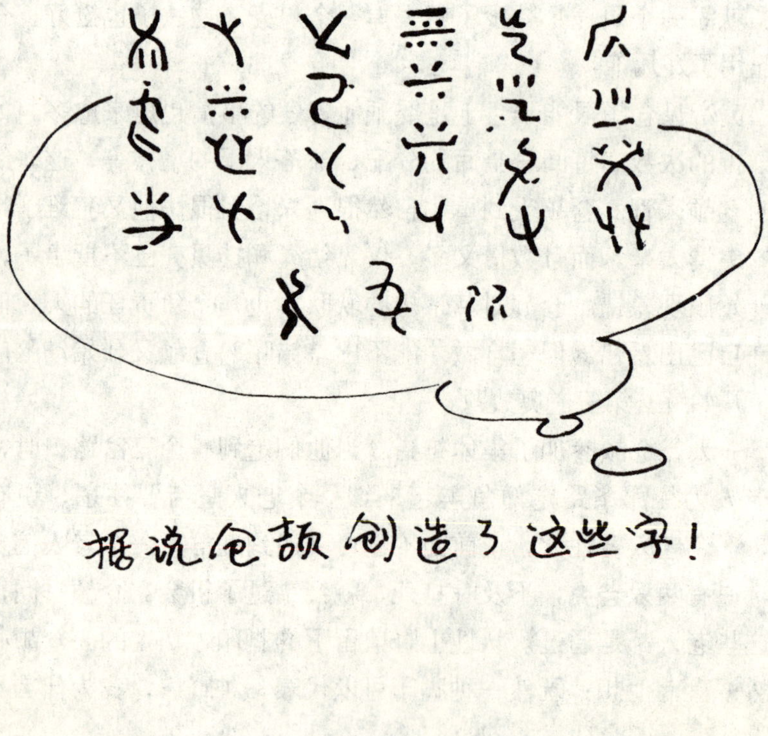

3. 甲骨文的开始

随着文字的越造越多，华夏民族也开始在发展历程中跃上了一个新台阶。人们可以用文字来记载事物、记载历史了，人类的记忆不再靠口口相传了。

可是随着文字越造越多，这些文字写在哪里就成了一个问题，因为人们要将文字长久地保留，也就需要一个能长久保留的载体。写在石头上拿不动，写在木板上也嫌太笨重，写在兽皮上又不能长久留存，怎么办?

传说中的仓颉又有了他的创造。一天，有个人在河边捉住一只大龟，前来请仓颉给它造字。仓颉把龟细看了一遍，发现龟背上有排列整齐的格子，便照着龟背的样子，造了个“龟”字，然后又把字刻在龟背上的方格子里。龟由于背上刻字感到疼痛，乘人不防时，爬进河里去了。几年以后，这只背上刻字的龟，在另一个地方又被人捉住。人们告诉仓颉，刻在龟背上的字不但没有被磨蚀掉，而且还长大了，字迹也更明显。

仓颉听到这个消息，顿开茅塞，“对，在龟背上刻字是个好方法，龟壳既轻巧，又能长久留存。”于是，仓颉就命人在捉到龟后把龟壳都取下来，以便他把自己造出的所有象形字都刻在龟壳的格子里。仓颉将这些刻有象形文字的龟壳用绳子串起来，送给黄帝。黄帝看了自然很高兴，命人好好收藏，并将这一刻字的方法告知各个部落。

仓颉的聪明与智慧使得华夏民族从此有了甲骨文。

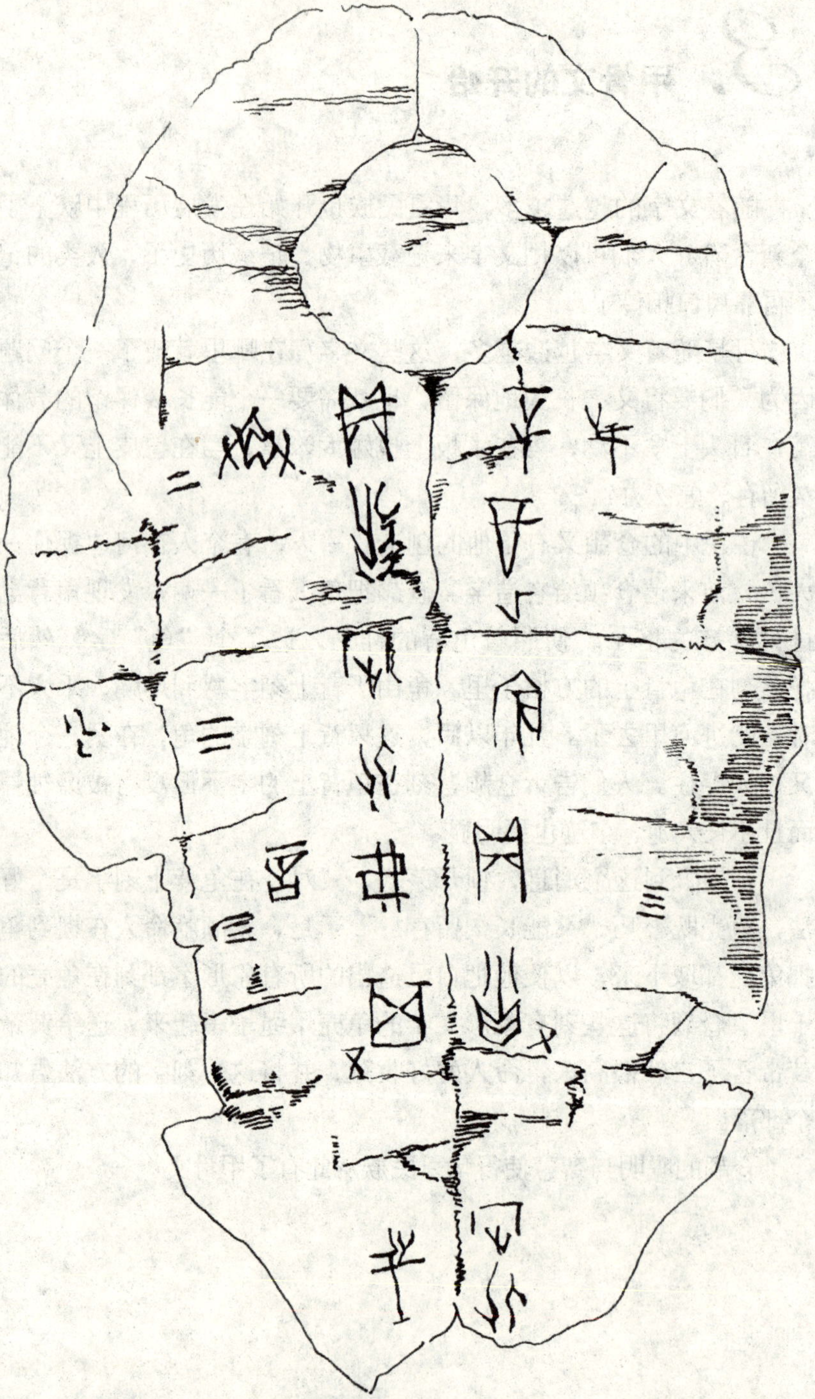

甲骨文

4. 仓颉也会犯错误

还有一些传说，也是关于仓颉和汉字的，但不是歌功颂德，却是说仓颉的失误。

仓颉造了字，黄帝器重他，民众称赞他，他的名声越来越大。仓颉有点头脑发热飘飘然了，工作开始马虎起来。

黄帝闻得此事，很是恼火，怎么刚刚做出了点成绩就翘尾巴呢。黄帝召来了身边一位最年长的老人，商量如何去教导小仓。这老人留着长长的胡子，胡子上打了120多个结，表示他已是120多岁的人了。老人听完黄帝的吩咐，思忖片刻，便独自去找仓颉了。

此时，仓颉正在教室里教各个部落的人识字，老人默默地坐在教室的最后一排，和别人一样认真地听讲。仓老师讲完，别人都散去了，唯独这老人不走，还坐在老地方。仓老师见老人如此好学，上前鞠躬作揖请安。

老人说："仓老师，您讲的课真好，可我还是有几个地方不明白，能否再请教一下？"

仓颉见120岁的老人还喜欢认字，自然高兴。"您老有什么问题，尽管说，在下愿尽其详。"

老人说："马有四腿，你造的'马'字也有四腿，这自然不错。可是牛也有四条腿啊，怎么你造的'牛'字为何只剩下了一条尾巴呢？"

仓颉一听，心下慌乱：自己原先造"鱼"字时，是写成"牛"样的，造"牛"字时，是写成"鱼"样的，都怪自己粗心大意，竟然把这两个字给弄颠倒了。

老人接着又说："你造的'重'字，是说有千里之远，应该念做出远门的'出'才对，而你却教人念成重量的'重'。反过来，两座山合在一起的'出'字，本该为重量的'重'，你倒教成了出远门的'出'字。老朽不才，实在理解不了你啊！"

仓颉目瞪口呆，他原以为自己是天下汉字第一人呢，没想到天外有天啊。

老人继续说道："你那个'射箭'的'射'与'高矮'的'矮'是不是也搞混了啊？"

仓颉仔细一想，眼镜从鼻梁子上掉了下来："寸身为'矮'，屈身持矢为'射'，我脑子真的进水了？"

老人又道："好了，这几个问题是老衲我愚钝特来请教老师的，若仓老师觉得不便回答，就只当我没有说起过，天知地知你知我知，就这样了。"

仓颉感激不尽，送老人出了教室门，又送到学校大门口，还有些惶惶不安、心有余悸。

老人手扶长髯，飘然而去……

5. 朱自清语录

仓颉的故事就是故事，本不该认真的。但有的学者却很是认真，非要考证这故事。朱自清先生就是这认真的学者之一，他在《经典常谈》这本书中对"仓颉造字"的故事有一些评论，抄录如下，算是对以上的传说和故事有个小结吧。

中国文字相传是黄帝的史官叫仓颉的造的。这仓颉据说有四只眼睛，他看见了地上的兽蹄儿、鸟爪儿印着的痕迹，灵感涌上心头，便造起文字来。文字的作用太伟大了，太奇妙了，造字真是一件神圣的工作。但是文字可以增进人的能力，也可以增进人的巧诈。仓颉泄漏了天机，却将人教坏了。所以他造字的时候，"天雨粟，鬼夜哭"。人有了文字，会变机灵了，会争着去作那容易赚钱的商人，辛辛苦苦去种地的便少了。天怕人不够吃的，所以降下米来让他们存着救急。鬼也怕这些机灵人用文字来制他们，所以夜里嚎哭；文字原是有巫术的作用的。但仓颉造字的传说，战国末期才有，那时人并不都相信，如《易·系辞》里就指文字是“后世圣人”造出来的。这“后世圣人”不止一人，是许多人。我们知道，文字不断地在演变着，说是一人独创，是不可能的。《系辞》的话自然合理得多。

“仓颉造字说”也不是凭空起来的。秦以前是文字发生与演化的时代，字体因世、因国而不同，官书虽是系统相承，民间书却极为庞杂。到了战国末期，政治方面，学术方面，都感到统一的需要了，鼓吹的也有人了；文字统一的需要，自然也在一般意识之中。这时候抬出一个造字的圣人，实在是统一文字预备工夫，好教人知道“一个”圣人造的字当然是该一致的。《荀子·解蔽篇》说：“好书者众矣，而仓颉独传者，一也。”“一”是“专一”的意思，这儿只说仓颉是个整理文字的专家，并不曾说他是造字的人；可见得那时“仓颉造字说”还没有凝成定型。但是，仓颉究竟是什么呢？照近人的解释，“仓颉”的字音近于“商契”，造字的也许指的是商契。商契是商民族的祖宗。“契”有“刀刻”的义；古代用刀笔刻字，文字有“书契”的名称。可能因为这点联系，商契便传为造字的圣人。事实上商契也许和造字全然无涉，但是这个传说却暗示着文字起于夏、商之间。这个暗示也许是值得相信的。至于仓颉是黄帝的史官，始见于《说文序》。“仓颉造字说”大概凝定于汉初，那时还没有定出他是哪一代的人；《说文序》所称，显然是后来加添的枝叶了。

这段话有些长，简单说来，大概是这几个意思：

（1）传说中说，聪明的仓颉创造了华夏民族的文字——汉字；

（2）这个仓颉可能不是一个人，有可能是很多人，一人造字说不可信；

（3）仓颉有可能只是一个文字的整理者，而非文字的创造者；

（4）仓颉造字故事的产生是由于政治的需要；

（5）“仓颉”有可能是“商契”二字的谐音；

（6）汉字很可能起于夏、商之间；

（7）文字很伟大、很奇妙，文字增进了人的能力，但也增进了人的巧诈。

这最后一点脱离了科学的考证工作，似乎是在讲一个哲学问题或社会问题。至于文字如何教人巧诈、如何偷懒、如何“制”鬼，朱自清先生并没有讲太多，但却可能是朱自清先生最想讲的一个问题。

6. 下面的故事不是传说

仓颉造字之后，汉字便成为华夏民族生死不离的一个生活工具了，依靠这个工具，华夏民族将自己的文化一代一代地传承下去。这个文化历经磨难却日益辉煌，则大部分应归功于这个伟大而且奇妙的工具。

仓颉还发明了用龟甲做材料来记录这些文字的方法，于是华夏民族有了甲骨文。甲骨文在商代曾繁荣一时，这大概是公元前16世纪至公元前11世纪时候的事了。这之后，甲骨文在西周还曾出现，但东周之后，便突然销声匿迹，没了踪影。直到公元19世纪末，也就是甲骨文繁荣3 000年之后，那时世上已经没有一个见过甲骨文的人了，更不用说有人会认甲骨文、会写甲骨文了。

然而，就到了公元19世纪和20世纪的这个世纪交接点的时候，事情突然有了转折，甲骨文在湮没了近3 000年之后突然又被世人发现，得以重见天日。

事情的发生似乎也是非常偶然，就和埃及的罗塞塔石碑被发现一样，简直就是异曲同工，而且极为巧合的是，这两个事情发生的时间跨度刚刚好是100年。

公元1899年，大清帝国已进入末年，老态龙钟、百病交集，随时有轰然塌垮之虞。此时，清朝的一位大官，也是一个文化人叫王懿荣的，正和帝国的境遇一样，百病缠身、每况愈下，终日靠医药来维持生命的延续。

这天，王懿荣又差人到药铺子里去抓药。这药里面有一味特殊的东西，名“龙骨”，而所谓的“龙骨”，其实就是粉碎的古代兽骨、龟甲而已。该药性味甘、涩、平，入心、肝、肾经，主治惊痫癫狂、怔忡健忘、失眠多梦、自汗盗汗、遗精淋浊、吐衄便血、崩漏带下、泻痢脱肛、溃疡久不收口等病，有重镇安神、平降肝阳、收敛固涩之功效。只看这药，就知王懿荣病得不浅。

王懿荣这天抓来的药，可能是因为药铺的伙计匆忙，那兽骨和龟甲并没有研墨得很碎，留下了一些大的残片。王懿荣拿起了一片龟甲残片，无意中发现了这龟甲残片上面有一些裂痕，再仔细观察，除裂痕之外，还有一些明显的人为刻痕。王懿荣有些纳闷：这龟甲上面为什么会有人为的刻痕呢？王懿荣是个细心人，于是又差人到药铺子抓了一些没有粉碎过的“龙骨”，同样发现，这兽骨、龟甲上面除了自然的裂痕外，还有人为的以利器刻划的痕迹。此时王懿荣真的有些奇怪了：是什么人要在这兽骨和龟甲上面刻划呢？在兽骨和龟甲上刻划的目的又是什么呢？

王懿荣，字正儒，公元1845年生于山东福山古现村，自幼好学，泛涉书史。光绪六年，即公元1880年时，考中进士，之后以翰林擢侍读，并最终官至国子监祭酒。

这国子监祭酒是个什么官呢？国子监是中国古代的中央官学，是中国古代教育体系中的最高学府，而这个祭酒就是这个国子监的最高领导，也就算是校长吧。

王懿荣本来就是个读书人，虽然百病缠身，但探究研习精神不减，况且他对史学、古文字学、金石学颇有研究。所以，当他看到这龟甲上人为的利器刻划之痕时，便很快就联想到《史记》中“闻古五帝三王发动举事必先决蓍龟”说法。于是，他便叫人收集了大量的还没有研成碎末的龟甲，从中他终于发现了一些可以释读出来的文字：雨、日、月、山、水等，甚至还有商代几位国王的名字。王懿荣认为，这些兽骨、龟甲上的文字就是古人的文字，而且是古人用于问天占卜的文字；那些兽骨、龟甲上面的裂痕，就是古人在占卜时用火烧灼这些兽骨、龟甲后所产生的裂纹，而古人就是根据这些裂纹的走向来确定占卜的结果。王懿荣根据他的历史知识推断，这些甲骨文字产生的时代极有可能就是《史记》中所记载的那个商代。

王懿荣太兴奋了，他竟然在无意之中发现了一个惊天的秘密。那兽骨龟甲就像是兴奋剂一般，使这个满清帝国中央最高学府的校长，这个饱读诗书而又羸弱多病的知识分子，在那个风雨飘摇的岁月，在帝国大厦危如累卵即将倾覆的日子里，突然又来了精神，一头扎进兽骨龟甲堆中，开始了对甲骨文的考证与研究。

王懿荣的发现，是中国历史上乃至世界历史上一个极为重大的发现，这一发现将华夏民族的文字历史确确实实地又提早了近1 000年。王懿荣发现的甲骨文也正如整整100年前在埃及发现的罗塞塔石碑、62年前在波斯贝希顿山发现的贝希顿铭文一样，为后人研究文字的历史、人类的文明史提供了一把甚为宝贵的钥匙。

继王懿荣之后，中国学者刘鹗、罗振玉、王国维、董作宾、郭沫若等人也都前仆后继地对甲骨文展开了研究。也正是由于对甲骨文的研究、释读，中国古代一个辉煌的王朝——商朝也从此由传说走进了信史。

7. 为伊消得人憔悴

在王懿荣校长由于生病、吃药而意外地发现甲骨文之后，一场轰轰烈烈的收集甲骨的活动在民间和学者之中展开了。随着甲骨的收集，所发现的甲骨文字数量也越来越多，且吸引了中国乃至世界上一些学者纷纷投入到甲骨文的研究当中。

刘鹗，字铁云，清末学者、小说家、社会活动家，在接触了甲骨文后，一发而不可收，热衷于兽骨龟甲的收集和研究。刘鹗自己收集了5 000余片甲骨，并精选出1 000余片编成《铁云藏龟》一书。该书是系统研究古文字及其演变过程的代表作。

罗振玉，清末、民初的教育家、考古学家、古文字学家，是最早在甲骨学研究方面取得主要进展的学者。由于罗振玉和刘鹗是儿女亲家，受刘鹗影响，罗振玉也对甲骨文产生了兴趣。于是，他广为收集甲骨，总数达近2万片，是早期收藏甲骨最多的藏家。罗振玉除了收藏甲骨之外，还亲往甲骨的出土地考察，经过艰辛劳顿、田野探访，他终于探得，那些大量的甲骨真实出土之地是现今的河南安阳小屯，并判定这小屯即为商朝的一个国都。之后，罗振玉将自己所藏甲骨精选出5 000余片编成《殷墟书契前编》、《殷墟书契菁华》、《殷墟书契后编》、《殷墟书契续编》四书，供后人研究揣摩。罗振玉还致力于对甲骨文的考释，在他的另一部书《殷墟书契考释》中，他考释出的甲骨文字就达561个，是早期研究甲骨学的大家。

王国维，字伯隅、静安，号观堂、永观，清末、民初的学者，国学大师，在文学、美学、史学、哲学、古文字学、考古学等领域都有卓著的成就。王国维与罗振玉也是儿女亲家关系，而且与罗振玉相交甚笃，自然也对甲骨学痴迷不浅。王国维在甲骨学中的成就是他将甲骨学由文字学推进到史学。王国维曾撰写了《殷卜辞中所见先公先王考》、《殷卜辞中所见先公先王续考》、《殷周制度论》、《殷墟卜辞中所见地名考》、《殷礼征文》以及《古史新证》等一系列的文章，将地下出土的甲骨文材料同纸上记载的中国历史古籍材料两相印证来进行史学的研究，用甲骨卜辞来补正历史古籍记载之谬误。王国维还用同样的方法对汉晋木简进行了研究，以汉晋木简上的材料与《史记》、《汉书》等古籍材料相互印证，从而对汉代边塞和烽燧的考实、玉门关址的确定、楼兰及海头城位置的确定、西域丝绸之路的探索以及汉代边郡都尉官僚系统等一系列问题进行了详尽的考释，缜密翔实，博大精深。王国维的这一套学术方法，在当时曾引起学者们的极大关注，并被世人称为“二重证据法”。这个二重证据法被认为是20世纪中国考古学和考据学的重大革新。

再往后，中国还有一位学者，名董作宾的，也对甲骨文的研究贡献很大。董作宾，公元20世纪20年代毕业于北京大学，获史学硕士学位。毕业后赴安阳考察，随即提出请当时的中华民国最高学术研究机关——中央研究院来主持对殷墟遗址的发掘，从而阻止当地村民自发的挖掘、出卖甲骨活动。之后，董作宾先后参加了15次的官方发掘活动，发现众多甲骨残片。公元20世纪30年代，董作宾发表了《甲骨文时代研究例》专著，确定了对甲骨文字进行断代分期的10个标准。董作宾还主持了“殷代帝王世系年谱”、“殷先王称号”、“殷帝姓氏”等史学方面的研究课题，皆取得了举世瞩目的成就。董作宾在甲骨学上的成就使他成为当时中国著名的甲骨学大师之一。

还有一位众人皆知的学者，郭沫若，也是对甲骨文研究情有独钟，曾写有《甲骨文字研究》、《卜辞通纂》、《古代文字之辩证的发展》等专著，对推动公元20世纪早期的甲骨学研究起到了积极的作用。

当然，还有很多很多的学者，和前面提到的这几位一样，在甲骨文被发现之后，都为之震惊和雀跃，并投身于此，潜心研究。

衣带渐宽终不悔，为伊消得人憔悴。

8. 独上高楼，望尽天涯路

汉字在其漫长的发展过程中，经历过数个演化阶段，而不同的阶段都呈现出其不同的特点。

但总体来说，汉字是一个演化过程明晰、从始至终一脉相承的文字系统。

尽管仓颉造字的故事目前来看还只是一个传说，但甲骨文却是实实在在地呈现在世人面前了。由于王懿荣校长在一次偶然的事件中发现了甲骨文，中国人便将自己的文字历史又推早了1 000年左右。

好，我们现在就将中国汉字的历史稍微地整理一下，登上高楼，看一看它一路的发展历程。

甲骨文：

甲骨文是目前见到的最早的汉字，因为它是契刻在龟甲和兽骨上的文字，因此叫“甲骨文”。

甲骨文大致兴起于中国商朝后期，也就是公元前14世纪至公元前11世纪，但，也许更早。那时，人类迷信，逢大事必先占卜，而占卜的工具就是甲骨。占卜时，用火烧甲骨，再观其被烧灼后呈现的裂纹以定人的行动。在火烧之前或之后，将所占卜的内容用刀或利器刻写在甲骨之上，是为卜辞，也就是我们今天见到的甲骨文。这些甲骨文所记事项极为丰富，不仅包括政治、军事、文化、社会习俗等方面的内容，而且还涉及天文、历法、医药等科学技术方面的内容。商亡周兴之后，甲骨文还绵延使用了一段时期，故现今我们见到的甲骨文可以分为殷商甲骨文和西周甲骨文两类。但因为绝大多数甲骨文属于殷商时代的遗物，所以，通常认为甲骨文是商朝文字的代表。

迄今为止，两类甲骨文共发现15万片左右，共存单字近5 000个。而目前被学术界明确释读的甲骨文字有1 000多个。

从甲骨文的数量和其造字方法来看，甲骨文已经是一种具有严密系统的文字了，尽管它还带有较为明显的象形图画的痕迹，但它已经采用了会意的手法来造字，甚至还有采用表音手法造的字。甲骨文字已经能够较为完整和准确地记录社会和生活中诸多事项了。

虽然甲骨文字的字体大小不严格一定，且在一片甲骨上其大小就多有变化，但甲骨文的字体已经具备了对称、稳定的形态，加之甲骨文在刻写之时，由于利器有锐有钝，甲骨材质有软有硬，所以，刻写出的笔画有的纤细如发，有的浑厚粗重，或长短相配，或疏落互济，或参差交叠，或严整井然，使得这一个原始的人类生活和思想的工具从其一开始出现就充满了艺术的魅力，尽显古朴多姿的无限情趣。

金文：

金文是指铸刻在商、周两代青铜器上的铭文，而所谓青铜，就是指铜、锡、铅的合金。

人类发展到新石器时代时，逐渐学会了冶炼金属。铜是人类最早认识和使用的金属之一。开始时是以天然铜锻制小件工具或饰物，继而发明了冶铜技术。天然铜和早期冶炼的铜没有掺入其他的金属，称为红铜，其硬度较低，后来人们发现若在铜中加入适量的锡和铅，既可以降低熔点、易于锻造，还可以增强硬度、使得金属工具耐用，于是青铜出现了。

据考，华夏民族在夏朝时，也就是距今4 000年左右时已进入了青铜时代。但迄今为止还没有发现那时候铸刻在青铜器上面的铭文。

商周时代，青铜文化发展到鼎盛。由于新制作的青铜器呈金黄色，故人们将“铜”也称为“金”。所以，青铜器上的铭文也就称为“金文”。

因为有的青铜器自名为“吉金”，所以，金文也称为“吉金文字”。

商周时代，青铜器中的礼器以“鼎”为代表，青铜器中的乐器以“钟”为代表，又因为在“钟”和“鼎”上往往铸刻的文字最多，所以，金文也称为“钟鼎文”。

现在，在我们发现的金文中，其内容包括了祭祀、训诰、征伐功记、分封赏赐、盟誓契约等方面。一篇金文中，文字短的仅标出人名或族徽，而文字长的则近500字。金文杰出的代表当是著名的毛公鼎铭文。

毛公鼎，清朝道光末年于陕西岐山出土的一件西周晚期宣王时的青铜器物。该鼎53.8厘米通高，47.9厘米口径，34 705克净重，半球状深腹，兽蹄形垂地三足，口沿下方处饰以环带状的花纹，一对壮硕的直耳竖立在上沿口，态势轩昂，气度非凡。尤其是在鼎腹内铸有32行499字的铭文，铭文内容是关于周宣王为中兴周室、革除积弊，策命重臣毛公要他忠心辅佐周王以免遭丧国之祸，并赐给毛公大量物品等事项。重臣毛公为感谢周宣王，特铸此鼎记其事，所以，该鼎被称为“毛公鼎”。由于该鼎是研究西周时社会、政治的重要史料，而且更由于这鼎腹中那奇逸飞动、圆劲茂隽的铭文，文物界、史学界公认这是一件稀世珍宝。现毛公鼎藏于台北故宫博物院。毛公鼎铭文是迄今我们发现的字数最多的一篇金文。

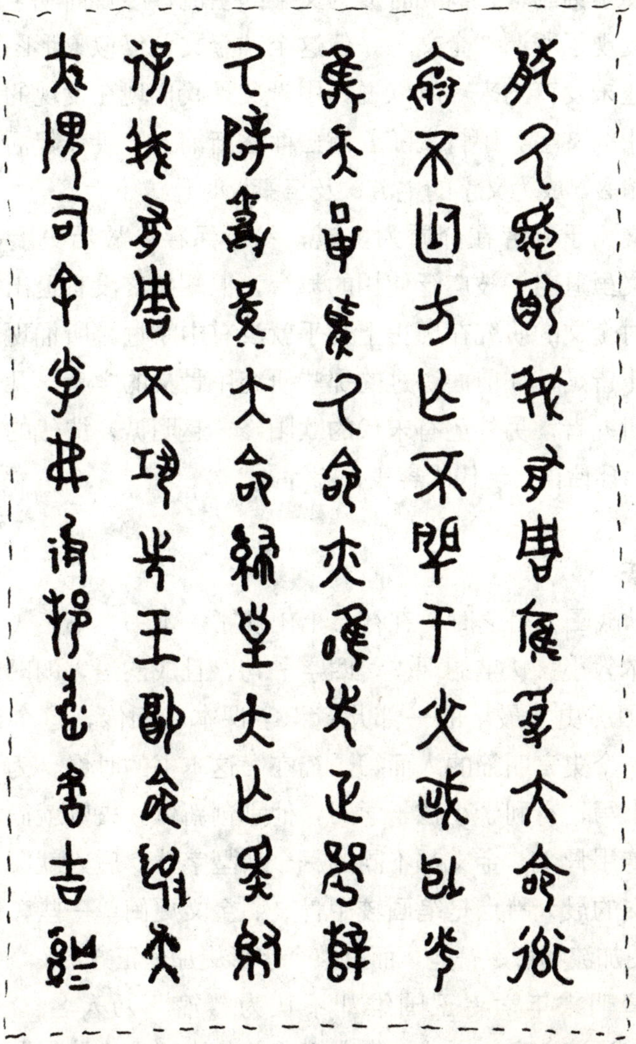

毛公鼎上的铭文是典型的西周金文，风格成熟，笔意隽永，既奇逸飞动，又气象浑穆

我们现在所发现的金文，其时间跨度从商朝早期一直延续到战国后期，前后有1 200年之久。我们现在所发现的金文文字的数量，已经有3 722个之多，其中可以释读的有2 420个。

这里有一个问题，甲骨文和金文哪一个在年代上更早一些？也就是说，华夏民族最先使用的是哪个文字？据考古学家、历史学家的考察推测，华夏民族最早使用的文字还是甲骨文。甲骨文因取材容易、便于刻画，在商朝时成为文字的主流，尽管商朝早期的青铜器上也发现了所谓“金文”，但这个“金文”仍似象形图画，文字的胚胎还未发育出来。所以说，甲骨文是我们现在发现的华夏民族最先使用的文字。甲骨文随着商亡而逐渐消逝，金文起而代之，至周朝而鼎盛，成为文字的主流，及至秦汉时让位于大篆、小篆。

金文由于其存在介质为金属，易于保存，故历史上，秦汉之后，金文虽退出了被广泛使用的舞台，但却始终没有退出被研究的领域。对金文的研究在历史上几乎就没有中断过，所涌现出来的学者也比比皆是，如前面讲过的那些研究甲骨文的学者，几乎也都是金文的研究者，另外还有宋代的欧阳修、赵明诚，清代的吴式芬、吴大澄、孙诒让，现代的容庚，等等。

大篆：

春秋战国交替之时，在社会上出现了一本书，书名《史籀》。这是一本教小孩认字的课本，四字一句，且成韵语，朗朗上口，据说是中国历史上最早的一部儿童识字课本。相传，这个课本是周宣王的一个史官叫籀的人而写，籀在写这本书的时候，为了使文字更便于书写，有利于小孩子学习，他别创新体，去繁就简，于是创造出了与甲骨文、金文都不同的一个新型字体，后人就叫“籀文”了。籀文的最大特点是笔画较甲骨文、金文更简单一些，更加规范一些，更加流畅肯定一些，而且整个字形更加呈正方形。

但清朝末年学者王国维却不认为“籀”乃人名。王认为，“籀”有诵读之意，原《史籀》书中首句为“太史籀书”，其实是“国王的史官朗诵课文”的意思，后人便将这首句中的“史籀”二字作书名了。

但无论怎样，“籀”是人名也好，是动词“朗诵”也好，“籀文”已经成为《史籀》中那些字体的代称了。

现存的籀文，可以从唐代出土的“石鼓”上一窥其貌。唐朝初年的时候，在今陕西宝鸡市三畤原这个地方，出土了十尊石鼓，每尊石鼓高二尺、直径一尺余，花岗岩材质。这十尊石鼓最具奇异的地方是在每尊鼓身上以籀文分别刻有十首四言诗，而诗的内容多为渔猎之事，无谈政治，以八卦为主。据唐代的文人们——如韩愈、韦应物等鉴定，认为这石鼓上的文字应是周宣王时的史官籀所写，也就是典型的籀文。该石鼓上的籀文体态堂皇、气质雄浑、圆活奔放、刚柔相济、古茂遒朴、严谨工整，在章法布局上，虽字字独立，但又注意到了上下左右之间的偃仰向背关系，堪称汉字书法的最早范本，被后世学书者奉为正宗，无不临习。该十尊石鼓也是价值连城的古文物，现存于北京故宫博物院。

历史上很多文人都曾对石鼓文进行过考证。宋代史学家郑樵认为石鼓系先秦之物，作于惠文王之后、始皇之前。近代的罗振玉和马叙伦认为石鼓是秦文公时物。而当代的郭沫若则考证说，石鼓作于秦襄公八年。以上说法都距周宣王时代不远，只是对那石鼓文是籀亲笔还是他人手笔则不敢肯定。宋代学者欧阳修则坚持认为，石鼓文为籀所作。

籀文是甲骨文、金文向小篆发展进程中的一个过渡性的字体，后人也称籀文为“大篆”。笼统来说，大篆就是籀文，籀文就是大篆。

小篆：

“篆”是什么意思呢？其实“篆”的本义就是在竹子上面刻字。后来动词名词化，“篆”便成了汉字发展过程中一种字体的代称了。

“篆”又分大篆、小篆。前面讲了“大篆”，那“小篆”又是什么呢？

小篆又称“秦篆”，是由大篆删繁省略而演化来的一种字体。它产生于战国时代的秦国，通行于秦代和西汉前期。战国时代，诸侯割据，各国都使用各自的文字，字体复杂多变、难以通晓、交流不便。秦始皇统一全国后，采纳了丞相李斯的建议，以秦国的篆体文字为范本，施行“书同文”来统一天下的文字，废除他国文字中各种和秦国文字不同的形体，同时也将秦国原有的篆体文字进行省略删改，吸收一些民间文字中的简体、俗体，加以规范，于是就造就了一种新的字体——小篆。

汉字发展到小篆阶段，其字体的结构、笔画、轮廓都逐渐走向定型，而且图画象形的意味逐渐消弱，抽象符号的意味更加强化，更便于书写和辨读。

小篆的产生也是中国历史上第一次运用行政手段大规模地规范文字的产物。秦王朝使用经过整理的小篆统一全国文字后，基本上消灭了各地文字异行的现象，将汉字原先的枝杈蔓延的发展轨迹收并到了规范有序的轨道上来。小篆的出现是汉字发展的一个重要的里程碑。

因为习惯上把籀文称为大篆，故后人常把篆文专指小篆。

隶书：

小篆虽然是经过整理、规范后而形成的一种字体，但其字形仍嫌繁复，书写起来不方便，尤其是毛笔的出现，则更显小篆笔画于软笔的不适应。于是，到了汉代时，在民间很快地出现了一种新字体，这种新字体主要的特征就是将小篆的端庄工整、圆转弯曲的线条写成带方折的笔画。由于这种字体据说是在下层的小官吏、工匠、奴隶中较为流行使用，所以被称为“隶书”。

汉代时，由于隶书的书写速度较小篆要快很多，所以逐渐地，隶书取代小篆而成为通行社会的主要字体，而小篆则主要用来篆刻印章、铸造金文了。

汉字由小篆转变为隶书，也是汉字发展的一个重要转折点，从此，汉字更为定型、更易辨识。中国文字史上称这个转折点为“隶变”，“隶变”是汉字发展史上的一个分水岭。

隶书到底是从哪个时代开始出现的？又是谁首先创造的？历史上还有争论。

东汉时，文字学家、语言学家许慎编写了一本书，叫《说文解字》。这是中国历史上的第一部字典。在《说文解字》中，许慎写到："秦烧灭经典，涤除旧典，大发吏卒兴戍役，官狱职务繁，初有隶书，以趋约易……秦始皇使下邽人程邈所造也。"由此看来，秦朝时，隶书已经出现，而且还是秦始皇钦定的，那个经办人叫程邈，陕西下邽人。

唐代书法家、文字学家张怀瓘在他的《书断》一书中也有关于程邈造隶书的故事。"程邈，隶书之祖也。相传邈善大篆，初为县之狱吏，得罪始皇，系云阳狱中，覃思十年，损益大、小篆方圆之笔法，成隶书三千字。始皇善之，用为御史，以其书便于官狱隶人佐书，故曰隶书。"其意思是说，秦朝有一个叫程邈的人，官很小，狱卒，但很会写字，不知何故得罪了秦始皇，自己反被关在监狱里；程邈在狱中百无聊赖，无以度日，便想到用自己的特长来搞点发明创造，一来可以消磨时光，二来说不定还可以将功折罪，提早出狱呢；程邈看到当时的"公务员"们每日为写字犯愁，因为那小篆实在是不好写，便动了脑子，欲加改革；程邈在狱中花了十年的时间，将小篆化繁为简、化圆为方，终于又创立出一种新的字体；程邈很是得意，将自己的发明创造呈给秦始皇，始皇看了很欣赏，不仅赦了他的罪，还封他为御史，也就是管文书的一个官；秦始皇并规定，这种字可以在官狱中使用；因为程邈是个徒隶，他发明的字起初又专供隶役使用，所以这一书体被称为隶书。

这个故事多半是一个传说，演义成分很大，但从中可以看出，秦代时，隶书已经出现了。程邈很有可能是隶书的整理者。

关于隶书的"隶"字，历史上还有不同的解释。有学者认为："隶"字有附着、从属的意义，如现在仍在使用的"隶属"一词，故隶书是小篆的一种辅助字体。此考证过于细微，故不再赘述。

楷书：

"楷书"在字体结构方面，与隶书差不多，但楷书将隶书笔画的写法改变了，且轮廓由扁形走向方形，更呈"方块字"的特征。

楷书也称为正书、真书，说明了楷书在汉字字体中的地位。它是人们学习和使用的一种正规书体。

最早的楷书书法家是东汉末年的钟繇。从其流传下来的作品中，多少可以看出还残留有隶书的笔意。楷书在魏晋南北朝时期又经历了不少变化，到了隋唐之后才基本定型，定型后的楷书，笔画、结构都相当精致、严谨。

唐代时，楷书亦如国势的兴盛局面，书体成熟，书家辈出，唐初的虞世南、欧阳询、褚遂良，中唐的颜真卿，晚唐的柳公权，其楷书作品均为后世所重，被奉为习字的模范。

汉字在进入到楷书阶段以后，还出现了一种以楷书为范本的印刷字体，这就是“宋体字”。宋朝时，雕版印刷术盛行，人们为了使雕版印刷出来的字体更具规范性和权威性，同时也便于刀刻或体现汉字在刀刻之下的魅力，便又发明了宋体字。宋体字，字体结构上以唐朝书法家的楷书为范本，精致秀美而又不失刚劲，横画为细，竖画为粗，且在端头和转弯处带有装饰部分，即“字脚”或“衬线”，点、撇、捺、钩等笔画为尖头。宋体字发源于宋朝，但在明朝盛行。宋体字在明朝时传入日本，所以日本人将宋体字称为“明体”。

有一个传说，是说这个宋体字是南宋的秦桧发明的，因为人们痛恨秦桧，故没有以“秦”为名，而说“宋”。这恐怕还就是一个传说而已，没有太多的根据。

现在，宋体字已经成为印刷汉字的正体字，是报刊、书籍印刷的最常用的字体。

草书：

“草书”，顾名思义，就是写得草率、快速的字体，其特点是结构简省，笔画连绵。草书起源于汉朝，是为书写简便而在隶书的基础上演变而成，有章草、今草、狂草之分。

草书早期形成时候的字体称为“章草”。章草由草写的隶书演变而成，其特点是上下字独立而不连写，且保留有隶书笔法的行迹。章草的“章”据说来自于东汉的汉章帝，汉章帝喜好草书，不但自己写，还命人以草书上奏章，后人便将这体草书称“章草”。

但此说仍存疑。还有一说，是因为西汉时出现了一篇共有1 394个字的儿童识字课本，名为《急就章》，课本用草书写就，故后人称课本中的字体为“章草”。此说更为可疑。一个儿童的识字课本，竟然是用草书写就，有点不够厚道。

“今草”亦称“小草”，始于汉末。今草是章草的发展与革新，其笔画连绵回绕，文字之间有连缀，书写更加简约方便。今草比起章草来，更加自由，更加潇洒飘逸。东汉末期的张芝是今草的大家，其书行笔自然、刚柔相济、疏密相宜。后世将张芝列为“草圣”之一。

“狂草”是在今草的基础上进一步将笔画连绵书写，从而形成了“一笔书”，其章法更为奔放乃至狂妄，援毫掣电、随手万变。狂草的代表人物是唐代的张旭和怀素，历史上有“张颠素狂”一说。

草书从美学上讲，形式自由、性格奔放、随心所欲、笔随意驰，但实用价值不高，用它来作为日常交流或记录的工具，恐怕多有不妥，原因是草书太草了，不易辨识。宋朝时曾流传一个关于“草书亦自不识”的笑话，说：某公好草书而不工，众人皆讥笑之，公却自若也；一日得句，索笔疾书，满纸龙蛇飞动；后使侄录之，至波险处，侄罔然而止，执所书问曰：此何字也？公熟视久之，亦不自识，乃诟其侄曰：何不早问，致余忘之。可见草书不是一般人能摆弄得了的，连这位好草书之人最后自己都不认识所写之字了。

行书：

“行书”是介于楷书和草书之间的一种字体，既不像楷书那么工整，也不像草书那么奔放。如果楷书像人的坐，草书像人的跑，那么行书就是人的行走了。行书之名也由此而来。

行书没有严格的书写规则，写得规矩一点、接近楷书的，称为真行或行楷；写得放纵一点、草书味道比较浓厚的，称为行草。

因为行书比楷书随便些，可以写得较快，又不像草书那样潦草的让人看不懂，所以最受人们的喜爱，也是日常生活中使用最多的一种字体。

行书大概从魏晋时代起开始流行。被称为“书圣”的东晋大书法家王羲之，曾创作了大量的行书作品，长期以来备受人们的喜爱。这其中尤以《兰亭序》为最。

东晋年间，永和九年春，王羲之与谢安、孙绰等40余文人在今浙江绍兴的兰亭聚会，会上众多文人诗词歌赋，好不快活。会后，王羲之将众人所作诗词编纂成集，并写了一篇序文，是为《兰亭序》。序中记叙了兰亭周围山水之美和聚会的欢乐之情，也抒发了作者对人生无常、世事多变的感慨。该序文用行书写就，共28行，324字，点画秀美，行气流畅，清风出袖，明月入怀，飘若浮云，矫若惊龙，遒媚劲健，绝代所无，号称天下第一行书。

传说王羲之以后也曾再书《兰亭序》，但均不甚满意，所以《兰亭序》原作一直被王羲之视为传家之宝，为王氏后代收藏。后唐太宗李世民听说《兰亭序》，甚为喜欢，即着人四处探访，百般设计，终于“骗”得入宫。唐太宗展贴观视，赞叹不已，愿朝夕与之为伴，入土也以之为枕，遂命众书法家钩摹数个乱真副本，分赐亲贵近臣。这之后民间也出现许多摹本，但无一能胜过原作。据说，《兰亭序》原作被唐太宗视为稀世珍品而最终随葬，至今无人能再瞻其貌，这就更让《兰亭序》原作增添无限神秘色彩，世人也皆崇敬、向往不已。

9. 许慎如是说

汉字的起源和发展如上节所说，我们已略知一二。大体说来，汉字经历了甲骨文—金文—大篆—小篆—隶书—楷书—草书—行书这几个发展阶段。从这几个发展阶段上来看，可以知道，汉字是一个一脉相承的文字体系，尽管它的字体在悠悠几千年的岁月里，有了几次大的改变，但它的基本元素并没有改变，如汉字的独立方块形状，汉字所独具的横、竖、点、撇、捺、折、勾这几个笔画特征，汉字的上下、左右、外包、竖列、重叠、上覆、下托等这几个典型的结构特征，以及汉字的造字方法。

这汉字的造字方法又是怎样的呢？也就是说，每一个汉字在其最初被建造起来的时候，是根据什么法则而建造的呢？

古人对这一问题早有理论，通过对古人理论的了解，我们可知，汉字的建造有它自身的规则，汉字就是按照这些规则，像盖房子一样，将一个个汉字建造起来。而这个规则就是古人讲的“六书”。

“六书”就是古人在解说汉字的造字方法和使用方法上总结归纳出来的六种原则，或是六种方法。“六书”一说，最早见于周朝的史料文献，后来学者们将其归纳为象形、指事、会意、形声、转注、假借这六个原则或六个方法。

东汉时，有个著名的文字学者叫许慎，许慎专门写了一本论说汉字、解释汉字的书叫《说文解字》。在《说文解字》中，许慎给“六书”下的定义是：象形者，画成其事，随体诘诎，日月是也；指事者，视而可识，察而见意，上下是也；会意者，比类合谊，以见指撝，武信是也；形声者，以事为名，取譬相成，江河是也；转注者，建类一首，同意相受，考老是也；假借者，本无其字，依声讬事，令长是也。

许慎的这段话将“六书”的具体含义以及举例都讲了。下面我们来详细解释许慎的这段话，以求对“六书”有个更加完整、准确的了解。

象形：

“象形”就是像实物之形，是用线条勾画客观事物的形状来表示字义的一种造字方法。但是象形字本质上已经是文字符号了，而不是图画。可以说，古埃及的象形文字、两河流域的楔形文字最初都是由“象形”而起源并再发展起来的，汉字也是如此。

象形字大致有三种表现方式：

表现物体的全体，如日、月、人、目、山、水；

表现物体的局部，如牛、羊等，都是以动物的头部来表现的；

连带着有关物体一起表现，如瓜、果、眉、身等，这“瓜”字是一个典型的象形字，其果实和藤蔓都表现出来了。

象形字像实物之形，易记好记。但人类的语言中包含有很多抽象的概念，是无形可像的，画不出来怎么办？只有采用别的方法了。所以象形字并不多，在《说文解字》中收的9 353个汉字中，象形字只有264个。

指事：

“指事”是用抽象的指示符号来表达一种概念或字义的造字方法。其表现方式大致有两种：

使用纯抽象符号组成指事字，如一、二、三、上、下等。“一”、“二”、“三”明显是用笔画的多少来表示数量，而“上”、“下”则是用笔画的位置来表示方位。

在象形字上增加一个指事符号来造字，如刃、本、末等。在“刀”的刃部加上一点，以指其“刃”；在“木”的下面加上一小横，以指其“本”；而在“木”的上方加上一小横，则指其“末”了。这“指事”确实很指事，有画龙点睛之妙。

据说，在《说文解字》一书中，指事字只有129个，不多，可见，指事字是不太容易造出来的，因为，这“指事”一定要非常传神才可。有专家说，除了古人造的这129个指事字之外，后人再也没有造出指事字来，由此可见指事造字之难。

会意：

会意是把两个或两个以上的字组合在一起以表示一个新字义的造字法。如“林”由两个“木”比肩而立，表示双木成林，“休”字则是“人”倚靠在“木”旁，大树底下好乘凉。

会意造字法比较容易表达一些复杂的或抽象的概念，所以在《说文解字》中，此类字有1 167个。

形声：

“形声”字通常是由意符和声符两部分组成。意符表示了该字的基本意思，而声符则表示了该字的读音。如“铜”，其中“金”为意符、“同”为声符，再如“灯（燈）”，“火”为意符、“登”为声符。

形声造字法是能力最强的一种造字方法，在《说文解字》中，此类字占了80%。而且，由此，造字方法终于突破了单纯以“形”和“意”为工具的造字手段，而开始转而借用“音”了。

这个转变是一个很重要的突破，甚至可以说是世界上许多古老文字在其发展阶段中不约而同的一个突破，那就是借用“声符”来造字或表达意思。考察古埃及的象形文字和两河流域的楔形文字，它们都是在发展到一定阶段，发现单靠“形”和“意”很难走下去了，故转而用“音”，于是，文字中“声符”出现。

假借：

“假借”是借一个已有的字来表示与其读音相同或相似的概念。也就是说，口语中已经有了这个词或概念，而笔下却没有这个字，于是就借用声音相同的字来表示。《说文解字》的作者许慎给假借的定义是“本无其字，依声托事”，可以说这是一种象声用字法。严格地说，假借并不是造字法，而只是字的使用方法，因为它并没有造出新字，而是借用已经有的字而已。

如，“来”字像麦穗之形，为象形

字，本义指麦子，后来被假借来指“来去”的“来”。“汝”原本是一条河流的名字，后来被假借为第二人称的代词了，这个第二人称的代词“汝”与“汝水”其实毫无关系。

假借字是华夏民族的祖先在文字的发展历程中由“依类象形”而进入“形声相益”的过程中出现的现象。假借字在上古时代普遍使用，这与当时字的数量少有关。甲骨文和金文中有很多假借字，这些假借字给后世的阅读和理解带来很大的疑惑和障碍。

转注：

“转注”究竟是指何法，历来众说纷纭。《说文解字》定义为：“转注者，建类一首，同意相受。”并举例说“考”、“老”两字即为转注而来。“考”、“老”两字，字形相似，字音相似，字义相似，当是其中一个是另一个转注而来。

但，且慢，关键是这“转注”到底是怎么一回事儿，什么是转注？许慎说：“转注者，建类一首，同意相受。”那什么是“建类一首”？什么又是“同意相受”呢？很多学者对这八个字有不同的看法，争论也是很多，但比较一致的看法就是认为所谓“建类一首”即两个字的部首相同，所谓“同意相受”即两个字的字义相同，所谓“转注”即“互训”。

怎么又多了一个术语——“互训”？“互训”是啥？学者又说了：“互训”即“转相为注，互相为训”。太绕了，还是不明白啊！

嗨，文人就是喜欢拽。想来想去，其实就是“用甲来解释乙，用乙来解释甲”的意思，也就好比：

“什么是红薯啊？”

“红薯就是地瓜。”

“那什么是地瓜啊？”

“地瓜就是红薯。”

由此看来，转注字必须是一对或一组，不能是一个，而且本意相同，你就是我，我就是你。

转注字的起因可能是由于相邻两地对于某一概念的语言或书

写相似而造成，如“老”这一概念，一地称“老”，而另一地称“考”，而又用同一个字表达这个概念，或“老”或“考”，时间长了，由于发音只是相似而并非相同，一地为区别另一地便逐渐将该字生出一些小的变化，如将“老”变成“考”，或将“考”变成“老”，于是便有了这一对发音相似、字形相似、字义相似的转注字。如此这般，仅此而已。

类似的转注字还有“颠”和“顶”、“宏”和“弘”等。

上面所讲是为许慎所著《说文解字》中关于“六书”的解释，也就是汉字的几种造字方法。但仔细考察起来，这其中的“假借”和“转注”两条其实都不是汉字的造字方法，而是汉字的使用方法，或者是一些比较特殊的使用方法。转注当中字形发生了一些小变化，并不能称其为“造字”，而只是笔画的些许改变而已。

转注与假借的不同在于，转注是“异字同义”，而假借是“同字异义”。当然转注中的一对字还有一个特点就是“同声”或“同韵”，甚至既同声也同韵。

10. 许慎没有想到的事情

许慎是东汉人，距今快有2 000年了。尽管汉字几千年来一脉相承，但在这2 000年中，尤其是近现代，汉字仍然有很大的发展变化。其造字方法，也不限于许慎所讲的那几种，新情况、新方法都已经出现。我们试试归纳几条汉字在近现代才出现的一些造字方法。

简化：

所谓“简化”其实就是汉字的笔画的简省。

汉字的简化其实自古有之。汉字从甲骨文，到金文，到大篆，到小篆，到隶书、草书、楷书、行书，在这一系列的发展过程中，可以说多多少少都有简化这个因素在从中“作怪”。也可以说，简化是汉字发展的动力之一。

由于汉字的简化因素一直存在，所以几千年下来，在民间已经形成了一些“简体字”，或称“俗体字”、“手头字”。比如，起源于汉代的草书，就已经开创了汉字笔画简化的先河；元代时，“劉”字就已经被民间写成了“刘”。但这些草体字或民间流行的简化汉字并没有得到全社会的认可，官方文件中也很少出现简化汉字。

清朝末年时，出现了一个太平天国。在太平天国政府所印发的文件、公告、书籍甚至是政府的印章上，都出现了很多民间流行的简化汉字，而且，太平天国政府自己还创造了很多简化汉字。比如当时，这太平天国的“國”字，就被写成了“国”。注意，这“口”中间的那个字，不是我们现在所写的“玉”，而是“王”。是说，所谓“国”就是一座城里面坐着一个帝王。这大概是中国历史上以官方为主导的第一次汉字简化运动。

清末民初时，在学者中间出现了比较强烈的简化汉字的呼声。陆费逵、钱玄同、胡适、胡怀深、刘复、李家瑞、卓定谋、陈光尧、徐泽敏、杜定友等都是简化汉字的积极倡导者和实践者。公元1935年8月21日，中华民国教育部正式公布《第一批简体字表》。这个简体字表由北京大学教授、著名语言文字学家黎锦熙主持制定，表中公布了324个简化汉字。这是中国历史上第一次大规模而且正式地以政府的力量来对汉字进行简化。

中华人民共和国成立后，公元1955年和公元1977年，政府曾两次公布汉字简化方案，对汉字简化进行推动。但公元1977年的汉字简化方案拟订过程非常仓促，结果粗糙，歧义甚多，公布后受到社会各方面的强烈抵触，不得已，政府于公元1986年宣布废止公元1977年的汉字简化方案。

汉字的简化方法也有很多，但以民间流行的“俗体字”、“手头字”为主，也有的参考了草书的字体而成。

汉字的简化也影响到了使用汉字的日本。在日本，简化后的汉字被称为“新字体”。但日本的简化汉字与中国的简化汉字有些是不同的。如，日本人将国家的“國”字简化成“口+玉”而非“口+王”。之后，这个“国”字又传到了中国，被现在的中国人几乎天天使用。

科技用字：

随着近现代科学技术的兴起，汉字也被逼迫得必须要造出新的字来以应对人类对世界的新认识。这其中以化学元素符号最为代表。在化学元素周期表中，大量的汉字元素名称都是后来新造出的汉字。当然，这造字的方法，大部分还是采用“形声”，而这“声”，大部分也是西方语言之“声”。

如第99号元素“锿”，就是为了纪念公元20世纪在原子和原子核科学中做出卓越贡献的著名物理学家爱因斯坦而命名的。显然这个汉字名称“锿”就是形声的产物。

其他的化学元素汉字名称还有“钚”、“钋”、“镭”、“钠”、“锰”、“钾”、“钙”、“镁”、“氩”、“氦”、“氖”，等等，都是同类产物。

最为巧妙的元素汉字名称当属“氕氘氚”这3个。“氕氘氚”是元素“氢”的同位素。氕原子核内有1个质子，无中子；氘原子核内有1个质子，1个中子；氚原子核内有1个质子，2个中子。其汉字名称的造字方法从表面上看去是“指事”加“会意”，笔画暗示了这个元素中质子和中子的数量，但读音既兼顾了原有汉字的读音，如“撇”、“刀”、“川”，又甚是贴近其原来的西方语言之“声”：protium、deuterium、tritium。

可以说，“氕氘氚”这3个字是现代科技汉字的绝妙之作。

单纯的象声字和外来语翻译：

还有一些字纯粹是拟声字，如噼噼啪啪、嘚嘚啵啵、叽叽嘎嘎、唧唧咕咕、呜呜啾啾、咿咿呀呀、咔咔嚓嚓等。

还有一些是根据外语的发音而故造的汉字，如咖啡（café）、啤（beer）、唛（mark）等。

11. 汉字也拉丁

汉字以象形、写意为主，也兼有形声，所以，中国俗语说“秀才认字认半边”，这“半边”就是那形声的“半边”，认得了这形声的“半边”，这个字就念出声来了。

但是，不是所有的汉字都能靠认“半边”而念出声来的。许慎的“六书”中，形声只是其一啊。况且，这形声的“半边”也不一定能让人十分准确地念出一个汉字，它只是告诉人们一个汉字的发音和这个“半边”的发音近似而已。

汉字不是字母文字，不是拼音文字，所以，几千年来，如何让人们准确认识一个汉字，既领会其意，又明确其音，成了一道久攻不克的难题。

古时候，中国人用“直音法”和“反切法”来为汉字注音。

如：“蛊”字用“古”字直接标音，“毕”字用“必”字直接标音，是为直音法。此法盛行于汉代。

如：“红”字用“胡”和“笼”两字来标音，取前字的声，取后字的韵和调，是为反切法。此法盛行于唐宋时代。

不言而喻，“直音法”和“反切法”都有局限性。

公元16世纪末17世纪初时，两个在中国工作的欧洲人——意大利传教士利玛窦和法国传教士金尼阁开始用音素字母来给汉字注音。这是最早的汉语拼音方案，人称“利–金方案”。

清末民初时，很多中国的知识分子在看到中国在经济、政治、军事等方面远远落后于欧洲、美国、日本等西方国家时，便将汉字视为罪魁祸首，认为是这个不会发音、不争气的汉字导致了中国的落后。于是，汉字拼音化运动一时甚嚣尘上。

在这场希望靠汉字拼音化而振兴国力的运动中，有两位身体力行者很有影响，他们的名字是卢赣章、王照。

除去这二人，其实，很多大腕都是他们的思想和理论后盾，如康有为、梁启超、谭嗣同等。这几位思想文化大腕也认为，中国要强盛，必欲先拿汉字开刀。

“五四运动”前后，更有不少知识分子提出“汉字革命”口号，主张废除方块汉字，将传统的汉字改为拼音文字，而这拼音的字母或采用拉丁字母，或采用以汉字的偏旁部首演变而成的字母。

文化大腕钱玄同提出“废孔学、废汉字”，认为汉字和孔孟之道都是阻碍中国发展的绊脚石。

文化巨腕鲁迅更是革命心切、言辞激烈，提出“汉字不灭，中国必亡”。公元1934年8月，鲁迅在《汉字和拉丁化》一文中写道：“不错，汉字是古代传下来的宝贝，但我们的祖先，比汉字还要古，所以我们更是古代传下来的宝贝。为汉字而牺牲我们，还是为我们而牺牲汉字呢？这是只要还没有丧心病狂的人，都能够马上回答的。”同年12月，鲁迅在《关于新文字》一文中进而表示：“方块字真是愚民政策的利器……汉字也是中国劳苦大众身上的一个结核，病菌都潜伏在里面，倘不首先除去它，结果只有自己死。”

现在看来，清末民初及“五四运动”前后的这些文化思想者们在对于汉字的认识上不免失之偏颇甚至过激，但他们反对传统、意欲强国的心愿是可以理解的，而且客观上，他们的理论和实践对于汉字后来的改革起到了一定的积极作用。

公元1958年，中华人民共和国政府公布汉语拼音方案，决定采用拉丁字母来拼写汉语。公元1982年，国际标准化组织承认“汉语拼音”为拼写汉语的国际标准。至此，汉字终于也有了一个既不同父、也不同母的拉丁兄弟，汉语也终于可以在世界舞台上同时以汉字和拼音两种方式来书写了。

12. 鱼牛之辨

好了，我们已经将汉字从甲骨文时代讲到了现代、当代，从方块字讲到了汉语拼音，从“日月水火”讲到了“气氘氚”。由于我们已经对汉字的起源和发展有了一个初步的了解，那就让我们再回到本文开始所讲的仓颉造字的故事当中，考证一下，当初仓颉在造字的过程中真的有那些失误吗？

下面我们就来仔细看一看“牛”和“鱼”这两个字是如何发展而来的。通过对这两个字的辨析，我们会对汉字的发展有一个更深的认识的。

我们先看“牛”字。

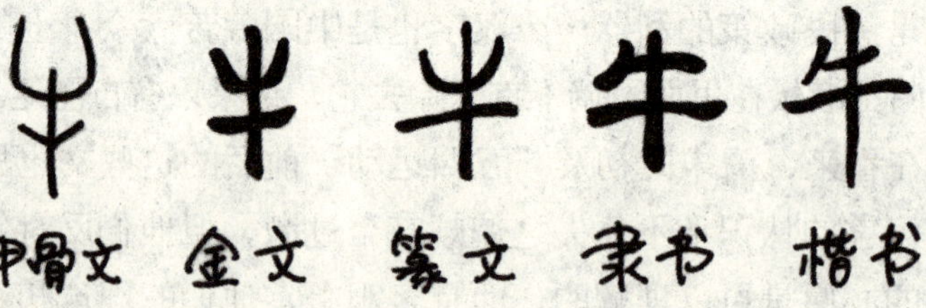

“牛”是个象形字，在甲骨文中已经出现。从甲骨文的“牛”中，可以看出，这个字所描绘的是一个很形象的牛头，而非牛的整体，所以，在这个字中看不到牛的四条腿，而是强调了牛的角和牛的耳朵。金文则和甲骨文相差不大，也是突出了牛的头部，只是中间表示牛鼻子的那一竖更加突出了。

在商代时，牛已经被用于运输和农耕，可见，牛从那时起已经从普通的动物变成力畜了。马、牛、羊、鸡、犬、豖（猪）都是较早被人驯养的动物，古时合称“六畜”。然而，牛在这六畜当中则更为重要，它不仅可以用于农耕，而且还是重大祭祀活动中的主祭品。每逢祭祀之时，少则几头，多则上百头甚至上千头的牛被杀掉。商代时，以牛、羊、豕这三牲来祭祀神灵和祖先，三牲俱全则称“太牢”，而只有羊、豕，而无牛的祭祀则称“少牢”，所以，牛在古代时也被称为“大牲”，可见牛的重要性。

商人也常用牛的骨头，尤其是肩胛骨和肋骨来占卜。所以，在殷墟出土的带有文字的兽骨中，大部分为牛骨。

我们今天的汉字中，有很多是以“牛”为偏旁部首的，这些字和“牛”本身也有很大关系。

如“牡”，该字原意为公牛，而“牝”，原意则为母牛。成语“牝鸡司晨”，是说母鸡报晓，违反了自然规律，有时也用来讽刺妇人掌权，显然含有不敬之意。

再如，“牺”字，原意为毛色纯正的牛，而在古代，天子祭祀时常常要用这种毛色纯正的牛。“牲”则是在祭祀时用的全牛。后来，“牺”“牲”连用，泛指一切可以用来祭祀祖先和神灵的牲畜。而今日，“牺牲”的意思则更多地是指为正义的目的而舍弃生命，如“为国牺牲”；或放弃、损害某些人的利益，如“牺牲时间”。

再来看“鱼”字。

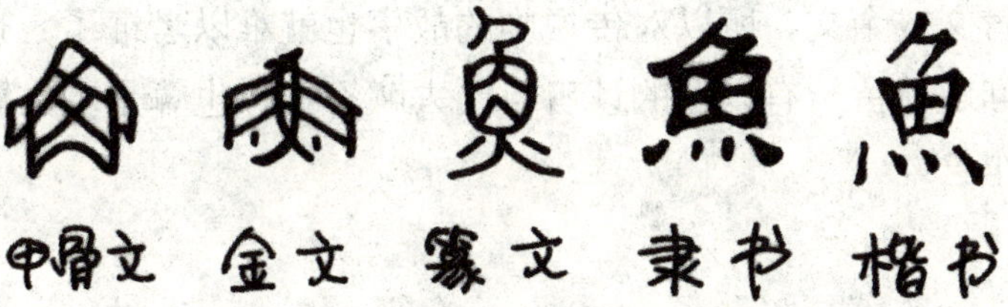

陕西西安半坡村出土的大约7 000年前的彩陶中已经开始有了鱼的符号，可以推断，那时，鱼已经是人类的食物了。而甲骨文中，“鱼”字显然是象形字。甲骨文中的鱼，显得很肥大，鱼翅、鱼鳍俱全，满身的鱼鳞就像渔网一样。

到了金文中的“鱼”，鱼身就变得细而长了，鱼头也小，但是鱼鳍却异常夸张，似乎已经从单纯的写实到一些美学的追求。尤其值得一提的是，鱼尾巴由原先的宽大变成了细小，而且还多了两点水，也似乎是要表示这是生活在水里的一种动物。

篆文中的“鱼”身子变得宽而短，鱼鳞由曲线表示，重要的是鱼头很大、鱼尾明显。

到今天，我们看到的“鱼”字，虽然“鱼”形已不明显，但那大大的鱼头和四点的鱼尾仍然依旧。它似乎在告诉我们，这的的确确就是“鱼”，而不像传说中的那样，是由“鱼”“牛”相混的失误而来的“鱼”。

古时，鱼和牛一样，也是重大祭祀中不可缺少的祭品，同时也是人类饭桌上的食物。《诗经•南有嘉鱼》中唱道：“南有嘉鱼，烝然罩罩。君子有酒，嘉宾式燕以乐。”其意思就是说，南方有好鱼，一群一群地游在水中；主人有好酒，宴会宾客乐融融。

好了，辨析了“牛”和“鱼”之后，我们对这两个字的来历也就释然了。它们不是冒名顶替者，不是赝品，是实实在在的“牛”和“鱼”。看来，在“牛”和“鱼”的问题上，我们冤枉了仓颉。

那么，在传说中的“出”和“重”是否也能找到字的本源呢？那个“射”和“矮”是否真的搞混了吗？哎呀，这可真是个难题啊。至今为止，还没有发现，至少是笔者自己还没有发现这几个字的甲骨文或金文，所以对传说中的故事也就难以考证了。也好，这几个问题就留给有兴趣的读者自己去解答吧，也算是本文留的一个课后作业。

东海有扶桑

1. 汉字东去

比较确切的证据显示，日本岛上的最初住民大约是在5万年以前从欧亚大陆上迁徙过去的。那时，日本列岛和朝鲜半岛、库页岛还是连在一起的，人们“逐猎而至”这在大海包围下的土地。后来，气候转暖，海平面上升，致使日本与大陆分离，变成了真正的岛屿。

这期间，陆陆续续地，日本岛上又来了很多人，马来人、波利尼西亚人、虾夷人等，这些人融合在一起，形成了日本的民族，也形成了他们自己的语言。但很长时间里，日本人是没有文字的。从我们现今的考古中，只发现了带有草绳纹饰图案的陶器，于是我们把从公元前10000年左右至公元前300年的这段历史时期称为“绳纹时代”。

公元前200年左右，开始有从中国大陆渡海而来的人，陆陆续续、往来渐多，中国的文字开始传向日本。这其中最著名的当属中国秦朝时的徐福。

关于徐福的故事，最早见于中国的《史记•秦始皇本纪》。徐福，字君房，通晓天文、地理、海洋等知识，掌握医药、炼丹等技术。公元前219年，秦始皇统一中国后，徐福上书请求入东海求仙，秦始皇于是命他带领3 000名童男童女往求仙药。徐福入海求仙并不顺利，前两次均失败而归。公元前210年，徐福第三次率领船队出发。这一次除了3 000名童男童女之外，还带有水手、随从、兵士、技艺百工等，船队多达五六千人。当然，粮食及五谷种子也是必不可少的。

徐福的船队踏上日本列岛时，正是日本社会蒙昧不堪欲求光明的时代。日本人见了渡海而来且满仓粮食、满腹经纶的大秦国船队，便毫不犹豫地留下了他们。徐福一队人马从此便融入这个岛国的民族之中。一位叫壹岐一郎的日本学者在《日本列岛千年史略》中曾记述道："徐福集团分成了若干支团，定居在日本中西部地区，最东的定居在富士山麓。"日本列岛留下的不仅是一个人、一支队伍，更有来自秦国的造船、航海、冶炼、农耕、纺织、医药等技术和中国的习俗文化，它们为日本列岛的发展带来了强大的推动力量。

在徐福船队的帮助下，发展迟缓的日本社会从落后的采集经济迅速地迈入了先进的农耕经济。水稻种植普及整个日本，人们逐渐从丘陵、海滨等居住地迁移到湿润的低洼地带，随后，又开辟了旱田，开始种植苎麻，养蚕抽丝，掌握纺织技能，经济生活逐渐丰富。

当然更为重要的是，徐福带去了中国的文字。从那时起，日本民族开始使用中国的汉字。

公元7世纪初，日本社会各阶级之间的矛盾冲突再度激化。而此时的中国，在公元618年隋朝灭亡之后，唐朝兴起，再度成为东亚地区最为强盛的国家。朝鲜半岛的新罗，因为充分采纳了中国唐朝中央集权的国家体制，国力也日渐壮大。新的国内形势及国际形势对日本产生了新的影响。

这期间，日本在公元7世纪初派往中国的留学生、留学僧们陆续回到日本。经过在中国二三十年的生活和学习，他们不仅学到了丰富的文化知识，还十分了解中国隋、唐两代的国家统治制度。回到日本的“海归”们广泛传授和推广中国的先进思想和文化，认为日本应该仿效中国唐朝的统治方式进行政治改革。“海归”们的右派言论在一些执政贵族中产生了很大影响，于是，这些具有新思想和新主张的“海归”们与一些希望改革的贵族相互结合而形成了一股新的政治势力。

公元645年，贵族集团发动政变，孝德天皇即位。孝德天皇组成了“亲汉派”的政权，并仿效中国的做法，首次使用年号。这个年号就是“大化”，即“伟大的变化”之意。公元646年初，“亲汉派”政权颁布《改新之诏》，遂开始了一系列的革新措施。历史上称这次变革为“大化改新”。

“大化改新”实际上是日本历史上一次彻底向中国学习的社会变革运动。从“大化改新”之后，日本在政治、经济以及文化各领域都更多地吸收了中国隋唐的经验，汉文化又进一步地影响了日本社会的各个层面。

在这汉文化中，尤其是那个从中国传过来的汉字，随着“大化改新”的推进，则更进一步地渗透到日本社会当中，成为一个不可替代的生产和生活的工具，也是日本进行变革、奋发进取的一个强有力的工具。有钱人、有权人、贵族们、学子们纷纷学习汉字，掌握汉字，以能考过汉字“托福”为荣。

2. 假名

日本民族在开始使用中国汉字的时候其实主要就是将中国的汉字作为发音的符号来记录日本语言。这个现象多多少少有些像两河流域的各民族都用楔形文字来记录各自的语言一样。但由于汉字的大量输入，也由于汉语的影响，又由于日语本身的发展程度所限，所以，日本的语言在很大程度上也受到汉语和汉字的影响，不光是书写的符号完全是汉字，汉字本身所描述的客观对象，也一并与汉字一起被日语吸收采用了。

这就好比我们现在的中国人，用英文字母拼写汉字，用的是英文字母的发音，如zhongguo、riben，指的是“中国”、“日本”，但有时，我们也会在汉语或汉字的表达中采用这个字母或字母组合在原语言中所描述的客观对象，如GDP、NBA，指的是“国内生产总值”、“美国职业篮球联赛”。

日语在使用汉字时也会有上述类似的现象。但毕竟日语和汉语是不一样的，语法结构不一样，对客观事物的描述不一样。所以，用汉字来准确、全面地表述日语是有障碍的。于是，在日语中就形成了“文言二途”之制，即口语使用本民族语言，而书写时则只能使用汉字，文字与语言并不能完全吻合。也就是说，文字并不是语言的真实记录。

这一点，又类似于中国在近代白话文运动之前的现象，人们日常说话为白话，而下笔成文则以文言文为主。此时的文字并不是语言的真实记录，而更多地夹带了人工造作的痕迹。

于是，汉字在日语中就有了两个作用：一是表音，即纯粹是用汉字来表达日语的发音，汉字在这里完全就是发音的符号，作用类似于当今中国社会中英语字母和汉语拼音；二是表意，即将汉字完全借鉴过来，既采用汉字原来的本意，也模仿汉字原先的发音，类似于当今一些中国人在写文章的时候喜欢夹带英文单词，说话时也喜欢时不时地蹦出一些带有中国腔的英语单词。

如此的文字、语言现象在日本维持了较长一段时间，便终于又现弊端。因为，毕竟中、日两语文法结构迥异，全以汉字行书、以汉字表音，确有难以表达之处。比如，日语中常用的一个词“よろしく”(yo lo shi ku)，这是日本人见面时常用的一个问候语，意思就是你好、问安之类，但要用汉字写下来时就要找发音近似的汉字，如“夜露死苦”。这下好了，汉字的意思竟然与原话风马牛不相及，驴唇不对马嘴。“夜露死苦”这几个汉字的本意已经完全不是

“よろしく”所要表达的意思，汉字的发音也与日语不甚相同，很是别扭。于是，在这种情况下，“假名”开始出现。

什么是“假名”？“假名”其实就是字母。

大约在公元9世纪时，日本“大化改新”200年后，日本的宫廷里盛行和歌，宫女们每日的大量工作就是抄写这些和歌的歌词。这些宫女大都受过教育，对汉字的书写比较熟悉，但毕竟汉字的笔画繁多，每日的大量抄写使得宫女们手酸臂疼，于是宫女们开始偷懒。开始时，是用汉字的草书形式来代替正楷汉字，这样可以抄写的快一些，久而久之，这些草书体的字又被宫女们再加以简化，书写的速度进一步提高，而这些被简化了的汉字就演变成了假名。所谓“假名”，就是相对“真名”而言，而“真名”就是指汉字了。

假名的发音也开始变化，逐渐脱离了原先汉字的发音，而更接近日语本身了。

被宫女们简化了的汉字可以从今天的日语假名五十音图中找到蛛丝马迹。如：

あ（a）由汉字的“安”转化而来；
い（i）由汉字的“衣”或“以”转化而来；
う（wu）由汉字的“屋”或“宇”而来；
か（ka）由汉字的“加”而来；
せ（se）由汉字的“世”而来；
た（ta）由汉字的“太”而来；
て（te）由汉字的“天”而来；
ふ（fu）由汉字的“不”而来；
ぬ（nu）由汉字的“奴”而来；
の（no）由汉字的“乃”而来；
み（mi）由汉字的“美”而来；
も（mo）由汉字的“毛”而来；
ゆ（you）由汉字的“由”而来；
よ（yo）由汉字的“与”而来；

り（li）由汉字的“利”而来；

れ（le）由汉字的“礼”而来；

等等，还有很多。其实，几乎所有的假名都可以找到其汉字的原型。

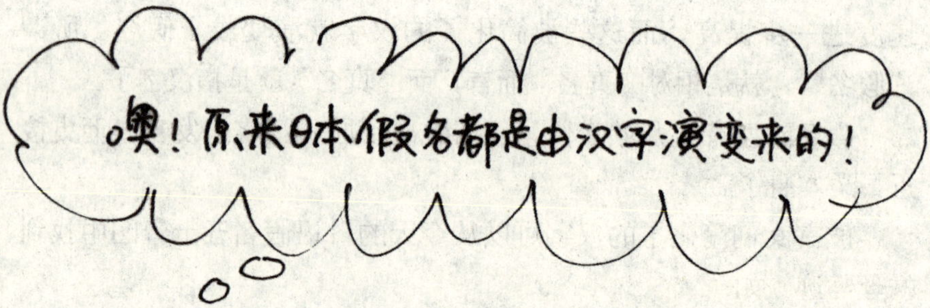

あ安	い以	う宇	え衣	お於
か加	き幾	く久	け计	こ己
さ左	し之	す寸	せ世	そ曾
た太	ち知	つ川	て天	と止
な奈	に仁	ぬ奴	ね祢	の乃
は波	ひ比	ふ不	へ部	ほ保
ま末	み美	む武	め女	も毛
や也		ゆ由		よ与
ら良	り利	る留	れ礼	ろ吕
わ和	ゐ为		ゑ恵	を还
ん无				

这些假名由于书写速度快，很快便在宫廷中被宫女们普遍使用，随后便流入社会，传播开来。也就是从那时起，日本有了两种书写文字，一是汉字，另一个就是这个假名了。在这个时期，日本的很多书籍都是用假名写成，完全摆脱了汉字，如《竹取物语》、《古今和歌集》、《伊势物语》、《土佐日记》、《蜻蛉日记》、《枕草子》、《源氏物语》等。

其中的《土佐日记》是一位名叫纪贯之的和歌名人假冒女人身分所写的游记。因为这时期，除了和歌外，男人在书写公文或文章时，一律都使用汉字，而不用假名，因为在男人看来，假名是女人特有的物品。纪贯之想把他的游记写得自由一点、随意一点，像是抒发个人内心情感的散文，便以女人的眼光女人的腔调、用宫女发明的假名写成了这篇游记。没成想，这篇散文游记成了时尚流行书，众人纷纷仿效它的写作手法，尤其是宫廷里的女人们更是以《土佐日记》为蓝本，纷纷执笔写作，不写小说就写散文，最差的也要写写“微博”。于是，王朝女流文学的先河被开创，这宫女们发明的假名也被称为“女文字”。

在假名“女文字”诞生约100年后，另一种假名，“男文字”又诞生了。

那个时期的日本，宫廷官员的选拔也仿效中国隋唐的科举制度来进行，宫廷子弟或平民子弟要走上仕途之路，必须要通过“公务员”文化考试，考试的科目就是说和写，而这“说”与“写”都是汉字。尽管这些年轻的“公务员”候选人们都受过教育，考过汉字“托福”，但一旦真刀真枪地用汉字还是不行，尤其是对于汉字的发音颇感困难，那些笔画繁多的汉字都该怎么念啊，实在头疼。所以，年轻的后生们便发明了一些笔画简单、容易记的小符号，记在汉字旁边，以帮助自己说和写。其道理就和当今的中国人用汉语拼音来标注汉字一样，只是，那时的日本人没见过拉丁字母，所以，就只能将某些汉字的偏旁部首转化成那些辅助发音的小符号。如“ア”（读音：a），即由汉字“阿”的偏旁部首而来，“イ”（读音：i），即由汉字“伊”的偏旁部首而来。如同女文字一样，久而久之，这些被年轻的仕途弟子们使用的辅助发音记号一传十、十传百地流传开，便形成了另外一种假名。这种假名被称为“男文字”，因为那时的“公务员”都是男人。又过了大约100年，“男文字”假名从文人学子的雕虫小技终入大雅之堂，据信，《今昔物语集》这本书是第一次使用“男文字”出版的官方书籍。

“女文字”和“男文字”在字体造型上确实不同，而且各具特色。“女文字”圆滑柔美，飘逸如风，“男文字”刚健锋利，刀砍斧剁。两组假名放在一起加以对比，竟真是相映成趣、相得益彰。请看几组现代的“女文字”和“男文字”假名，其间差异一目了然。

あ——ア

い——イ

う——ウ

え——エ

お——オ

“女文字”和“男文字”后来也分别被称为“平假名”和“片假名”。至此，日语文字完成了它的以汉字为原形向字母化过渡的过程。这其中创造出来的“女文字”和“男文字”就和英语字母中的大小写一样，一组两个假名或两个字母，发音相同，书写不同，形状各异，阴阳相济，这真是如同上帝创造人类一般，一定要造出一对男女，这世界方和谐有序、平衡发展。现在的日本文字中，汉字、平假名、片假名都可以使用，汉字以表意为主，而平假名、片假名以表音为主。

仔细分析起来，日本文字演化的这一结果，竟然多多少少地和古埃及的象形文字、两河流域的楔形文字、腓尼基字母及至拉丁字母最后的发展结果有相似之处。那就是，文字在最初形成之时更多地是具有象形图画、表意的功能，而后文字逐渐地开始兼有表意、表音的功能，再到后来，随着文字的进一步发展，其表音的功能会越来越强大，越来越占主导地位，而表意的功能逐步缩小及至消亡。这恐怕也是世界上大多数文字所要走向的最终目标吧。

3. 外来语

公元19世纪后半叶，日本又经历了一次重大的社会变革，这就是著名的“明治维新”运动。

从公元12世纪到公元19世纪，这700余年的时间里，日本是在幕府政权的统治之下，对内苛政，对外锁国。幕府的统治，加强了国家机构的建设，但也使得日本在经济、文化、技术等方面逐渐地落后于周边国家，尤其是落后于西方世界。公元1868年，明治天皇在“维新三杰”西乡隆盛、大久保利通、木户孝允三人的帮助下，推翻了幕府政治，夺回了天皇的统治权，并开始了一系列的强国政策。尤其是在文化方面，日本开始学习西方文化，翻译西方著作，选派留学生到英、美、法、德等先进国家留学，鼓励老百姓穿西装、吃西餐、理短发。

这是继公元7世纪“大化改新”之后，日本社会经历的又一次全方位的改革开放运动。所不同的就是，“大化改新”是“全盘汉化”，而这个“明治维新”却是一个地地道道的“全盘西化”。就在这个全盘西化的浪潮中，西方的文化对日本的语言和文字自然也产生了影响。这其中最主要的一个标志就是日本语中的“外来语”在这时迎来了一个高峰。而所谓外来语就是音译过来的西方语汇。在日本文字中，外来语通常用片假名来书写。

如一些具象名词，ラジオ（收音机）、テレビ（电视机）、コンピュータ（计算机）、コーヒー（咖啡）等纷纷出现在日语当中，显然这些东东都是从西方而来，是西方的科技产物和小资产品。

还有些东西，日本以前是有的，语言中也有相应的名词来表

示，但由于受西化的影响，无论是从语言上还是从文字上又采用了外来语。如“自行车”，在日语中原本有“自転車”（假名：じてんしゃ）一词，后来由于学会了英文的bike，西方的东西就是好，便又将其音译为外来语バイク（发音：ba i ku）。所以，当你到日本旅游想租一辆自行车时，无论你说じてんしゃ还是バイク，日本人都理解，立马给你推来一辆。

还有些从西方科技、文化中来的抽象名词，因为日语中原本就没有对应的词语，又加上日本人的心理习惯和日语本身的限制，使得日语也不便再造一词，于是便干脆使用外来语了。如英文中accessibility一词，在汉语中是“可达性”的意思，而在日语中找不到对应的词，所以干脆就是アクセシビリティ，其发音便是a ku se shi bei li tei了。这多少有点像汉语中“坦克”、“雷达”、“咖啡”、“香波”、“可口可乐”等的情况。在汉语中，将西方的具象名词直接地音译过来加以使用尚可为中国人接受，但抽象名词则很少使用“音译”的方法来翻译，而是尽可能地用“意译”的方法来解决。像“逻辑”这样的词，音译自英文logic，在汉语中真是少之又少。日语中将logic译成ロジック，发音是luo jitsu ku。

其实，考察整个日本的语言和日本的文字，可知，其中汉字的数量占了很大比例，而这汉字对于日语和日文来说又何尝不是外来语呢?

4. 和制汉字

通过对日语、日文的考察，我们可以知道，日本人对于汉字，除了直接借用（用其意）或转化成假名（用其音）外，日本人其实对汉字的认识还是很深刻的。其深刻就表现在，日本人对汉字是活学活用，并不时地对汉字加以发展、创造。

目前，日本人常用的汉字有大约2 000个，这当中绝大部分是真正的汉字，也就是说真是从中国借来的汉字。但还有一部分却不是从中国借来的，而是地地道道的日本造汉字。

比如，“呎”、“腺”、“癌”、“鳕”这几个字就不是真正的汉字，中国的古籍里是找不到这些字的，他们是日本人根据“会意”或“形声”的原则创造出来的“汉字”。日本人管他们叫“和制汉字”，也称“国字”。

上面这几个“和制汉字”现在已经经常出现于中国大众的语言或文字里面，他们不仅被日本人使用，而且也被当今的中国人喜闻乐见。还有一些“和制汉字”，虽然中国人不常用，但读到了、看见了也能猜出其大概意思，因为造字原则没有变。比如，“峠”（とうげ，“山口”之意）、“畑”（はたけ，“旱田”之意）、“辻”（つじ，“十字路口”之意）这几个“和制汉字”，中国人凭着字形也能将其意思猜个八九不离十。

5. 近代词汇

日本人不光会造“字”，还会造“词”。尤其是在用汉字来创造近代日语词汇这方面，日本人可谓是登峰造极。

日本人用汉字创造了很多很多的近代日语词汇，比如：政治词汇“社会”、“机关”、“干部”，生活词汇“写真”、“达人”，建筑词汇“玄关”、“吹拔”，等等。这些词汇，数量巨大，使用广泛，甚至对中国的语言和文字都产生了极大的影响，以至于今日的中国人，只要一张嘴，便会冒出个把日语词汇来。

对于这种现象，我们是否可以认为，这是饱受汉文化哺育的日语、日文对汉语、汉字的一种回报吧。

日语、日文中的近代词汇对中国汉语产生很大影响可能有这么几个原因。

首先，日本明治维新之后，西学东渐，政治上、经济上、科学技术上的新感念、新认识大量涌现在日本社会，日本的社会精英们为了国家的昌盛，在明治维新精神的鼓动下，将这些新感念、新认识翻译成日语、日文，而翻译的手段之一就是用汉字来造词。

其次，中国在清朝末年，尤其是在鸦片战争、甲午战争之后，也已经认识到国家之衰退、民族之萎靡，而欲仿效西方强国以强振自已，显然，明治维新之后已经开始走向强国的日本是仿效的模范。而且，就在那段时间，中国的大批仁人志士、文人学者争先恐后地赴日本留学，这些留日学子的所编报刊、著书文章，为力求浅近，都喜欢用日语、日文的近代词汇，所以，这些学子就成了日语、日文近代词汇回流中国的一个大好媒介。

再次，清朝末年科举改革，尤其是在戊戌变法之后，科举废八股而改策论，于是，近代词汇也就成了考生们投主考官所好、博取功名的必不可少的手段了。

由于以上这些主观的、客观的原因，日语、日文近代词汇开始大量涌向中国。几十年下来，中国文章，承受东夷之风甚嚣尘上。

对于这样一种社会现象，近代中国也曾响起踌躇、反对之声。如当时有一位学者曾写《戒袭用外国无谓名词，以存国文瑞士风》一文，就专门针对日语、日文词汇泛滥之现象。其中写道："日本各种名词，其古雅确当者固多，然其与中国文辞不相宜者亦复不少。近日少年习气，每喜于文字间袭用外国名词谚语，如团体、国魂、膨胀、舞台、代表等字，固欠雅驯。即牺牲、社会、影响、机关、组织、冲突、运动等字，虽皆中国所习见，而取义与中国旧解迥然不同，迂曲难晓。又如报告、困难、配当、观念等字，意虽可解，然并非必需此字。而舍熟求生，徒令阅者解说参差，于办事亦多窒碍。此等字样，不胜枚举，可以类推。"

显然，文中所提"字样"即近代词汇，而且可见作者对此是持反对态度的。

从以上这段文字还可以知晓，原来，在我们现在常用的词汇中，竟然有如此之多是从日本引进的。

不可否认，近现代的中国知识分子借用日本的近代词汇，能够比较方便快捷地吸收、研究西方先进的自然科学和人文科学，从而大大推动了中国清末民初时的思想启蒙运动，大大推动了中国的现代化运动。

就在清末民初的时候，中国的一些知识分子也翻译了大量的西方自然科学和人文科学的词汇。如严复曾将evolution一词翻译成“天演”，但仔细思量却终不及日译的“进化”一词；再如严复译sympathy为“善相感”，意思可谓精准确凿，但也还是不及日译的“同情”一词。尽管像严复这样的中国知识分子在当时翻译出或者说创造出了大量的如上所述这样的词汇，但大部分不及日语的翻译或创造朗朗上口、形神兼备，在社会这个大角斗场上拼杀了几个回合后，终是不敌，最后只得完败而去。

还有一件事情需要注意。在日本人发明的这些近代词汇中，有些词汇是可以从中国的古籍中找得到原形的，但日语、日文中的这些词汇已经不是原来中国古文中词汇的意义了，而是经过了一番改造，有了新意，并对应西方的词汇。如：

“民主”：《省书·多方》中有“天惟时求民主，乃大降显体命于成汤”句，句中“民主”的原意是“大众的主宰者”，指帝王或官吏。但日语、日文中将此词用来意译英文词汇democracy，意为“大众参与国家管理”。日语、日文中的“民主”与中国古籍中的“民主”已经不是一个意思了，甚至截然相反。

“经济”：李白诗《赠别舍人弟台卿之江南》中有“令弟经济士，谪居我何伤”句，杜甫诗《水上遣怀》中有“古来经济才，何事独罕有”句。这些诗句中的“经济”一词原意为经世济民、治理国家，而日语、日文中的“经济”一词译自英文economy，意为社会生产活动。

“革命”：《易·革》中有“天地革而四时成。汤武革命，顺乎天而应于人，革之时大矣哉”句，此处的“革命”是变革天命的意思。而日语、日文中用来翻译英文词汇revolution，意为根本变革社会政治制度。意思相近，但确有日本人的功劳在里面。

“生产”：《史记•高祖本纪》中有“常有大度，不事家人生产作业”句，此处的“生产”指家庭内部的谋生活动。而日语、日文中的“生产”是意译英文production一词，指整个社会创造财富的过程。

如此看来，日本人在创造近代词汇时，也是多多少少地参考了中国古籍，但有取舍，有提升，有创新。

6. 开口必说日本话

据统计，在中国现今的人文学科和社会生活用词当中，有70%多的近代词汇都是源于日本。甚至有学者称，当代中国人几乎只要一张口，便会有日语词汇从嘴中冒将出来，甚至到了不冒日语词汇便不会说中国话的地步。

真有如此严重程度吗？好吧，若不相信，就来看看语言专家们给我们开的这个清单，看一看，在现今中国人日常的文章、会话中，有多少日语词汇吧。

B：白夜、百日咳、版画、半径、半旗、饱和、保险、保障、备品、背景、必要、编制、变压器、辩护士、标本、标高、表决、表象、病虫害、舶来品、博士、博物、不动产、不景气……

C：财阀、采光、参观、参看、参照、策动、插话、茶道、长波、常备兵、常识、场合、场所、衬衣、成分、成员、承认、乘客、乘务员、宠儿、抽象、出版、出版物、出超、出发点、出口、出庭、初夜权、处女地、处女作、储藏、储蓄、触媒、传染病、创作、催眠、催眠术、错觉……

D：大本营、大局、大气、代表、代言人、代议士、贷方、单纯、单利、单位、单行本、蛋白质、导火线、德育、登记、登载、等外、低调、低能、低能儿、低压、敌视、抵抗、地上水、地下水、地质、动态、动议、动员、独裁、独占、读本、短波……

F：发明、法律、法人、法庭、法则、番号、反动、反对、反感、反射、反响、反应、泛神论、泛心论、范畴、方案、方程式、方程、方针、放射、分解、分配、分析、分子、风琴、封建、封锁、否定、否决、否认、服务、服用、辐射、复式、复员、复制、副食、副官、副手……

G：改编、改订、概括、概略、概念、概算、感性、干部、干事、干线、纲领、高潮、高利贷、高炉、高射炮、高周波、歌剧、革命、工业、攻守同盟、公报、公立、公民、公判、公仆、公认公诉、公营、公债、共产主义、共和、共鸣、古柯、固定、固体、故障、关系、观测、观点、观度、观念、关照、光年、光线、广场、广告、广义、归纳、规范、规则、国际、国教、国库、国立、国税、国体、过渡……

H：海拔、寒带、寒流、航空母舰、和服、黑死病、弧光、化石、化学、化妆、画廊、环境、幻灯、幻想曲、回收、会谈、会社、会谈、混凝土、活跃、火成岩……

J：机关、机关枪、机械、积极、基地、基调、基督、基督教、基质、基准、集团、集中、计划、记号、记录、技师、加农炮、假定、假分数、假名、假想敌、尖兵、尖端、坚持、检波器、检察官、简单、见习、间接、间歇泉、间歇热、建筑、鉴定、讲师、讲坛、讲习、讲演、讲座、交感神经、交换、交通、交响乐、脚本、脚光、教科书、教授、教养、教育学、酵素、阶级、接吻、节约、结核、解放、解剖、介入、借方、金额、金刚石、金婚式、金牌、金融、金丝雀、紧张、进度、进化、进化论、进展、经费、经济、经济恐慌、经济学、经验、精神、景气、警察、警官、净化、静脉、竞技、就任、拘留、巨匠、巨头、巨星、具体、俱乐部、剧场、决算、绝对、觉书、军部、军国主义、军籍、军需品……

K：看护、看守、科目、科学、可决、客观、客体、课程、肯定、空间、坑木、会计、扩散……

L：浪人、劳动、劳动者、劳动组合、劳作、累减、类型、冷藏、冷藏车、冷战、理论、理念、理事、理想、理性、理智、力学、立场、立宪、例会、量子、了解、列车、淋巴、临床、领海、领空、领土、流感、流体、流行病、流行性感冒、伦理学、论理学、论坛、论战、落选……

M：码、麦酒、脉动、漫笔、漫画、漫谈、盲从、媒质、美感、美化、美术、免许、民法、民主、敏感、明确、明细表、命题、母体、母校、目标、目的……

N：内服、内阁、内幕、内勤、内容、内在、能动、能力、能率、农作物、暖流……

O：偶然……

P：派遣、判决、陪审、陪审员、配电盘、配给、批评、片假名、平假名、平面、评价、坪……

Q：旗手、骑士、企业、气氛、气密、气体、气质、气船、气笛、牵引、铅笔、前提、前卫、前线、强制、侵犯、侵略、勤务、清教徒、清算、情报、驱逐舰、取缔、取消、权威、权限、权益、权利……

R：人格、人力车、人权、人文主义、人选、日程、溶体、肉弹、柔术、入场券、入超、入口……

S：商法、商业、上水道、少将、少尉、社会、社会学、社会主义、社交、社团、身分、神经、神经过敏、神经衰弱、审美、审判、审问、升华、生产、生产关系、生产力、生理学、生命线、生态学、剩余价值、失效、时计、时间、时事、时效、实感、实绩、实权、实业、使徒、世纪、世界观、市场、市长、事变、事态、事务员、手工业、手榴弹、手续、受难、输出、输入、苏铁、水成岩、水密、水素、水准、私法、私立、思潮、思想、死角、所得税、所有权、索引……

T：他律、榻榻米、台、台车、太阳灯、探海灯、探险、探照灯、特长、特务、誊写版、体操、体育、天鹅绒、天主、条件、铁血、通货膨胀、通货收缩、同情、统计、投机、投影、投资、图案、图书馆、退化、退役……

W：瓦斯、外勤、外在、唯心论、唯物论、卫生、味之素、胃溃疡、尉官、温床、温度、温室、文化、文库、文明、文学、无产阶级、无产者、舞台、物理、物理学、物语、物质、悟性……

X：喜剧、系列、系数、系统、细胞、下水道、纤维、现金、现实、现象、现役、宪兵、宪法、相对、想象、象征、消防、消费、消化、消火栓、消极、小夜曲、小型、校训、效果、协定、协会、心理学、新闻记者、信号、信托、信用、猩红热、刑法、形而上学、性能、序幕、宣传、宣战、选举、旋盘、学府、学会、学历、学士、学位、血色素、血栓、血吸虫、训话、训令、讯问……

Y：压延、雅乐、演出、演说、演习、演绎、演奏、燕尾服、羊羹、阳极、业务、液体、医学、遗传、义务、议决、议会、议员、议院、艺术、异物、意匠、意识、意义、意译、阴极、音程、银行、银幕、引渡、印鉴、印象、营养、影象、优生学、游离、游弋、右翼、语源学、预备役、预后、预算、元帅、元素、园艺、原动力、原理、愿意、原则、原子、原罪、原作、远足、运动、运动场、运转手……

Z：杂志、展览会、战线、哲学、真空管、阵容、政策、政党、支部、支配、支线、知识、直观、直接、直径、直觉、直流、止扬、纸型、指标、指导、指数、制版、制裁、制限、制御器、制约、质量、中将、终点、仲裁、仲裁人、重点、重工业、株式会社、烛光、主笔、主动、主观、主人公、主食、主体、主义、注射、专卖、转炉、资本、资本家、资料、紫外线、自律、自然淘汰、自由、自治领、宗教、综合、总动员、总理、总领事、组成、组阁、组合、组织、最惠国、左翼、作品、作物、作者、座谈……。

而且，这还不是一个完全的清单，有很多新词汇还没有被列入，如伪娘、达人、点滴、写真、吹拔、玄关、麻醉、解读、新锐、职场、视点、亲子、量贩式、新人类等。况且，此类新词汇还在源源不断地从东海漂然而来。

看了这一个清单后，不禁惶恐，有些汗颜。我们不得不承认，今日中国人，要想开口说话而不带日语词汇该是多么难的一件事情。

半岛风云

1. 引子

在亚洲东部，在黄海与日本海的包围之中，有一块土地异军突起，从大陆架上径直向南伸展出去，这一伸展就是1 000余公里，从而在地理上形成了一个大大的半岛。这个半岛就是朝鲜半岛。

根据考古，我们知道，朝鲜半岛上在几十万年前就有人类居住了。学者们推测，朝鲜半岛上最原始的住民可能是来自亚洲大陆北部的某些原始部落，后来这些部落逐渐从半岛北部南迁，直至占领整个半岛。而这些部落在迁徙的过程中，也在不断地衍变，部落之间互相融合，以及新部落的不断加入，逐渐地，就形成了一个新的民族——朝鲜民族。

从自然经济的角度来说，朝鲜半岛在公元前10世纪时开始进入青铜器时代，在公元前4世纪时则开始进入铁器时代。

而从民族和社会的角度来说，朝鲜半岛在大约公元前24世纪时，便进入了统一的状态，有了城邦与国家。传说，这个国家建立于宁静的晨曦之中，后人称之“檀君朝鲜”。

后来，朝鲜半岛又经历了箕子朝鲜、卫氏朝鲜、汉四郡、三韩、三国、新罗、王氏高丽、李氏朝鲜等时代，这些就都有历史可考了。

朝鲜半岛在历史上有很长一段时间都是中国大陆封建王朝的藩属国，其文化受中国大陆的文化影响甚重，文字、宗教都深深地烙印着汉字与儒释道精神的痕迹。

如同日本一样，朝鲜民族本来也是没有自己的文字的。但从公元前12世纪“箕子朝鲜”时起，朝鲜民族便开始借用汉字来记录自己的历史，汉字在朝鲜民族中开始使用起来。当然这使用的方法仍然是“表音”加“表意”。

但现代的朝鲜文字又是从何而来呢？这还要从朝鲜的一代明君——世宗大王说起。世宗大王是李氏朝鲜王朝的第四代君王，也是朝鲜历史上的一代明君。而要说世宗大王，则必要先说李氏朝鲜王朝了。

2. 李成桂

李氏朝鲜王朝的第一代君主是李成桂。李成桂，何许人也？

李成桂，公元1336年出生在朝鲜半岛东北部一个贵族世家的武将家庭里。其时，正是中国大陆的元朝后半期及朝鲜半岛的王氏高丽王朝末期，李成桂的家族中有很多人都在元朝或高丽朝中出仕任职，可谓高官厚禄、威霸一方。李成桂出生在这样一个家庭里，也可算是将门之子名门之后，除了沾染上了一身的纨绔子弟、粗莽武夫的习气外，也读了不少儒家的著作，懂得忠孝礼仪。

李成桂虽然是纨绔子弟、粗莽武夫，但其武艺并不稀松。传说在李成桂年少的时候，有一天，李成桂的庶母金氏夫人看见五只小鸟栖息在墙头上，于是戏言劝桂以弓箭射杀之以为乐。没成想，为着这句不经意的一句戏言，李成桂竟真的执起弓，略为一瞄准就射出了箭矢。结果，一箭射出，五鸟落地。一旁的庶母登时惊呆了，她万分惊恐地对若无其事的李成桂说：“万不可与外人道也！”出身卑微的庶母对时局有着特殊的敏感，她知道，时逢乱世，任何异常的举动都会给家人带来许多的麻烦。后来，这次偶然的事情也就没人提起，不了了之了。从这个传说也可看出，李氏家族虽然高官厚禄、威霸一方，但在动荡的社会大局中，却仍然生活得小心谨慎、循规蹈矩。

还有一个传说是关于李成桂打虎的故事。说李成桂少时骑马出猎，忽然有一只老虎从身后袭来，他一时走避不及，老虎从李成桂及坐骑背后张牙舞爪地飞扑上来。情急之下，李成桂大喝一声，挥起一拳正击中老虎门面，老虎仰面倒地。李成桂驱马前行一段，回过身来又是一箭，老虎立马毙命。当时目睹李成桂这一举动的人们，无不称奇，夸奖李成桂临危不乱、武艺高强，也有人将他比作西汉的飞将军李广和北宋的提辖武松。

传说和故事毕竟还是传说和故事，其中添油加醋、杜撰演义的成分在所难免。不过仔细考察史书上的记载，我们会发现，这些传说和故事中对李成桂的描述，似乎并非全然凭空虚构。历史上记载，公元1361年，高丽王朝一个叫朴仪的万户侯举兵反叛，朝廷派出讨伐的几千名官军前前后后都被朴仪打败，于是，已经官居上将军的李成桂受命征讨。李成桂因为书读的多一些，知道用兵之事不光是靠武力，还要靠智力，所以，他领了1 500人前去，稍微用了点心思，很快就将叛军头目朴仪捕杀，一举平定了叛乱。从这时起，李成桂才真正在军事上显露出他的才能。这一年，李成桂25岁。

在李成桂的那个时代，高丽王朝是中国大陆上蒙古元朝的藩属国，而且与蒙古元朝是世代姻亲，元朝公主下嫁高丽国王者不在少数。高丽王国自从南宋末年被蒙元征服以来，不但政治与文化被迫全盘蒙古化，甚至连王室的血统也要受到元朝的横加干涉，国王的世袭更替必须要得到元朝的批准才行，高丽王国俨然已成为元朝的外孙之国。然而这种情况在元朝末期有了些变化，此时，红巾军四处骚乱，朱元璋、陈友谅正备战鄱阳湖，元朝式微，高丽王国于元朝的离心倾向开始显露出来，高丽与元朝两国边境上的小冲突也此起彼伏。

公元1362年，元朝辽阳行省丞相纳哈出率兵进入高丽境内，对高丽政权进行侵犯，李成桂又领命率兵在前线抵御。初番接阵，李成桂军的英勇顽强、频频出击就令纳哈出军疲于奔命、军心骚动。一日晚间收阵之后，军帐中纳哈出的老婆对纳哈出说："将军纵横天下，未曾有人令您如此狼狈。我看这个高丽人着实不简单，将军应尽量回避为好。"纳哈出作为一个堂堂大元将军，自然不会听从于妇人之见，但他也不得不观望了几日，看看阵势，想想计谋。又一日对阵，纳哈出领了数十兵马来到两军阵前，他特意在身后安插了一名神箭手，希望神箭手能出其不意地施放冷箭，将李成桂击中。纳哈出来到阵前叫板，让李成桂也领几十兵马前来对阵。但久战沙场的李成桂早已将纳哈出的计谋识破，他没等对方反应过来，操起弓箭，一箭便将藏在纳哈出身后的神箭手射翻在地，接着又是一箭，射中了纳哈出的坐骑。纳哈出丢了夫人又折兵，换了个坐骑出来准备与李成桂单挑，结果坐骑再次被李成桂射中，纳哈出人仰马翻。纳哈出恼羞成怒，狂吼道："李成桂，你逼人太甚！"随即命令大军冲锋作战。但纳哈出终究不是李成桂的对手，几个回合之后，便溃不成军了，只得草草收兵。此番战役之后，纳哈出便败归辽阳。

由以上这些故事、传说和历史上的片段记载中，我们可以知道，李成桂虽然是一个出身武官世家的纨绔子弟，但是他武艺高强、不负虚名，而且饱读儒经、头脑冷静，更重要的是我们可以隐隐约约地看出李成桂还是一个胸怀大志的文武兼备之人。

李成桂早年的功绩都在于维护高丽王朝的统治，然而，多年后，时代却逼着李成桂走上了推翻这个王朝的道路。

3. 王禑

高丽王朝末期时，朱元璋称帝南京，中国大陆已是大明朝的天下了。高丽王朝弃元投明，向大明朝称臣纳贡，成为了明朝的藩属国。而此时在高丽王朝当朝的是王禑。

这个王禑是个不学无术、浑浑噩噩之辈，不懂得如何治理国家，而且也不屑于治理国家，他只顾自己每天花天酒地、为所欲为。而且这个国王性情暴戾、行为古怪，有时几乎被人怀疑为神智不清。一次，他乘坐着王室的游船在江河上游玩，正当夜色降临、风光正好之际，他突然抽剑斩杀左右侍从。扈从的内官侍女，看见这突如其来的状况，一个个吓得魂飞魄散、各自落水四逃。就这样，他一个人在船中手持利剑，独坐通宵。后来他对大臣们说："那时，我是因为忽然害怕被近侍谋害，才当机立断，抽刀杀人的"……虽然是一派胡言，但仔细分析这胡言背后的故事，似乎也不是完全没有道理。这个王禑的父亲老国王恭愍王就是因为有亲近大明的倾向，最后被元朝秘密安插的一个内侍所杀害。恭愍王死后，元朝按照既定的计划，派人护送来一位拥有高丽王室和元朝王室双重血统的王子来到高丽，准备继承为高丽国王。幸而当时高丽王朝的大臣们都极力反对这种安排，而将老国王的儿子王禑推上了王座。就是在这种情况下，这个浑浑噩噩的王禑才当上了国王。本来就浑浑噩噩，再加上又有父亲之死的阴影笼罩着他，这个王禑不神志不清才怪呢。

公元1388年的盛夏时节，酷暑难耐，整个朝鲜半岛都处在烈日的烧烤之下。而就在此时，高丽王朝的军队却得到了国王的命令，从全国各地陆陆续续而且鬼鬼祟祟地开进了平壤城。军队的将士们搞不清此番军事行动的目的，认为又是国王的一次瞎胡闹，军队士气也是萎靡不振。

这平壤城是朝鲜半岛的旧都。相传在远古时代，有神人下凡在檀木之下，建立了古朝鲜国，国都就在现在的平壤。这位下凡的神人被后人称为檀君，也就是朝鲜的开国始祖了，檀君时代被后人称为檀君朝鲜。到了中国大陆的殷商末年，周武王伐纣，殷商五百年的宗庙社稷就此灭亡。殷商王族箕子逃亡到朝鲜，在平壤建立了殷商人的流亡政权，因此平壤也被称为箕城，这个时代被称为箕子朝鲜。到了高丽王朝时这个箕城虽然不再是都城，但因为它的地位重要而成为陪都。然而，正因为这个平壤城的地理位置非常重要，使得这座城市经常成为兵家必争之地，也常常是战乱爆发的原点。游牧部落民族或者中国大陆上的王朝如果意欲武力染指半岛的话，平壤城必为首当其冲。远的如隋唐时契丹、女真族的进犯，中的有蒙元的侵扰，近的则有红巾之乱。尤其是这红巾之乱，屠城掠地、杀人烧房的景象至今给这座城市里的居民留下了难以抚平的创伤。

如今，红巾之乱过后不到二十年，平壤城似乎又出现了战乱的苗头。面对着从整个半岛风尘仆仆而至的军队，城里的百姓们不禁议论纷纷，纷纷猜测着朝廷起兵的缘由。

而按照朝廷公开的说法，这些大军是随国王到海边的白沙汀狩猎的。这白沙汀，位于西海道海州，据说夏日的时候，每到海潮退却后，露出的白沙地上都会禽兽成群，尤其是有一种珍稀的麋鹿会活跃在沙滩附近，这是一处狩猎游玩的好地方。

但如果单单是为了狩猎游玩，如此庞大的军队阵容也未免太夸张。此时，坊间的传言却越来越多，添油加醋，谣言四起，而连日来陆续进入城池的军队，也已达二三万人之众，整个平壤城像一锅煮开了的水。

尽管坊间已经物议沸腾，但国王对于出兵的真实目的仍是闭口不言。直到大军相继进入平壤城，平壤城已经人满为患时，国王王禑这才将已经官居右侍中的李成桂召进宫中，对他说："其实寡人这次出兵是为了讨伐辽东……"李成桂在听了国王的话后，并没有吃惊，因为他早已对此次出兵的目的猜到了八九分。

事情是这样的。在辽东一带有个城池叫铁岭，原来隶属于元朝，元末时，高丽王朝趁元朝式微，无暇以顾，便出兵吞并了铁岭。大明王朝建立后，认为元朝原先的领土都应该归属明朝，便与高丽王朝谈判。但高丽王朝哪肯轻易地放弃这已经到手的肥肉，死活不答应。大明王朝也不是善茬，软的不行，就来硬的，于是，就在这一年，也就是公元1388年明洪武21年的早些时候，强行出兵占领了铁岭。从此，高丽王朝与明朝有了芥蒂，国王王禑对此更是耿耿于怀。

所以，当王禑将准备对明朝动武的打算告诉李成桂时，李成桂并没有感到特别意外。但是，精明、识时务、老于世故的李成桂也充分意识到，以区区半岛之隅的人力物力，试图挑衅幅员万里、广袤纵深的大明帝国，那完全是不可以想象的事情。于是，李成桂向国王阐述了此时出兵明国的三大忌讳："以小逆大，以卵击石，力量甚为悬殊，此为一不可！夏月发兵，又逢暑雨时节，军中难免疫病丛生，此为二不可！倭乱频繁，举国远征，当有后顾之忧，此为三不可！"

李成桂向国王陈述这三条道理时，还心怀忐忑，担心国王或一意孤行或怀疑他对君不忠。但令人惊讶的是，国王王禑在听了李成桂的陈词后，居然没有任何反驳意见，而是频频点头称是。而此时在王禑身边的一个叫崔莹的门下侍中也附和着说："对，当下时机还不成熟，不可轻易动兵。"国王王禑听了这二人的话，当即决定出兵明朝的事就此罢休。

李成桂松了一口气，从宫中退出，但他心里却惴惴不安。如此大军汇集、箭在弦上之际，国王竟然如此轻而易举地就改变主意，这不禁令人怀疑这大规模的集结兵马、劳师远征是否出自国王本人的意愿。

第二天，国王王禑再次召见李成桂。果然如李成桂所担心，国王又变卦了，他仍然要出兵明朝。国王冷冷地对李成桂说："既然大军已经出动了，那就断无中止的道理。"那个昨日还口口声声附和李成桂的门下侍中崔莹，此时也改变了腔调，连声说道："王者无戏言，国君定下的事情，岂能说改就改呢！"面对这样的国王，李成桂感觉到头皮发麻，他要尽最后的努力劝阻这种自杀行为："倘若殿下一定要出兵辽东，也请待到秋收之时吧。那时粮食充足，气候也适宜，而不像现在这样，师困粮缺，完全没有胜算可言呢！……"

然而再多的理由，于王禑而言只是耳边风而已。于是，出兵的命令维持不变，将帅的任命也相继宣布：崔莹为八道都统使，李成桂为右军都统使，曹敏修为左军都统使。三人统率由各地军士、农夫甚至僧侣拼凑而成的五万军队，号称十万大军，分兵三路向鸭绿江边境开拔。李成桂与曹敏修的左右两军作为前锋先行出发，中军则由王禑与崔莹统率，随后跟上。

左右两军很快就出发了，然而中军却迟迟跟不上。中军的一些将帅们在接到了任命准备向大王辞行的时候，却屡次得到内侍“大王宿醉未醒”的答复。将帅们不得不耐着性子等待国王王禑的醒来。好不容易等到说国王已醒，却又被告知酒醒后的王禑已经拥着美姬们到江上泛舟去了。将帅们心里有火，却又无法发作，愤懑之情已经开始滋生。最后还是由崔莹出面催促国王王禑，中军这才开始缓缓开拔。

然而，这支队伍离开平壤城没走多远，又在大同江畔的锦绣山脚下停住了。王禑兴致勃勃地登上了锦绣山，又登上了山顶上的浮碧楼，他俯瞰着山下的大同江，又远眺着山那边的平壤城，山川美景将王禑深深地吸引住了，他似乎已经忘记了行军打仗的事情。王禑下令，大军在这锦绣山上住上几天。于是，锦绣山上人声鼎沸、夜夜笙歌，王禑及文臣武将们也终日饮酒看戏，吹笛弹奏。王禑好像还不过瘾，又发令，宣布停用明朝洪武年号，国人恢复胡服，表示与明朝分庭抗礼、势不两立。一时间，整个锦绣山尽成披发左衽的国度。

正当锦绣山上夜夜笙歌之际，李成桂与曹敏修率领的左右两军已经抵达鸭绿江边，驻扎在江心的威化岛上。河水湍急，冒险渡河士兵多有溺死者，对岸的大明军队又严阵以待。李成桂与曹敏修企望等王禑率领的中军到来一同商量战事，但中军的人马迟迟未到。左右两军无所适从，军中怨声渐起，当得知王禑和崔莹的中军还在锦绣山上歌舞升平时，这怨声继而发展为愤怒和绝望，这绝望倒不是对自己身家性命的绝望，而是对一国之君所作所为的绝望。

此时，面对江中激流的李成桂，心情也极为不平静。他在痛苦地思索着，思索着这个王朝的前途，思索着自己的未来。难道自己的一生就要在这个昏庸无道的王朝里悄然度过吗？难道这三千里河山的人民都要跟着这个王禑装疯卖傻吗？自己能否改写历史呢？自己有甘冒身死族灭之危险、孤注一掷、力挽狂澜的胆量吗？李成桂愁肠百转，心中争斗甚是激烈。这是他人生的一个重大抉择啊！

经过在江边的痛苦思索后，李成桂决定先小试牛刀。于是很快，在威化岛军中便传出了这样的一个消息：右军都统使李成桂出走了！

这无疑是个爆炸性的消息。消息一传出，众多将士无心探明消息的真伪，径自以讹传讹，整个威化岛立即陷入混乱之中。左军都统使曹敏修闻讯后直奔李成桂营帐，然而却发现李成桂本人端坐在帷帐之中，他气不打一处来，欲责问李成桂，但他很快就意识到，这是李成桂的一个计谋，李成桂要根据军中的乱状，来评估他自己在军中的威信程度。

这正是李成桂的计谋。李成桂是个读书人，也是个军事家，他知道哀兵必胜、破釜沉舟、背水一战等等这些军事原则，他知道越是在混乱的时候，越需要有人挑头撑旗，混乱不堪、萎靡不振的军心在有些时候，通过一些心理战术是可以发生逆转的，而一旦发生逆转，这股力量就是一股不可阻挡的力量，成为他扭转乾坤、力挽狂澜的一股强大的力量。

李成桂终于站出来说话了。他提出了“登岸回师、以清君侧”的主张，于是，众将士便群起拥之，高呼着“东方社稷安危在公一身”的口号，跟着他杀回了京师。一转瞬间，右军都统使李成桂变成了叛军的首领。

这是一个重要的历史时刻。根据一些史料记载，这个重要的历史时刻竟然颇具一些传奇色彩。史料称：太祖乘白马，御彤弓白羽箭，立于鸭绿江之岸，目视大军从容登岸回师；是日大雾笼罩，待大军兵马登岸之后，大水骤至，顷刻将威化岛淹没……。上面所提的太祖就是李成桂。历史是后人写的，多少有逢迎之嫌，但这一段文字还是告诉我们说，李成桂应时得势、当机立断，挽救了千军万马，也挽救了整个民族。

王禑和崔莹指挥的中军，得知李成桂叛乱，迅速退回了开城，也就是高丽王朝的首都。李成桂指挥的大军，势如破竹，一鼓作气就冲到了开城之下。大军高举黄龙大旗，由崇仁门攻进了开城，进而由善竹桥登上了子男山，控制住了整个都城。王禑和崔莹哪里是李成桂的对手，很快开城的守卫力量就完全崩溃，王禑和崔莹也在八重殿被生擒。

当崔莹被五花大绑推出八重殿经过李成桂跟前时，这位昏聩、老朽的弄臣却也说出了一句实在话：这个天下将是李成桂的天下了！

是的，李成桂顺应潮流和民意，在昏庸无道中毅然起兵反叛，铸就了他生命中最为辉煌的一刻。

就在这“威化岛兵变”中，有一个不是很起眼的人做了一件不起眼的小事。这个人是李成桂的五儿子，名叫李芳远，当时正随军和父亲一起准备讨伐辽东。当他得知父亲起兵反叛时，并没有追随父亲去攻打王禑和崔莹的中军，而是在这危急中，迅速跑回了自己的老家咸兴，将生母韩氏和姨娘康氏保护了起来，免遭不测。一个军人在大战之时，不是冲锋陷阵，而是跑回家看护老娘，看似窝囊之举，其实是十足的心思缜密。

李芳远不是一个不起眼的人。

4. 李芳远与郑梦周

李成桂起兵反叛后，并没有立即推翻高丽王朝，而是在罢黜了王禑后，又扶持了一个傀儡国王王昌，自己则掌握实际大权。王昌是王禑的儿子，但他的这个国王宝座还没坐满一年，就又被李成桂以“非正当王位继承者，是为伪王”的罪名杀害。王昌死后，李成桂又拥立恭让王王瑶继位。李成桂自己并不是不想当国王，只是他脑子里多多少少地还有那儒家的君君臣臣之观念，谋反对于这个饱读诗书的儒家子弟来说终究不是一个好名声。

但李成桂最后还是彻底推翻了这个高丽王朝，自己登上了国王的宝座。但后来的这一切却不是他的所为了，成就这一切的竟然是他的五儿子李芳远。

这位李芳远是李成桂的嫡生第五子，生母是李成桂的结发妻子韩氏。李芳远年轻的时候和其父年轻时的状况很是相像，相貌精瘦而气质刚强，既长于武事又浑身散发出书卷气息，是个文武兼备之人。但还有一点很重要，就是李芳远这个外表儒雅的年轻人，其实骨子里野心很大。根据史料记载，李芳远自幼束发读书资质过人，他曾在高丽时代考中进士，获得丙科第七名的成绩，当时他年仅15岁，这在官宦子弟中尤属难能可贵。其后，他出仕高丽王朝成为一名级别不高的文官。按照一般文人的仕途发展轨迹来说，李芳远应该一直在官场里打滚，直到最后以高龄谋取一个中级或者高级职位，然后告老还乡。但李芳远的性格似乎注定他不可能如此终了一生。

曾经有算命先生如是评价李芳远的命相："此相实在是贵不可言，不可随便让人卜问啊！"李芳远自己也从心底里相信，自己不是一般人，此生绝不能骗死于槽枥之间，况且自己的父亲是李成桂呢。

李成桂在威化岛兵变后，虽然握有王朝的重权，但他终究还没有当上国王。阻碍他当国王的除了他自己思想深处那似乎还残留的所谓君君臣臣之外，还有就是，当朝的一些大臣也在掣肘他，用尽其能事来阻挠李成桂最终推翻高丽王朝。这些大臣当中，最为城府深厚的一个就是郑梦周。

郑梦周是高丽王朝的文臣，据说是个大儒。李成桂"威化岛兵变"，掌握了王朝的实际大权，他是从心里看不过去的，但碍于李成桂的强大势力，也奈何不得。但他心里知道，李成桂必须尽早除去，不然，就真应了崔莹所说的那样了，这天下就将是姓李的了。

此时，继承高丽王朝国王宝座的是恭让王王瑶。恭让王虽然是在李成桂兵变之后，才得以登上国王的宝座，但他并不买李成桂的账，几年的傀儡生涯也让他对李成桂是又怕又妒又恨。他不甘心自己这么一个堂堂的一把手就这么窝窝囊囊地生活在一个下属的阴影里。

公元1391年，“威化岛兵变”已经过去了3年，李成桂在一次狩猎中堕马负伤，外伤加内感，之后竟然缠绵病榻，长卧不起。恭让王王瑶和重臣郑梦周认为，此时正是削弱李成桂势力的时候，于是，他们趁李成桂病卧床榻之际，联手操作，一举放逐了李成桂的党羽数人，就等李成桂一旦病危，便将李氏势力连根拔除。

王瑶见李成桂终日卧床并不放心，他遣内医前往李府诊治，并趁机摸清李成桂的病情实况。内医回来禀报说，“李成桂病情颇为严重。”

但郑梦周还是不放心，他和李成桂同朝为官多年，深知他的狡诈，他要亲自去察看一下李成桂的病情。

郑梦周来到李成桂府上，看到李成桂真的沉疴不起、行将就木，郑梦周心上的石头落了地。他告辞了李成桂，略显肥胖的身躯跨上了马鞍，带着一队仆从悠然地策马离去。

这一队人马大摇大摆地招摇过市，很快就来到了善竹桥。几年前，李成桂带兵就是从这里杀进王城的。郑梦周骑在马上，想着心事：“哈哈，才过几年啊，当年那个叱咤风云的李成桂现在就要作古了。这几年，这个李成桂将高丽王朝搞得君不君、臣不臣、国不国、民不民，唉，这个李成桂真该挨千刀啊，只可惜让他自己死去。但也只能如此了，死后再戳尸枭首吧。”正想着，郑梦周的一队人马突然被一彪从天而降的军马包围，来者不由分说，上来就砍，手起刀落间，郑梦周的前后仆从已经倒下了一大半。郑梦周仿佛是在梦里。这是什么人？敢如此行凶？焉知老子是当朝大臣？

待郑梦周稍一清醒过来，见得对方的领头人颇似李成桂，英俊潇洒、武艺精湛，只是身形比起李成桂来显得消瘦了些，年龄也年轻了很多。再一定神，郑梦周终于认了出来，原来是李成桂的五儿子，李芳远。

两军人马对杀的当口，给了郑梦周一些思考的时间，然而很短暂。郑梦周此时能够想到的是自己的疏忽和不可挽回的懊悔：李成桂是老了病了，怎么就没有想到他还有儿子呢，郑梦周啊郑梦周，这么简单的事情都没有想到，亏你还是一个大儒!

郑梦周正懊悔间，那个青年已经来到跟前，手起刀落，郑梦周倒在了血泊中，再也没有起来。据说，善竹桥上至今还留有一片乌色的血迹，那就是郑梦周当年懊悔与遗憾的记录。

传说郑梦周倒在血泊中，还有最后一口气时，竟然还断断续续地念了几句诗词，“此身可死千百次，纵令骨化泥，魂魄飞散入九霄……为君一片丹心，长存永不消！”当然这是传说了，不足为信。但由这个传说可知，在世人的眼中，郑梦周到底还是一个大大的忠臣。

5. 旧主新君

郑梦周横死街头的消息很快就传遍半岛。而李成桂对这样的暴行有何反应呢?

一说李成桂得到这个消息后，甚为震怒，他狠狠斥责了李芳远的暴力行径，甚至痛骂他将自己陷于谋杀同僚、对君不忠的难堪处境。

还有一说则是李成桂其实对此事是且怒且喜。

但无论如何，后来的结局是，李芳远平白无故杀人没有得到任何惩罚，照样逍遥跋扈。而其父李成桂却因此事而病恙全消，竟然从病榻上活生生地又站了起来，而且能上朝了。

李成桂重返工作岗位后，非但不承认其儿子横行霸道、滥杀无辜，反而指责恭让王包庇文臣、冷落功将。就这样，在这次“善竹桥事变”后，李成桂的职位更上一级，他的头衔从都总中外诸军事变成监国录事，也就是说王室授予了他代替国王处理国政的大权。一人之下，万人之上，而那个“一人”又是多么的傀儡、多么的无能啊。

“善竹桥事变”让恭让王终日生活在惊恐之中，他不知郑梦周的噩运会不会哪一天也降临在他自己的头上。他只希望能用这种“政由宁氏、祭则寡人”的方式保持高丽王朝近五百年的宗庙社稷。恭让王甚至和李成桂达成了“君臣之间互不侵犯”的协议，双方议定不久将举行歃血仪式，仪式的地点就选在李府，届时，国王殿下将屈尊摆驾而至，以示诚意。

哎呀，这样的国王真够窝囊的，但李成桂也心安理得。本来嘛，你的国王位子还不是我给你的，没有我，哪有你的今天呢！

君臣商量好，仪式就定在初秋的某一日，秋高气爽，艳阳高照，大家一定心情都很好的。

这一天很快就到了。恭让王穿戴整齐，准备去到他的部下家里，拜他为把兄弟。恭让王的心里着实不太舒服，但想着为了王朝永续，自己受点委屈也值得了。一行人刚刚整好队伍，正准备出发，突然，前面的路被人堵住了。来者又是李芳远。

李芳远在经历了“善竹桥事变”后，如今更是飞扬跋扈了，别说国王了，就是他亲爹都要让他几分。因为这是一个死磕的人物，其残酷、嚣张比起其父亲来，有过之而无不及。

李芳远知道这一天是国王和父亲的歃血誓盟之日，他也知道，这仪式无非是个样子，大家都骗骗自己而已。但李芳远连这样装样子的仪式都不允许出现。他抢先一步，用凶蛮的武力威逼着先王恭愍王的大妃写下了废黜当今国王的懿旨，然后快马加鞭，在恭让王刚刚要出门时，堵住了他。

于是，李芳远宣布懿旨，恭让王跪地听旨。然后，李芳远逮捕恭让王，并将他流放到远方去了。

高丽王朝就此正式灭亡。就这么简单，近五百年的堂堂高丽王朝就在这个秋高气爽的早晨结束了。没有刀，没有血，连一句反抗的言语都没有。

李芳远把恭让王送走了，他马不停蹄，率着众人又赶到了父亲的府上，又演出了一场劝进的闹剧。众人在李芳远的带领下，堵住了李府门前的街道，手捧传国玉玺，哭哭啼啼地恳求李成桂即位。

李成桂正如同中国历史上的赵匡胤、朱元璋一样，怎能轻易就范于王位呢？不行，这样有悖祖制，非君子之道，也白读了几十年的儒经。于是，李成桂闭门不纳，表示绝对不能取代旧主。

众人哪肯呢？此时，劝进的人更多了，好像整个开城的老百姓都来了。人们干脆进入李成桂府上，直接将传国玉玺供奉在厅堂中，然后众人在庭院中击鼓舞蹈、山呼万岁。但李成桂还是无动于衷，尽管他内心已经热血沸腾、激情澎湃了。

在这个时候，一位叫郑道传的前朝大臣走了上来，感情真挚地向李成桂劝道："高丽王朝历经五百载气数已尽，当前君王无道，而您的威望和品德已经证明您就是新的真命君主，希望您不要再推辞了，尽早接受百姓的拥戴吧。不然我等将宁死不弃啊。"

这一天，李芳远一手导演的罢黜旧国王、劝进新明君的闹剧演出得有条不紊、有张有弛，悬念、转折、高潮都有了，该到尾声了。

如此这样，谦逊忠诚、宁折不弯的君子之风已经表现得淋漓尽致了，再演下去就显得多余了，于是李成桂不得不接受了传国之宝，并一再表示："诸臣下皆曰'生民无主'，必须推尊王号，臣不敢辞。"也就是说自己登基为王，完全是为了国家苍生，勉从所请，不得已而为之啊。

6. 早上的太阳

李成桂终于登上了国王的宝座。他走到了人生的最高点，然而这并不是他人生的最辉煌之处，他的辉煌之处是在威化岛。现在虽然他走到了最高位置，但他已经是日薄西山了。

李成桂从登上国王宝座的第一天起，就非常清楚地知道了这一点。他知道，他能登上国王的宝座，是依仗了他的儿子李芳远，而他的这个儿子将会步他的后尘，以其人之道来行事，而且可能比他更狠、更黑。

这一年是公元1392年，明洪武25年，新的王朝建立了。但还有一事是绝对不能忽视的。一定要速报当今的大明王朝。

李成桂的特使千里迢迢赶到南京，向大明朝禀报了半岛上的王朝更替，并表示臣服大明、按时进贡。

朱元璋这天一觉醒来，闻得此讯，大喜。哈哈，好啊，这个新王朝就叫朝鲜吧，早上的太阳。从此，半岛的新王朝有了新的名字，朝鲜王朝。

7. 谁是世子？

这是一个新的王朝，李氏王朝，朝鲜，如同早上的太阳。

李成桂终于为人之上，但少年时所学的儒家经典，他还没有忘记。他要做一个好国王，要让国人过上好日子。

五儿子李芳远前前后后替父亲打理着一切，从事着他自认为对父亲有所帮助的事情，就像“善竹桥事变”和“誓盟政变”一样，他在尽一切力量帮助自己的父亲，也在为自己的前途铺垫道路。

李芳远一直记着年轻的时候，曾有人相他的面时说的那句“贵不可言”的话，他一直记在心里。是的，李芳远自己也认为自己将来一定是“贵不可言”的。他在等着接班，接父亲的班。他甚至有些等不及了，他不愿意总跟在父亲的身后，像个影子似的，游来荡去，他是“贵相”之人啊。

李成桂已经近60岁了。早立储君以定根本这个道理，李成桂是很清楚的，这无论是对王室还是对国家都是一件大事。按照儒家的伦理，长子被立为世子是理所应当的。但可惜的是，李成桂的长子李芳雨早年失踪了，一说是在威化岛事变时被高丽的权臣崔莹杀害了，另一说是李芳雨因为厌倦了无休止的政治争斗而隐居山林了。

总之，李氏王朝的嫡长子在开国之初即不存在。

于是，次子李芳果顺理成章地应该成为法理上的世子候选人。

这里的所谓法理，指的是嫡长子继承家业的伦理。朝鲜半岛历史上都是个彻头彻尾的儒教社会，儒学中嫡庶、尊卑的宗法概念渗透到历代王朝的方方面面，家族、王室的继承制度便充分体现了这一点。长幼有序、嫡庶分明，即便是百姓人家也是遵循这个原则。

但李芳果却是个十足的绣花枕头。他对行军打仗一窍不通，对政治权术也全然没有兴趣。他唯一的爱好就是踢踢球，或者偶尔吟诗作对、附庸风雅一下。让这样的人做世子，将来掌管国家，很多人觉得不靠谱。想必李成桂也是这样认为。但即便如此，如果按照儒家的君君臣臣、父父子子的法理，李芳果的优先继承权丝毫不会因为这些个人素质而受到影响。

但问题在于，李成桂自开国以来，世子的位子一直虚位以待，既不立长，也不立次，也不立贤。这种不甚明朗的态度，引起了众臣们无限的猜想，大家经常私下里或饭后茶余，神秘地、然而又小心地讨论着这个话题：李成桂会立谁为世子呢？

显然，异军突起的黑马李芳远，已经成为万众瞩目的人选。李芳远在这个刚刚建立不久的李氏朝鲜王朝的历史上就已经留下了值得大书特书的功绩。刺杀政敌郑梦周，拥戴李成桂即位，在这些历史大剧中，李芳远都扮演着至关重要的角色。在李成桂的许多幕僚们眼中，这位五公子在性格上与主公最为相似，他的不朽功绩也足以令王室将来心悦诚服地臣服于他的领导之下。所以，李成桂的许多幕僚们都认为：李芳远最有可能成为李成桂的接班人，至于那长幼有序的原则，嗨，具体问题具体分析嘛，孔孟之道要和国情相结合，要有朝鲜特色才好。

朝廷、坊间的这些议论、流言自然会传到李芳远耳中，也在不断地撩动着李芳远心中那海市蜃楼一般的期盼。渐渐地，李芳远竟然将这海市蜃楼当成了真情实景，把组织部的一般考察当成了任命的前奏。李芳远在焦虑中等待着，并逐渐地陷入到一种患得患失的境地之中。

然而，李芳远的海市蜃楼最终却被李成桂粉碎了。

作为父亲，李成桂自然知道儿子李芳远的抱负，也很明晰李芳远已经做出的成绩。但影响他选择世子的因素还有很多，这其中一个很重要的因素便是他的王后康氏。

8. 李成桂的内心

李成桂终于下了决心，立世子。然而这世子既不是李芳果，也不是李芳远，而是他的继室康氏所生最小的儿子李芳硕。这是为什么？这恐怕要从李成桂和康氏的相识说起。

李成桂与康氏的相识还是一则美妙的故事。

据说当李成桂还是一个乡下武官的时候，一次他从老家咸兴赶往开城，大概是出差吧，走得很急，又是暑天，快到开城时，路过山谷中的一条小溪，李成桂口渴难耐，遂来到溪边正准备用手捧水大口大口地解渴呢。这时，一位正在溪边洗衣服的年轻女子来到跟前，她手捧一张盛着一点点水的巴掌大的杨树叶，含情脉脉地对这位英俊威武、浑身冒汗的年轻人说："将军，请喝我这树叶里的水吧。"李成桂见状十分不解，问道："我渴得厉害，你用这么小的树叶子盛水能够我喝吗？"年轻女子嫣然一笑，说："看得出，将军一路上一定非常奔波劳碌，暑天太热，这水又凉，一下子喝得太多会伤身子的。所以小女子就用杨树叶盛水了。"一句话说来，沁人心底，李成桂水还没喝呢，这心里已经凉爽了大半。后来，李成桂知道这位姑娘姓康。再后来，这位康氏就成了李成桂在开城的妻子，虽然李成桂在咸兴老家已经有了糟糠之妻韩氏。再再后来，韩氏英年早逝。再再再后来，待到李成桂成王后，康氏自然就是王后了。

李成桂对这位知冷知热、体贴入微的女子自然是宠爱有加。但选世子的事关系重大，是否也受这份情感的左右呢？一些历史资料记载了如下的故事。

一日，李成桂正与大臣们商讨选世子之事。一位大臣说，选世子应当以开国的功绩为衡量，这话无疑是暗示五子李芳远应当为世子，因为若以开国的功绩来论，莫说李成桂的其他几个儿子，就是李成桂本人恐怕都要在李芳远之下。如果没有李芳远的善竹桥痛下黑手，没有李芳远的歃血誓盟日逼宫，哪有今日的李氏王朝呢？李成桂对这点是再清楚不过了的。大臣的话不是没有道理啊。但这位大臣的话刚落地，李成桂正欲表态时，殿外却立即传来了康氏的哭嚎声，这哭嚎声来得真是时候。李成桂听到这哭嚎声后，憋回去了已经到嘴头的话，沉默了。大臣们听到这哭嚎声后，又见李成桂欲言又止的样子，也是面面相觑，默不做声了。大臣们知道，当年那个拿杨树叶为李成桂盛水的小康姑娘已经不见了，现在是康王后。

事情真的如故事所讲的这样吗？在国家大事方面，李成桂真的为枕边的康王后所左右吗？根据更多的历史资料的记载，再纵观整个李成桂的人生，可以判断，事情恐怕还不全是这样。

李成桂从小熟读经书，儒家思想已经将他浸染，而且他还是驰骋疆场的武士，果断且务实。他不是没有考虑过李芳远，他也知道李芳远对于李氏王朝的建立有不可磨灭的贡献。但他更清楚，这个李芳远从外在来看，几乎和他这个父亲是一模一样，文武双全，英俊果敢，但从内在来看，李成桂总觉得他缺少了点什么。那么，缺少什么呢？

是的，李芳远是一个战无不胜、功勋卓绝而且苛刻残暴的强势人物，但他的行为做事太过激进和极端，缺乏为人君者的气度，估计李芳远小的时候，读儒家的书少了一些，什么“君君臣臣、父父子子”，什么“小不忍则乱大谋”，什么“克己复礼”，什么“中庸之道”，什么“仁义礼智信”，等等，从他的身上都不大能看到。

李成桂不能将世子的地位给李芳远。李成桂现在已经有了李氏王朝，但他却不能留下虎狼父子的名声，他还要一个开明的国度，一个洞察一切、不谋私利的国父，一个爱民如子、仁爱厚道的国君。然而李芳远离这些都太远太远。

还有，更令李成桂不安的是，李芳远的手里还有重兵在握。这股军事力量围绕在李芳远身边，随时听从李芳远的命令，只要李芳远一声令下，他们就会像猛虎扑食一样，迅即将敌人置于死地，哪怕这个敌人是朝廷的重臣，甚至是国王本人，都在所不辞。李芳远这种翻手为云，覆手为雨的气势令李氏王朝多了些暴戾之气。尽管李成桂自己就是在这样肃杀之气中登上国王宝座的，但这毕竟和李成桂想要建立一个太平乐土的想法相去甚远。

李成桂最终选择了那个康氏所生的最小的儿子李芳硕作为世子，而没有选择嫡出的李芳远。

李成桂的选择是对的，但祸端也由此出。

李成桂的决定一出来，众大臣们无不感到意外和震惊。李成桂真的选择那个乳臭未干的毛孩子吗？李芳远为什么不行呢？

当然，最最感到失望、感到愤怒的是李芳远。李芳远此时才明白，自己只是父王的一位得力干将，而不是可以托付江山社稷的继承人。李芳远感到，这么多年来，为父王扫平道路、登基宝座所干的那些事其实都是自己的自作多情。李芳远不甘心，他还要再努力，夺回那本应该属于自己的东西。

此时，他又想起了他小时候，那相面人对他说的话：“此相实在是贵不可言啊！”

9. 李芳远与郑道传

李氏王朝的首都在李成桂登基后不久便从开城迁都到了汉城。汉城从此便成了李氏王朝的政治中心。

公元1398年，洪武31年，太祖7年，李成桂又一次病倒了。李成桂意识到自己的来日无多，于是便任命身边最亲近的大臣，奋义佐命开国功臣郑道传为世子的辅佐，也就是我们通常所说的顾命大臣了。

郑道传，这位李氏朝鲜王朝开国以后的新贵勋臣，是高丽王朝最后的忠臣郑梦周的同门师弟，饱读诗书、满腹经纶。但和郑梦周截然不同的是，这个郑道传心思灵活、与时俱进，他很早就看出，日后，李成桂的势力将不可估量，于是他攀附上了李成桂，并参与了劝进、拥戴等一系列重要工作。李氏王朝建国后，郑道传也是车前马后、鞠躬尽瘁，对王朝的建设做出了重大贡献。于是他被李成桂授予重要职衔，成为李成桂的肱股重臣。

李成桂对郑道传的荣宠也可以说是冠于众臣之首。在一次朝廷的宴会上，李成桂举着酒杯当着众大臣对郑道传说道："寡人得以君临东国，全赖卿家的协力，王室必不亏待。希望卿家及其子孙后世能长享太平。"李成桂的话无非是安抚下属，同时也表明自己不是忘恩负义之人，而踌躇满志的郑道传当场回答说："春秋时齐桓公问鲍叔何以治国，鲍叔说：愿公无忘在莒时，愿仲父无忘在槛车时。而今我要说，殿下无忌堕马时，臣亦无忌锁项时。"

郑道传不愧是大儒，言语间也是引经据典。这段文绉绉、绕来绕去的话无非是说：殿下您就是齐桓公那样的贤君，而我郑道传就好比是鲍叔那样的贤臣，你李成桂从马上摔下来也大难不死，我郑某人也自然没可能会有镣铐加身的那一日了。但此话却经不起仔细推敲啊，一来，郑道传自比鲍叔，有邀功买好的嫌疑；二来，如果殿下真是明君的话，贤臣怎可顾忌会镣铐加身呢？一句"臣亦无忌锁项时"道出了郑道传做贼心虚、虽表面忠心辅佐但内心却惶惶终日的心理状态。但据说李成桂在听到这句话后却畅怀大笑，很是高兴。

李成桂到底是个厚道人。

郑道传与郑梦周原先为同门师兄弟，其老师是一位叫李穑的高丽大儒。李穑年轻时曾到过元朝，在国子监里当学生，后来参加了元朝的科举考试，取得了第二甲第二名的好名次，之后在元朝出任过翰林编修官之类的文书官职。后来，李穑返回高丽王朝，官至"成均馆大司成"、"政堂文学"。"成均馆大司成"、"政堂文学"都是官名，大致相当于今日中国的中央党校校长、国务院研究室主任等职位，总之，是高官。再后来，高丽王朝被李氏朝鲜王朝取代，李穑虽然也姓李，但他拒绝仕奉李氏王朝，于是隐居于故乡骊州，直至终老。

而李穑的两个得意门生，郑梦周和郑道传，也在历史的潮流中，因为人生观、政治立场的不同而分道扬镳。郑梦周秉承着老师李穑的人生观，将忠君爱国视为金科玉律，对高丽王朝的忠诚至死不渝。而郑道传则随着历史的大潮流投奔到李成桂的阵营之中，成为一个进步青年。

郑道传投奔革命之后，为新王朝做了很多工作，从新首都汉城的规划到新王宫景福宫的设计，从疆土开拓到《经国大典》的编制，处处可见郑道传的影响。尤其是那《经国大典》，在哲学思想上秉承中国的程朱理学，在国家制度的设定上仿效中国历代封建王朝的中央集权制，是为李氏朝鲜王朝治国的基石。郑道传成了新王朝的第一功臣。

如果郑道传一心做事，而不参与宫廷是非，他本来是可以有一个比郑梦周好得多的结局的。但郑道传并不是那种安于现状、见好就收的人，他要为日后着想，他还要有更大的作为。正是他的这种心理，奠定了他的悲剧。

在这种心理的不断鞭策下，郑道传发挥出了惊人的能量。他想起了战国末年吕不韦的“奇货可居”，便将自己的未来押在了世子李芳硕的身上。他开始以维护世子的名义巩固以自己为中心的派系。

首先他向李成桂建议将诸位王子赶出京城，分封到诸道地面，以此来建立自己在京城的绝对势力。此外，他还再三建议削减诸王子所拥有的私兵数目。原来，李氏王朝在这方面承袭了高丽王朝的惯例，诸王子都拥有一定数量的私兵，而私兵的存在确实是对王权构成了一定的威胁。当年李芳远在王城之内肆无忌惮地斩杀郑梦周，其依靠的力量就是这种私兵。不过，这些建议都被李成桂否决了。李成桂不是不明白郑道传的这些道理，而是他不想激化矛盾，企望着世子与诸王子们能和谐共处，维系王朝。

但事情并不像李成桂所期望的那样发展。

此时，那个没能当上世子的李芳远正在失落和愤怒之中，而他对郑道传那些唧唧咕咕、小人小气的权谋诡计，也是洞若观火。李芳远心里十分清楚，自己的野心已经与郑道传的利益产生了尖锐的矛盾，而这个矛盾是你死我活的矛盾，用正常手段是不能解决的，而要解决问题只能用非常手段，就像当年在善竹桥对付郑梦周一样。

李芳远又在策划新的政变。

10. 戊寅靖社

李芳远是一个坚决、果敢的人，也是一个心狠手狠的人，他想到的事情，他就要做出来，而没有犹豫，也不计后果，这一点从善竹桥事件上已经可以看出来。世子自己没有当成，而这个郑道传又每天狐假虎威、阴谋诡计，小动作不断，想着法子将自己赶出京城，李芳远不能忍受了。他在心里狠狠地说：郑道传，走着瞧，你会和你师哥有一样的下场的。

太祖7年，洪武31年，公元1398年7月，入夜时分，位于汉城景福宫东门外的李芳远宅邸烛火熊熊，一片肃杀之气。宅院里，私兵、家仆各执武器棍棒在列队候命，为首的则是李芳远的妻舅闵无咎、闵无疾。

不多时，李芳远策马从景福宫急忙赶回，入得院内，扫视了一下宅院中的人马，又和妻舅、家臣低声商量了几句，随即下达了出兵的命令。顷刻间，宅院中的人马在李芳远的带领下倾巢而出，并与此时也刚刚赶到的李芳远同母兄长老四怀安君李芳干的一队人马合并，一直朝着景福宫方向掩杀而去。

而此时的景福宫却是一片宁静。值宿在王宫正门光化门的禁卫军们仿佛泰然自若，没有任何异常的举动。然而，细心的人此时会发现，宫门上悬挂的灯笼已经不知何时被悄悄撤去，军士们表面上若无其事，其实个个都是整装待发，警惕异常。

而此时的李成桂，正病入膏肓，躺在内殿的病榻上。他还没有睡着，刚才李芳远从这里离开时，他隐隐地感觉到儿子的眼中有些异常。这异常是什么呢？李成桂想探究这眼睛背后的东西，然而，毕竟老了，又有病，李成桂心有余而力不足。没多久，渐渐地，李成桂听到了大内深处人群的呐喊声、刀枪剑戟的碰撞声以及抢天呼地的嚎叫声，由远及近，渐渐分明。李成桂惊恐之余，忙差人出去打探情况。然而还没等出去探听情况的人回来，整个景福宫的掌控权就已经易手他人了。

其实，李芳远和李芳干早已将宫中的禁卫军收买了。当他们的人马深夜扑杀到景福宫时，守卫宫殿的军士们竟然配合默契地一一将城门打开，没有任何抵抗。一时间，二李的私兵、家仆在宫内如入无人之境。只是当他们赶到了景福宫东部世子居住的资善堂时，才引起了资善堂的内侍和宫女们的发觉，继而是惊慌尖叫。世子的一些贴身卫士和侍从于惊慌中回过神来，拼命抵抗二李的攻杀，然而他们哪里是对手，手起刀落间，便一一身首异处了。转瞬间，资善堂便成了血泊汪汪的屠杀场。

世子李芳硕于睡梦中被惊醒。这位年轻人可能是由于知道自己的身份特殊，早就有恐惧之感，也时刻警惕在身，所以，当呼号尖叫声刚起时，便即刻意识到危险已至，立马翻身下床，在混乱中、在贴身卫士和侍从拼命抵抗的间隙中，从早已准备的机关处逃出生天。

这一紧张、悬疑的历史性戏剧桥段在5年后的大明王朝中又再次上演，只不过剧中的主角由李芳远和李芳硕兄弟俩换成了朱棣和朱允炆叔侄俩。而后来据朝鲜王朝的官方记载说，世子李芳硕是在此次事变之后被请出了宫城，途中被他人杀害的。后来大多数历史学家则认为，李芳硕是在这次事件中直接被杀的。这又和大明王朝建文帝朱允炆的故事一样，生生死死，真真假假，由后人仔细考证去吧。

但有一事却是千真万确的。就是李芳硕的同母兄长老七李芳蕃在此次事件中被乱军所杀。

李芳远和李芳干在景福宫内大开杀戒、控制了宫城之后，又乱军涌出宫门，杀向了位于宫外面的郑道传宅邸。

最近一段时间，大儒郑道传很高兴，李成桂信赖自己、依靠自己，自己成了世子的辅佐人，和世子一家的关系也正搞得火热。此时，郑道传还没有睡觉，正在和世子的岳父沈孝生一起，在自己那号称“百子千孙堂”的宅邸内喝酒、行令、唱“卡拉OK”。当李芳远的私兵到来时，这二人玩儿得正起劲呢，没有丝毫准备，便不明不白地死于乱刀之下。

李芳远，在这个血雨腥风之夜，终于将他心中郁积多时的忿恨与失望以残暴、血腥的形式发泄了出来，他为了那心中的欲望，为了扫平一切阻挡他实现欲望的障碍，他一步步地从善竹桥走到了景福宫，然而他的每一步都是血迹斑斑。

李芳远完成屠杀后，见政敌及政敌的亲信均已被消灭，这才稍微喘了口气。他命人召来了李成桂，又命人将远在宫外的李芳果接进了宫，然后向父王和二哥通报了“叛臣谋反被诛”、“世子畏罪潜逃”的事件经过。李芳远这个双手沾满鲜血的刽子手，此时居然以扶大厦于将倾、救民众于水火的大英雄自居，慷慨陈词，脸不变色。

李成桂惊魂未定，见大臣被杀，七子被杀，亲家被杀，世子失踪，知道这天下已经不是自己的了。他没有任何选择的自由，于是随即在景福宫勤政殿内举行仪式，将王位禅让给二儿子李芳果。李芳果也就从这个血腥的夜晚开始，战战兢兢地成为李氏朝鲜王朝的第二任国王——定宗大王。

历史上将汉城这一晚的疯狂屠杀，称为“戊寅靖社”。

11. 父子情仇

公元1400年，“戊寅靖社”过后仅仅两年，李芳远再次导演一出禅让的戏剧，在他的软硬兼施下，哥哥李芳果定宗大王将王位禅让给了李芳远。稍微不同的是，这次政变没有太多的血腥。而且，人人都知道，这出禅让戏的上演是早晚的事，结局已经是人人尽知、没有悬念的事了，李芳果的定宗大王不过是一个过渡而已。

李芳远终于登上了国王的宝座，实现了他的梦想。然而这宝座的下面是多少血腥的屠杀啊！

在这一点上，李芳远和他父亲李成桂相差太大了。

李成桂在威化岛兵变时，连崔莹都没有杀，而是将他流放在外。李芳远却为了自己的野心，从郑梦周到郑道传，从自己的同父异母兄弟李芳硕到李芳蕃，只要是拦路者，皆杀无赦，真可谓顺我者昌，逆我者亡。

这还不够，李芳远在即王位后不久，即和“戊寅靖社”的帮凶、同母兄四哥李芳干闹翻，两人大战街头。这之后，他终于不忍心杀害自己的同母兄，而是将他流放到一个叫兔山巷的地方。老四李芳干最终死在了那里。

李芳远对自己的王位的正统性看得很重，而正是因为他知道这王位来路不正，所以他对任何于王位有威胁的因素都极为敏感，必欲除之，哪怕这威胁只是他自己的猜测或幻觉。在“戊寅靖社”中，李芳远的两个小舅子闵无疾、闵无咎曾为他出过大力，并冒着掉脑袋的危险冲锋陷阵、滥杀无辜，但李芳远即位后，却将这二人视为潜在的威胁，他硬是用尽各种手段逼死了两个小舅子。李芳远甚至对自己的结发妻子闵氏也不放心，曾一度想休掉她。

李芳远对死去的人也不饶过。戊寅靖社后不久，李成桂的王后康氏便在丧失两子的悲痛中去世。而当李芳远即位后，立即将康氏的遗骨从汉城城内皇华坊的豪华墓穴中挖将出来，草草地迁葬到汉城郊外的一个小土坟里。而当李芳远在做这一切时，竟全然不理会那为爱妻老泪纵横的父亲李成桂。

李成桂看着这个不孝不顺不悌不义的儿子，精神受到极大刺激。不得已，他于悲痛、愤怒、凄凉、懊悔中离开汉城回到了他自己的老家咸兴。孽障啊，孽障！就让这个孽障儿子兴风作浪、为非作歹吧。李成桂无力回天、欲哭无泪。

李成桂现在真是老了。这时他大约65岁，身体多病，已不是那个威化岛上智勇双全、敢做敢为的大将军了。当年他可以以一己之力，挽救整个王朝，甚至于也可以稍加用力而推翻一个王朝，而现在，他连自己的一个儿子都无法应对，整个王朝被血腥笼罩，自己的家族被屠杀、肢解，就连自己爱妻的尸骨都不能得到安宁。李成桂好悔恨啊。可是一切都晚了，他已没有回天之力，只能每日老泪纵横、垂垂度日。但他心里还是很明白这一切的缘由，这是李芳远在报复自己，报复自己当初没有把他立为世子，报复自己没有让这个为李氏王朝浴血拼杀的功臣得到他想得到的东西。

李芳远即位后，又将国都从汉城迁回了开城，他认为汉城不是他的地方，那个地方对他不吉利。而且，他还要现在已成了太上王的李成桂、上王李芳果都住在开城，不能离开他。一是因为，这两父子远离国都，难以监视，谁知什么时候会闹出乱子来让他们又复辟呢；二是因为，李芳远还是要一点体面的，自己已经身为国王，怎能让两位先王不住在京城呢，这恐怕也会遭人笑话和闲言。

但李成桂已经离开都城回老家咸兴了，李芳远多次派人去请这位太上王回銮，李成桂都不为所动，甚至将前来游说的一些使者都杀掉了。李芳远还不死心，他又派了一个叫无学的和尚到咸兴劝说太上王。

这位无学和尚与李成桂是早年的至友，还在高丽王朝时，两人就已经结拜为莫逆之交。那时，一个在红尘世界里打打拼拼、天天向上，一个在佛门境地里冷眼旁观、嘲笑叹息。两人虽然是莫逆之交，但都是心灵上的契合，并不曾有实在的合作。如今，李成桂见无学突然造访，也是非常警觉，他冷冷地问道：“难道你也是替当今的圣上来当说客的吗？”

无学和尚有些尴尬，他知道此番行动并不合他的身份，于是他敷衍道："贫道与殿下是旧时相识，老僧不过是来探望老友而已。"

无学在李成桂府上一住就是几十天，并不多言。只是一天要告别的时候，突然对李成桂说道："如今天下四乱，国不民生，几位大君又非死即匿。殿下虽能尚饭，但毕竟老矣，若不把社稷托付给今上，这三千里江山可还有安宁？为了李氏王朝的永续，还请殿下銮驾回京吧。贫道肯请太上王三思！"老和尚的话说得恳切，也在理。李成桂终于动了心。

李成桂终于同意回都城了，这其中，父子情仇、王朝社稷，种种复杂心情纠结在李成桂心中。

李芳远听说太上王要回来了，这是很给自己面子的。他连忙命人布置酒筵迎接李成桂。

李成桂来了，他在侍从的搀扶下颤颤巍巍地步入宴会厅。李芳远见了自己的父亲，也是百感交集，爱恨情仇一下子都涌上心头，他不知该如何做出姿态，是谦恭，还是傲慢呢？是指点江山、挥斥方遒，还是痛心疾首、涕泪俱下呢？李芳远不知所措，脸上是皮笑肉不笑，肌肉拧在了一起，嘴眼都歪斜了，活像是妖孽附身。

李成桂见了儿子这副德性，想起儿子的种种暴行，想起了死去的几个儿子，想起了死后还不得安宁的爱妻康氏，真是气不打一处来，一时火气大发、血涌天庭，他抄起侍从所带的弓箭，张弓搭箭，一箭就朝李芳远射了出去。

不知是李成桂真的老了，手上的功夫已不似当年，还是他念及父子血缘，手下留情，总之，箭没有射中李芳远，却深深地扎进了李芳远身旁的柱子上。李成桂愤愤地吼道："你这个孽障，今日是老天罩着你，让你再多活几日。你不就是要这个王位吗！你以为有了王位就什么都有了？告诉你，你若败了我李家王朝，你决不会好死的！"

李芳远虽然也是从战场上冲杀出来的，杀人无数、嗜血成性，但见了自己的父亲居然敢在欢迎宴会上引箭射杀自己，也是惊恐不已。他连忙招呼左右："快，快，太上王疯了，把太上王拉走。"

此时，世人都看得很明白，疯掉的其实不是李成桂，而是李芳远。后来的事情正如无学和尚所料想的，李成桂的归来，在某种程度上让这个已经利令智昏的李芳远少了一些疯狂，多了一些人性。

李芳远最终没有让李成桂住在开城，他已经知道，开城只是他自己的地方，而不是太上王的。李芳远为李成桂在汉城修建了一座豪华的监狱——昌德宫。李成桂在昌德宫里以半疯的状态度过了他的余生。

公元1408年，永乐7年，太宗8年，李成桂孤独凄凉地走完了他的一生，终年72岁。

此时，上王李芳果仍然住在他自己的宫殿——仁德宫中，但他已厌倦官场的争斗，尤其闻不得血腥戾气，遂终日草场踢蹴鞠、"网上玩游戏"，倒也逍遥。李芳远对他这个不问政治、宽厚中庸的二哥终于失去了戒心，也就随他去了。

公元1419年，永乐18年，世宗2年，李芳果薨。其在王位2年，在上王位19年，活了63岁，也算寿终正寝了。

12. 世宗大王

李成桂去世了，这位朝鲜王朝的开国君主在孤独寂寞、凄凉愤恨中走了。照理说，此时的李芳远应该如释重负，因为威胁他王位的最大因素消失了，但根据史料的记载，当李成桂去世时，李芳远却是悲痛欲绝。是念及父子之情呢？还是对自己不孝不悌的悔恨？还是演戏给世人看？或者这三者都兼而有之吧。

但有一点是可以肯定的，李芳远在父亲去世后，并没有因为失去了这个束缚而感到轻松，相反，他却陷入了深深的惆怅和苦闷，有时竟然和那个被幽禁的父亲一样，经常独自一人摇头叹息，倍显孤独凄凉。这是为什么啊？

几乎所有的敌人都被自己打败了。善竹桥上立斩郑梦周，百子千孙堂内刀劈郑道传，废掉了父亲李成桂、哥哥李芳果，杀了同父异母弟弟李芳硕、李芳蕃，流放了同母兄李芳干，刨了后娘康氏的坟。该做的李芳远都做了。

更难得的是，中国大陆上的大明朝皇帝朱棣又正式册封他为“朝鲜国王”。因为在此之前，无论是李成桂还是李芳果，都没有得到过大明朝的这个封号，他们只是被册封为“权知朝鲜国事”，也就是说暂且让你代理代理，非长久之计的意思。而李芳远因为和朱棣同为夺位而成，又以往相交甚厚，所以，李芳远从大明朝皇帝朱棣那里得到了诰命、金印、九章冕服、妃珠翠七翟冠、霞帔、金坠等一应要物。李芳远还有什么没得到的呢？他要的东西几乎都到手了，比他父亲、二哥的还要多。而就是这样，他开始感到孤独凄凉了。

是的，李芳远铁马冰河、刀光剑影的战斗生涯，无不是围绕着父亲而动。从威化岛兵变时他保护生母和姨娘，到善竹桥事变，到拥立父亲登基，到逼父亲、逼哥哥禅让，哪一件事不是围着父亲而转呢？虽然说到后来，父子反目为仇，但李芳远的一举一动仍然还是为着父亲，只不过以前是拥立父亲、辅佐父亲，后来是防范父亲、摆脱父亲、报复父亲，李芳远已经是自觉或不自觉地在父亲的影响之下而生活，父亲像一个巨大的影子笼罩着李芳远。尽管现在父亲已经去世，但那个影子却无时无刻地还在李芳远的头顶上飘忽着，父亲的影响仍然在，父亲的爱恨情仇都还在。其实，李芳远自己也已经感觉到了这一点，但无论他怎样努力，他都无法摆脱父亲的影子。李芳远开始苦恼甚至恐惧了。

李芳远在登上王位后，遇到了一个问题，竟然是和当年李成桂登基后遇到的问题一样，那就是册立世子。李芳远有好几个儿子，但哪一个儿子可以被册封为世子呢？按照传统的观念，按照儒家的伦理，自然是嫡长子了。李芳远知道，他自己的王位也是在大哥失踪的情况下，先通过拥立二哥，然后再由二哥禅让给自己的。尽管这个儒家的清规戒律曾束缚着他，使他在登上王位的道路上走得很艰难，磕磕绊绊，但此时，李芳远还是要维护这个传统的，李芳远已经知道了传统势力的强大，世俗的强大，他不想与它们为敌。于是，李芳远选择了嫡长子李禔为世子。

然而没过多久，李芳远就失望了。这位世子李禔并不愿意过那种刻板、规矩的生活，也不愿意读书，他行为放纵、玩世不恭，甚至跑到风月场所风流快活，根本没有一点端庄聪慧的世子形象。

李芳远为了这个世子的问题甚为头疼。要继续维持这个世子吗？还是废掉另立？另立其他儿子为世子岂不是又重蹈父亲“以幼凌长”的覆辙吗？父亲当年的做法曾让李芳远愤恨不已，直至兵戎相见、刀光血影，难道自己真的摆脱不掉父亲的阴影吗？李芳远几乎要疯了，他越是不想重蹈父亲的覆辙，他越是感到自己被父亲的阴魂牵引着，身不由己地走向父亲曾经走过的路。

此时，李芳远想起了父亲在张弓搭箭向自己射出狠狠的一箭时所说的话，“你不就是要这个王位吗！你以为有了王位就什么都有了！告诉你，你若败了我李家王朝，你决不会好死的！”父亲的话久久地在他的耳边萦绕，是啊，王位终究是短暂的，李氏王朝才是长久之计。李芳远现在也已经步入老年了，他才真正开始想到社稷江山的事情。

老大李禔风流不羁，实在不是做世子的料，而老二李补更无心王位，早就遁入空门做了和尚，李芳远最终无奈废掉了前世子李禔，而选择了忠厚老实、聪明好学的老三李裪为世子。

但值得李芳远欣慰的是，他的选择日后被证明是一个完全正确的选择。李裪是个好孩子。

公元1418年，身心疲惫的李芳远将王位禅让给世子李裪，而成为又一个太上王。和他父亲那个太上王所不同的是，他在宫中仍保留一定权力，军委主席的大权他一直牢牢掌握在手中。公元1422年，李芳远在汉城泉达坊新宫薨，在王位18年，在上王位4年，享年56岁。

公元1418年，李裪于景福宫勤政殿登基，是为世宗大王。世宗大王宽厚仁爱、体恤国民、聪明好学、奋发进取，日后成长为著名的政治家、改革家，是朝鲜半岛历史上最为贤明的国王之一。

世宗大王在位期间，做了很多有益的事情，在政治领域、经济领域、军事领域、科学领域都有很大的作为，而最为突出的成就则是，世宗大王是朝鲜文字的发明者、倡导者，是一个著名的语言文字学家。

13. 训民正音

世宗大王即位后，厉行改革、奋发图强，尤其在语言文字方面，世宗大王深感朝鲜民族没有自己的文字而长期采用汉字为书写工具的苦恼，立志要创造出适合朝鲜民族语言的文字出来。

于是，世宗大王召集大臣学者们开研讨会，上网跑图书馆查资料，招投标征集方案，政府主导，专家领衔，公众参与，一定要让朝鲜民族拥有自己的文字。但创造一种文字，尤其是一套有内在逻辑关系、符合本民族语言特征的文字系统又谈何容易啊。

一夜，世宗大王躺在龙床上辗转反侧，苦苦思索着这未来的朝鲜文字的问题，想啊想，怎么也没有头绪，渐渐地，世宗大王睡着了。在睡梦中，突然，一串符号浮现在世宗大王的脑海里，跳跃着、欢笑着，还唱着歌，大王猛然意识到，这就是那梦想期盼中的朝鲜文字啊。于是，大王从梦中惊醒，唤来左右，伺候纸墨，一气呵成地书写下了一连串的符号。这就是后来举世闻名、独一无二、极富系统性逻辑性、有创新又有传统特色、便于学习掌握、易懂易记、在极短时间内造就出来的朝鲜文字。

世宗大王在他自己的日记中写道："国之语音，异乎中国，与文字不相流通，故愚民，有所欲言，而终不得伸其情者多矣。予为此悯然，新制二十八字，欲使人人易习便于日用耳。"

朝鲜文字终于创造出来了，但要整个社会认可它、接纳它、使用它，也不是一蹴而就的事情。于是，世宗大王于公元1446年颁布《训民正音》，以官方红头文件的形式来推广朝鲜文字，并将这朝鲜文字称为"谚文"，也称"韩文"。而所谓"谚文"也就是"非正式文字”之意。看来，世宗大王在推行这个朝鲜文字时还是有章有节、循序渐进、充分考虑国情和人民接受程度的。

世宗大王最初创造的韩文有28个基础字母。

其中辅音字母17个：

ㄱㄴㄷㄹㅁㅂㅅㅇㅈㅊㅋㅌㅍㅎㅿㆁㆆ

元音字母11个：

ㆍㅏㅑㅓㅕㅗㅛㅜㅠㅡㅣ

但是随着朝鲜语音韵结构的变化，原先的基础字母中有4个音消失了，于是今天使用的基础字母只有24个。这24个基础字母相互组合就构成了今天韩文字母表的19个子音字母、21个元音字母、27个收音字母。

韩文字母表子音部分：

ㄱㄲㄴㄷㄸㄹㅁㅂㅃㅅㅆㅇㅈㅉㅊㅋㅌㅍㅎ

韩文字母表元音部分：

ㅏㅐㅑㅒㅓㅔㅕㅖㅗㅘㅙㅚㅛㅜㅝㅞㅟㅠㅡㅢㅣ

韩文字母表收音部分：

ㄱㄲㄳㄴㄵㄶㄷㄹㄺㄻㄼㄽㄾㄿㅀㅁㅂㅄㅅㅆㅇㅈㅊㅋㅌㅍㅎ

朝鲜语的音节通常由初声子音（声母）、中声元音（韵母）和终声收音（韵尾）3个部分组成。但在实际的语言中，有的音节完全具备3个部分，有的音节则只有子音和元音，没有收音，有的音节没有子音，而只有元音和收音，还有的音节却只有元音。这多多少少和汉语中的音节相似。

以韩文字母组字是以音节为单位，一个音节组成一个韩文，这几乎与今日中国的汉语拼音的法则一致。每个韩文中或每个音节中字母的排列顺序遵循“从左到右、自上而下”这个规则。具体地说就是：子音字母添加在竖立类元音字母的左边；子音字母添加在躺卧类元音字母的上方；子音字母添加在复合类元音字母的左上方；而只有元音的音节，则用不发声的子音字母“ㅇ”充当音节的子音部分；收音字母一律添加在“子音元音结合体”的正下方。

韩文字体充分吸收了汉字字体的特征——方块字，这个现象显然是和几千年来朝鲜民族长期使用汉字的结果分不开的。创新中仍保留传统的因素。

韩文以表音符号来造字，这一做法是否在某种程度上借鉴于日本假名的创造和使用，还有待于考证。

世宗大王是个了不起的政治家、改革家，也是个聪明的才子。尽管他创造的韩文在很长一段历史时期内还不能被认可为官方正式文字，而只是作为庶民百姓日常书写记录的工具，甚至被后代的一些君王、儒臣视为“为非作乱”的产物，但纵观历史，我们不得不承认，世宗大王创造的韩文对于朝鲜民族来说的确是一件意义深远的文化成果，同时也是人类文明史上一件灿烂耀眼的瑰宝。

深山密林掩奇迹

1. 一只陶罐

公元1502年，一位叫哥伦布的西班牙航海家乘帆船不远万里地从西班牙来到了美洲大陆。这是哥伦布第四次来到这块土地上了，而且距离他第一次来时，时间已经整整过去了10年。

10年前，哥伦布凭着毅力和执著，率领3艘百十来吨的帆船，经过70个昼夜的艰苦航行，终于发现了这块土地。但是直到这次重又远航来此，哥伦布仍然还不知道，他发现的这块土地其实是一块欧洲人过去闻所未闻的“新大陆”，而并不是什么印度或中国。哥伦布虽然不知道他自己已经创下了一个非常了不起的奇迹，但他仍然非常兴奋，因为他认为他找到了一条向西航行而可达东方国度的路线，而且似乎证明了“地球是圆的”这个真理。他把这块土地上的人称做“印度人”，并在几年的时间里，靠帆船运送来了不少西班牙人。很多西班牙人来了后，便在这里定居下来，生活、繁衍，甚至和当地的“印度人”开始了贸易。

哥伦布此番又来这里，仍然是满载西班牙人和一些货物，同时他还有一项更为兴奋异常的计划，那就是，此次前来，他要完成一次完美的环球航行，而不是像前三次那样，在到达这个大陆后又原路而回。是的，既然地球是圆的，那就是说，从西班牙出发一直向西，经所谓的“印度”后，再向西，是可以回家的。

哥伦布雄心勃勃。

哥伦布的船在洪都拉斯湾靠岸了。登陆后，见到当地已经出现了市场，西班牙人和“印度人”已经开始做生意，哥伦布更是兴奋不已。哥伦布和随从们在市场里来回巡视着，心中充满了满足感。是的，这里虽然远离欧洲，但土地肥沃，又没有国王，也没有女王，自已在这里俨然就是天下之主啊！但哥伦布也有一丝丝的疑惑：我们欧洲人来到这里都十年了，怎么到现在也没有见到印度和中国的皇帝呢？而且像丝绸、香料、茶叶和陶瓷这样的物品也没有见到啊。有些怪异！

哥伦布不愧是个探险家，心中有事，眼中有物，正在他边思索边逛街的当口，忽然，附近地摊上的一件物品吸引了他的眼球。那是一个制作精美的陶罐，但除了陶罐的精美之外，更是那陶罐所表现出来的一种不同凡响的气质使得哥伦布的心震动了一下。

哇！多么精美又耐看的陶罐啊！这一定是印度人或是中国人制造的。

哥伦布拿起陶罐，端详了半天，然后问摊主道：“这是哪里来的？”

摊主听不懂，摆摆手。旁边一位随从充当翻译，用刚刚学会的当地语言又问了同样的问题：“这是哪里来的？”

摊主听了，手指向远方，嘴里含含糊糊地嗫嚅道：“玛雅，玛雅。”

于是，“玛雅”这个名字第一次传入了欧洲人的耳朵。

2. 玛雅

大约3万年前，白令海峡的海水下降，海底露出成为大陆，一部分人类从亚洲的东北部穿过这狭窄的白令海峡来到北美，继而又辗转到了中美、南美。

其中一些人就来到了今日墨西哥南部的尤卡坦半岛以及危地马拉、伯利兹、萨尔瓦多和洪都拉斯这几个中美洲国家的地区。这一片土地有30多万平方公里，且地形、地貌异常复杂，气候也变化万千，既有高原地区，也有低谷地区，既有多雨湿润的原始森林，

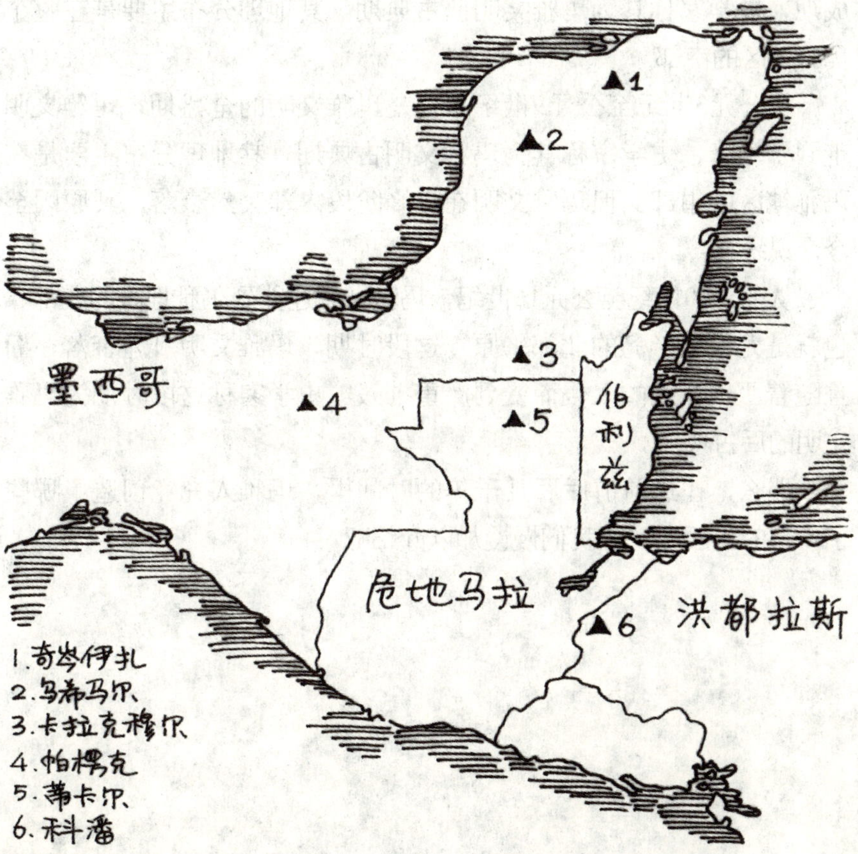

玛雅地区主要遗址分布

也有干旱少水的石灰石平原，有些地区常年雾气蒙蒙、神秘莫测，有些地区则寒松峭石、奇罅险峻。我们就称这一大片地区为玛雅地区、称这里的人为玛雅人吧。

这些人在玛雅地区繁衍生息，艰苦劳作，经过了上万年的积累，终于灵光闪现、茅塞顿开，创造出了一个举世闻名又神秘莫测的文明，这就是玛雅文明。

三四千年前，在这一地区出现了一个叫奥尔梅克的文明，这是玛雅文明的早期表现，也可以说是美洲地区所有文明的源头。根据考古可以证实，在公元前1150年左右，奥尔梅克文明已经达到了一个相当高的水准，其建筑技术、雕塑技艺、宗教祭祀、社会结构等领域都已经发展到一定的水平。

从公元前10世纪至公元3世纪，这大约1 300年间是玛雅文明的形成期，史学家称其为玛雅文明前古典期。其地理分布主要是在整个玛雅地区的南部。

从公元3世纪至公元9世纪末，是玛雅文明的全盛期，玛雅文明走到了巅峰，史学家称其为玛雅文明古典期。其地理分布主要是在玛雅地区的中部。但玛雅文明在巅峰阶段内却突然衰落，其原因至今众说纷纭。

从公元10世纪至公元16世纪，玛雅文明迁徙到玛雅地区的北部，也就是尤卡坦半岛的北部平原。这段时期，玛雅文明日趋衰落，而且随着西班牙人的入侵而受到严重摧毁。史学家称这段时期为玛雅文明的后古典期。

那么，在这前前后后几千年的时间里，玛雅人究竟创造了哪些了不起的东西呢？让我们慢慢加以介绍吧。

3. 种玉米的好手

玛雅文明和世界上其他的古代文明不太一样，不是产生在大河流域，或是海洋边岸，而是崛起在崇山峻岭和热带雨林之中，所以，玛雅人的农业发展也有自己独特的一面。

玛雅人会种许多植物，比如玉米、番茄、豆类、棉花、可可、烟草等，这些就是他们主要的农作物。但玛雅人的食物却主要是玉米，据考证，玉米占了玛雅人食物总量的80%。

玛雅人种玉米的方法是一种很原始的方法，我们称做“米尔帕耕作法”。所谓“米尔帕耕作法”就是先把一块土地上的树木、杂草统统砍倒，放置一段时间待其干燥后，在雨季到来之前将这些树木、杂草放火焚烧，然后以焚烧后的草木灰作肥料，铺撒到土壤之中，最后再播种下玉米。就这样，砍一次、烧一次、种一次，收一次，之后，这块土地要休耕1～3年，有时甚至要长达6年，待草木再次长得比较茂盛之后再砍、再烧、再种、再收。

这种耕种方法很是原始，但对玛雅人来说却很有效。据考证，玛雅农夫要完成一年的玉米种植全过程，只需要190天的时间，这也就意味着，玛雅农夫一年里可以有175天的闲暇时间。比较长的闲暇时间对于文明而言是个极好的催生剂，于是，就在这闲暇时间里，玛雅人创造出了金字塔、庙宇、广场、宫殿这些体量巨大的杰作，而且还催生了文字、绘画、雕塑、配饰、宗教这些精神上的奢侈品，数学、天文学也伴随着生产需求和精神追求而得以日臻精益。

同时，玛雅农夫在这190天的食物生产时间里，他可以收获两倍于他和全家人一年所需的粮食。于是，这多余的粮食除了留下一些作种子外，其余的可以拿去做交易，以获得其他的生产资料乃至奢侈品。

有了闲暇时间可以搞副业，有了富余的粮食可以做交易，玛雅文明就是在这个基础上发展起来的。

4. 玛雅人热衷于高智商的游戏

玛雅人在长期的生产实践中创造出了一套计数符号和计数方法，即以一个圆点代表“1”，以一横代表“5”，第一位到第二位采用20进位制，第二位到第三位采用18进位制。因此，“4”是4个圆点，“6”是一横加1个圆点，“9”是一横加4个圆点，“10”是两横，“11”是两横加1个圆点，“14”是两横加4个圆点，“15”是三横，“19”是三横加4个圆点；如果逢20进至第二位，则第一位上就用一只贝壳纹样的符号代表“零”。

从上面这套计数符号与计数法则系统中，我们可以知道，玛雅人已经掌握了“零”的概念。

数学的发展使得玛雅人能够在天文观测上取得很大成绩。玛雅人通过天文观测，已经算出来一个地球年是365.242 0天，而根据我们现在的科学计算，一个地球年是365.242 2天。几千年前，玛雅人能有如此精确的天文观测和数学计算本领着实让我们现代人吃惊。

玛雅人在长期的天文观测中还发现，金星在8个地球年中恰恰围绕着太阳走了5圈，于是便用5去除8个地球年的天数，得出584天的金星年天数。而根据我们现在的科学计算，金星年天数为583.92天。

玛雅人太厉害了！虽然在地球上种玉米，但心系太阳系。

考古学家们还考证出，玛雅人计算天数的单位也是出奇的大，比如：

20日为1乌因纳尔；

18乌因纳尔为1屯，等于360日；

20屯为1卡屯，等于7 200日；

20卡屯为1巴克屯，等于14万4 000日；

20巴克屯为1匹克屯，等于288万日；

20匹克屯为1卡拉伯屯，等于5 760万日；

20卡拉伯屯为1金契尔屯，等于11亿5 200万日；

20金契尔屯为1阿劳屯，等于230亿4 000万日。

这里面的乌因纳尔、屯、卡屯、巴克屯、匹克屯、卡拉伯屯、金契尔屯、阿劳屯等显然都是计量单位，都是考古学家们根据玛雅文字翻译出来的。

但玛雅人为何要使用如此大的数字来计算天数呢？这真让人不能理解。这些个计量单位如此之大即使是现代人在日常生活中也是用不到的。以现代的科学眼光来看的话，这么大的数字也许只会在一种学科中用到，那就是天文学。天文学家常常要用很大的数字来表示星系间的距离。

玛雅人除了可以计算出地球年的天数、金星年的天数，难道还要计算宇宙中星系间的距离吗？这些计算和玛雅人的玉米种植有关系吗？还是玛雅人确实太闲暇了，闲得难受以至于用计算星系间的距离这种高智商的游戏来解闷儿、消遣？

不知道！也许玛雅人的神秘就在于此吧！

5. 玛雅的建筑和城市

玛雅人和非洲大陆上的古埃及人似乎有着同一种爱好，那就是建造金字塔。稍微不同的是，古埃及人建造的金字塔大多为方形基座加尖顶，从侧面看去是一个等腰三角形，而玛雅人建造的金字塔多为梯形结构，下部为阶梯，上部为平台，平台之上有时还有庙宇等建筑。

玛雅人似乎特别热衷于建造金字塔。据考古学家判断，在玛雅地区大概有10万座金字塔散落在崇山峻岭和热带雨林之中。但建造这些金字塔是用来做什么的呢？考古学家们似乎也没有特别肯定的答案，就像古埃及的金字塔一样，其真实的用途到现在都还是一个谜。考古学家们对玛雅金字塔的用途给出了3个可能的答案。

一是祭奠。玛雅社会是一个宗教气氛很浓的社会，尽管有高智商的游戏来填充闲暇时间，但仍然挡不住玛雅人的宗教情结，金字塔就提供了这样一个宗教祭奠活动的平台。在祭奠活动时，祭司们沿着陡峭的塔身，攀上几十级、甚至上百级的阶梯到达塔顶，想必一定会给塔下面的芸芸众生们一种通天而达神的感觉，祭司们在高高的塔顶上，也仿若身处云端，脚下的一切也都仿若掌控在自己的举手投足之中，那感觉一定是很爽的。

二是观天。金字塔的这个用途似乎务实一些。玛雅人闲来时喜欢看看天象，算算星际距离，所以，在没有望远镜等现代设备的时代，要想准确地观察星象，就必须要站在一个较高的地方，从而能纵目千里、一览乾坤。考古学家们对玛雅金字塔这个用途的猜测似乎得到了一些证实。比如，在一些玛雅的壁画上，可以看到祭司们站在金字塔的塔顶上，手持一种十字交叉的小仪器在仰观天象。看起来，玛雅人真的是喜欢高智商的游戏。

三是陵寝。考古学家们在一处金字塔的塔身深处发现了一间宽敞的密室，里面停放了一具古代玛雅首领的尸骨。由此，考古学家们推断，金字塔的第三个用途可能是陵墓。

建造金字塔对于玛雅人来说，需要很高的组织协调能力。一座金字塔需要数十吨重的石料成千上万块，而采集、搬运、安装这些石料则需要一个强大的而且是运作非常协调的集体。想到玛雅人具有很高的智商，完成这样的组织工作应该还是有能力的。

玛雅社会的发展过程中，已经出现了城市。尽管这些城市同属于一个叫“玛雅社会”的指称范围，城市里的人说同一种语言，信同一种宗教，具有同一种文化特征，但它们彼此之间在政治上是独立的。其间关系有些像公元前6世纪至公元前2世纪时的希腊各城邦之间的关系，如斯巴达、雅典和科林斯等；也有些像公元13世纪至公元16世纪时的意大利城邦之间的关系，如威尼斯、热那亚和佛罗伦萨等。

简单地说，玛雅人的城市在文化上是同一的，在政治上是独立的。

6. 温柔与残酷

据考古学家们考证，在玛雅的整个历史长河中，从没有出现过任何形式的大独裁者来统治玛雅社会。也就是说，玛雅的历史中，没有出现过埃及式的法老，也没有出现过罗马式的恺撒这样的强权人物。

但是在玛雅社会里还是有阶级和群体的划分的。其划分情况大致如下。

(1) 贵族

贵族包括了君王、酋长、顾问、军事首领及其这些人下属的各级头目，大致相当于现今我们社会里的各级公务员。

(2) 祭司

祭司这个阶层从血统上讲和贵族有着千丝万缕的联系。祭司可以娶妻生子，可以子承父业。另外，贵族阶层的人也经常流入祭司阶层，因为玛雅人规定，贵族长子继承父位，幼子则可以选择成为祭司。祭司们对玛雅社会的影响力绝不亚于贵族，因为祭司阶层掌握着玛雅文明的钥匙，他们会写文字，会观天象，懂数学，能通神，可以指导农业生产，可以占卜政事吉凶，所以贵族们经常会向他们求教，并不时地向他们进贡。

(3) 平民

平民是指为数众多的普通劳动者。这些劳动者除了种植庄稼养活自己及家人外，还要供养贵族和祭司。同时，他们也是金字塔、神庙、宫殿的建造者，他们可能是泥瓦匠、石匠、搬运工或建筑工人。

(4) 奴隶

奴隶的出现始于玛雅社会的后期，可能是来自于战俘、流浪儿、窃贼或拐卖来的人口。奴隶被用作人力使用，有时也被用作人祭。显然，奴隶是社会最底层的人群。

玛雅社会在其最繁荣时期，不光是经济发达（玉米收成很好），科学技术发达（数学、天文学），而且还是一个和谐的社会。据说，在这个时候的玛雅社会里，路不拾遗、夜不闭户，没有人到邻居家的地里去偷玉米棒子。

还据说，玛雅人没有严酷的刑罚，而是用“罪感”和“耻感”来控制人们的行为。所以就连必不可少的刑罚也变成了要命的温柔。玛雅社会里最严酷的刑罚就是用小鞭子抽打犯罪人的脚底100下，而且这100下小鞭子还可以分期完成，比如分在4天里完成，平均每天只抽打25下。每天打完25下，犯罪人也不是被投进监狱，而是释放回家，令其次日再来刑场接受第二天的25下抽打。犯罪人从其居家到刑场的来回路上，也没有警察看管、押解，而是完全靠犯罪人的自觉，因为“罪感”和“耻感”在发挥作用。

玛雅人选公务员也很公开透明。据说，在古代玛雅城市中，最高统治者被称为“真人”，也就是“君王”的意思，“真人”集政权、军权、教权于一身。“真人”在位执政期间最主要的政务之一就是亲自选拔、任命各村镇首领，也就是酋长。这个选拔、任命的过程是通过公开招聘、考试的形式完成的，表面上非常公平透明。这个过程大致如下：所有候选人都要首先接受一种“平等”的，但比较“奇特”的考试，考试内容没有笔试，只有面试，即当面回答考官提出的一些问题，答出答案者胜出，即可被任命为酋长。这过程“平等”似乎自不必说，而“奇特”之处在于考官的问题。考官问的问题似乎都很琐碎，也很模糊奇怪，大部分候选人往往被问得不知所云或答非所问。但就在这候选人当中，有极个别的一些人，他们得到了秘传，知道如何回答考官的提问，就如同威虎山中，杨子荣知道如何回答座山雕和八大金刚的黑话问讯一样。这种公开招聘式的选拔干部方式，被玛雅人认为是神意的体现。那些通过某种渠道得到黑话秘传的人在考试之后，立即被承认为领导班子成员，开始掌握大权，而那些普通的应试者或候选人，往往自视聪明，其实不明就里，回答不出问题或答非所问，结果被推出去斩首了。就这样，很多自视聪明的读书人在向权力高峰攀登的过程中糊里糊涂地就被这个“和谐”的、“公正”的玛雅社会斩杀了。玛雅人确实很聪明，智商很高，他们不用什么抓阄、抽签或占卜之类的骗人手法来选拔干部，而是靠这个“公开招聘”加“考试”的方法。然而，这貌似“公开”、“公正”、“透明”、“和谐”的背后，却隐藏着很大的杀机。

这位被选出来的干部，也就是酋长的工作是很忙的，从种玉米到建金字塔，从诉讼到祭祀，从日常事务到战时军事，可谓事无巨细、事必躬亲。这位被选出来的酋长一经认定，便终生任职，当然，前提是必须要对“真人”绝对服从、绝对忠诚。高级祭司们在酋长的整个遴选过程中，发挥了很大的作用，他们就是那些黑话秘传的传播渠道，但他们绝不会轻易、盲目地将黑话秘传给普通的候选人，而只有那些被认为能够维持“真人”的统治、能够维护王室家族独享统治权的人才有可能得到祭司们的秘传。这也就是“真人”的真正本义。而那些觊觎这个统治权的外来人、那些对既得利益集团有威胁的人，则在这个“公开招聘”加“考试”的过程中，被“巧妙”地甄别出来，而且是立马铲除、不留后患。玛雅的统治者就是靠了这个制度，维护了其在政治上的“稳定”和“和谐”，维护了单一家族对广大百姓的辖制。

玛雅人不是很聪明吗？他们不是经常玩高智商的游戏吗？怎么会连统治者的这点把戏都看不透呢？哈哈，历史的经验证明，往往能读懂大自然秘密的人未必能读得懂人心的秘密。中国有句俗话说：人心叵测。是也。

玛雅社会中真正的残酷是在这里。

7. 玛雅文字

据考古学家们考证，到公元前后时，玛雅社会已经开始出现文字。这文字也同世界上众多文明的起始文字一样，是象形文字。玛雅象形文字开始只是在很小的地域内流传，后来随着商业贸易的发展，也开始扩展开来，及至整个玛雅地区。

神秘的玛雅文字

玛雅的象形文字多是刻在石碑的碑身上、庙宇的墙壁上、墓室的墓墙上、玉器上、配饰上、贝壳上，也有用一种毛发笔描绘在陶器和动物皮上的。在玛雅科潘遗址的一座金字塔的台阶上，就刻下了2500多个玛雅象形文字。这个8米宽、90级高的石头台阶因此也被称为“象形文字梯道”，成为世界巨型铭刻的杰作之一。

从众多的玛雅象形文字中，经过归纳整理，我们现在已知的玛雅象形文字字数有850多个。在这850多个象形文字中，有三分之一左右已经被我们释读出来，而其余的三分之二还仍然是“死文字”。于此，很多现代学者或驰骋想象、或钩玄考据、或求助于大型计算机分析演绎，然都归于扼腕叹息、无果而终。至今，大部分玛雅象形文字还是神秘无解。

玛雅文字外形呈方块状，图案以描绘动物、神祇的头像为主，而极少见对日常生产生活中实际事物的描画。由此可以猜想，玛雅文字最初萌生的动力当是来自宗教。而且，根据考证，我们现在知道，当初这些玛雅文字的刻写都是由祭司们主持完成的，普通的玛雅人对文字工作难以胜任，既不能写，也不能读。

玛雅文字呈现给我们的还有一个谜，那就是，我们所发现的玛雅文字，无论是其结构还是体态，几乎都已经进入到一个非常成熟的状态。这和我们通常所认识的世界上其他文字的发展有较大的不同。世界上大多数的文字大都经历过从图画到象形、从象形到写意、从写意到拟声，笔画从繁到简这样一个过程。而玛雅象形文字却似乎没有这个过程，它一出现便展现出一种成熟之美，好像是天外来客赐给玛雅人的一种奇妙的礼物一般。

公元15世纪，哥伦布发现了美洲新大陆，第一次听到了“玛雅”这个名字，但他一点都不清楚这个名字所代表的是一种辉煌的文化，一种令世人难以琢磨的高度发达的文明。

自哥伦布后，西班牙人便如潮水般地向这个新大陆涌来。

公元1562年，西班牙军队里的一个邪恶的随军主教兰达，出于对玛雅文明的嫉妒和仇视，竟然策划了一次针对玛雅文化的“焚书坑儒”，他下令将所有的玛雅书籍都付之一炬，并将玛雅祭司全部处以火刑。兰达的目的是要彻底消灭玛雅文化。但就在兰达残暴无情的大火之下，竟然还有几卷玛雅经文侥幸逃过一劫。

这几卷玛雅经文大概成书于公元11世纪至公元15世纪，是玛雅的祭司们用毛发笔抄写在榕树皮或鹿皮之上的。经文所记述的关于玛雅人生活的内容十分丰富，从玉米种植到渔猎生产，从日常起居到服装配饰，从婚丧嫁娶到祭祀典礼，从人口迁徙到建造住房，从儿童教育到社会管理，其中，真人、酋长、祭司、武士、工匠、商人、医生、巫婆等各色人等的活动都有详细记载，林林总总，不一而足。

在兰达的大火中，这几卷经文侥幸逃过一劫，并流失于民间，后陆陆续续地被学者或考古学家发现并收藏。这几卷幸存的玛雅经文真是太过金贵，虽然它们可能只是反映了玛雅文明的一鳞片爪、吉光片羽，但仅从我们能释读的那些玛雅文字中，我们就已经了解到了那灿若星辰的玛雅文明了。

现在，我们已经发现的逃过兰达大火的玛雅经文有4卷。这4卷经文根据收藏地点或发现者的名字来命名它们，分别是《德累斯顿抄本》、《巴黎抄本》、《马德里抄本》和《格罗里那抄本》。

除了这4卷玛雅人自己用玛雅象形文字书写的经文外，我们现在还能看到一些西班牙人用西班牙文记录玛雅人生活的文献，其中最有价值的当如《基切-玛雅人的圣书波波尔•乌》。还有一套名为《契兰•巴兰》的丛书，是玛雅人后裔在被西班牙人殖民化的过程中，用西班牙文字，或者更确切地说，是用拉丁字母记录玛雅人生活的文献。尽管这些文献都不是用玛雅象形文字写成，但它们对研究玛雅文明、玛雅文字、玛雅语言有着很重要的作用。

有兴趣的读者不妨将以上这些文献，无论是用玛雅象形文字写成的抄本，还是用拉丁字母写就的丛书，都找来研究一番，说不定，你也可以又发现一些玛雅人的重大文明业绩呢！也说不定你可能会破译出几个玛雅象形文字呢！

8. 迷雾重重

公元9世纪末，玛雅文明结束了全盛的古典期，开始走向衰落。

从公元10世纪开始，玛雅文明逐渐迁徙到玛雅地区的北部，也就是尤卡坦半岛平原。

公元1492年，欧洲人哥伦布第一次来到这块土地上。10年后，公元1502年，哥伦布第一次听到了“玛雅”这个名字。

公元1562年，西班牙传教士兰达“焚书坑儒”，将玛雅文献尽数付之一炬，将玛雅祭司全部处以火刑。

公元1785年，一名叫里奥的墨西哥军官发现了位于今日墨西哥恰帕斯州的玛雅古城帕楞克。20年后，另一名叫都潘克斯的墨西哥军官再次探访帕楞克这座玛雅古城。里奥和都潘克斯都认为，帕楞克古城肯定不会是居住在这一带的玛雅人修建的，因为此时的玛雅人、或印第安人看上去是那么愚昧无知，不可能是如此一个伟大文明的传人。之后，这两人撰写了一篇关于帕楞克古城遗址的考察报告，并发表在一本学术刊物上，但并没有引起世人的多大注意。

公元19世纪30年代初，北危地马拉总督加林杜和一位探险家王尔德克先后几次探访了帕楞克和科潘这两座玛雅古城，并出版了一本带有很多插图的书对此加以介绍。加林杜认为，中美洲曾是世界文明的起源地，然后整个文化和文明向西移动，逐渐传到了中国、印度、美索不达米亚，最终传到欧洲，而与此同时，作为文明发祥地的中美洲却又沦落为荒蛮之地。而王尔德克则认为，如今这湮没在中美洲崇山峻岭中的古老文明只是印度文明的一条支脉，那些雕刻在石碑上、金字塔上的象形符号其实是大象头部的各种描画。

上述这些军官、探险家对玛雅文明的探索还只是带有猎奇性的泛泛之举，严肃性与科学性都较欠缺，而玛雅考古学的真正创始人应该是美国人约翰•劳埃德•斯蒂文斯和英国画家弗雷德里克•卡瑟伍德。

约翰•劳埃德•斯蒂文斯出生于一个富有的家庭，自己又是个律师，但纨绔子弟的生活使他养成了放荡不羁、随心所欲的性格。斯蒂文斯放弃了自己的律师职业，跑到欧洲、俄国、埃及以及阿拉伯等地游山玩水。公元1836年，斯蒂文斯在伦敦结识了一位英国的画家弗雷德里克•卡瑟伍德。卡瑟伍德也是一位旅游探险爱好者，于是，这二人相见恨晚、志同道合，并一同前往中美洲去探寻玛雅古迹。探险旅程的艰辛自然不言而喻，但探索未知的好奇心激励着他们克服了种种困难，其发现自然也很可观。斯蒂文斯后来曾回忆在探险时的一些场景，写道：

> 完全不可能用文字来形容当我们在探险时我所拥有的浓烈兴趣。我面临的一切都是新鲜的，既没有向导，又没有导游图，完全是一片处女地。眼睛看不出10码以外，完全不知道双脚下一步又会踩踏上什么文物。不时地我们停下来砍去覆盖在石碑表面的树枝和藤蔓，然后又挖掘一番，挖出一些破碎的、从地下半伸出地面的石雕像。当随我们一起而来的印第安人在进行挖掘时，我俯身向前，心里充满了焦虑和期盼，期盼着一只眼、一个耳朵、一只脚或一只手被发掘出来。而当一个印第安人的大砍刀“铮”的一声碰撞上了石雕品时，我急得一把将他推开，用自己的双手把坑里的泥土一点点地刨了出来。

斯蒂文斯和卡瑟伍德在玛雅古迹中待了数月，每日忙于挖石碑、勾地图、绘素描、写文献。

斯蒂文斯尤其对玛雅文字发生了兴趣，他想要知道这些图画符号到底在讲述着怎样一个神奇的往事。但他面对那一个个神秘精致、玄奥晦涩的神祇头像花了很长的时间苦苦思索后，最终不得不痛苦地承认自己的智商恐怕赶不上玛雅古人。

斯蒂文斯知道自己的能力有限，于是他以当年50美元的高价从当地印第安人手中购买了一块土地，准备日后以此为基地，开展玛雅文明的研究工作，真正了解这高深莫测且浪漫辉煌的深山密林中的奇迹。

数月后，斯蒂文斯和卡瑟伍德回到了纽约，并共同发表了一篇考古论文《中美洲、恰帕斯和尤卡坦游记》。在这篇论文中，斯蒂文斯和卡瑟伍德都认为，玛雅古迹的辉煌绝不逊色于埃及任何一处古迹，玛雅文明是世界文明的又一极。斯蒂文斯和卡瑟伍德还非常坚定地认为，玛雅文明肯定源于美洲本土，玛雅古迹的建造者和现在还居住在这里的玛雅印第安人的祖先有相当接近的关系。随着斯蒂文斯和卡瑟伍德玛雅考古论文的发表，玛雅文化研究或玛雅学从此诞生了。

公元1852年，斯蒂文斯病逝于纽约。公元1854年，卡瑟伍德在一次海难中身亡。这两位玛雅学的先驱应该值得我们记住。

自斯蒂文斯和卡瑟伍德开创玛雅学后的100多年来，玛雅文化研究已经取得了很大的成绩。但玛雅文明对于我们今天的人来说，仍然有很多的谜团等待去破解。

9. 玛雅人和中国人有关系吗？

很多的文献、媒体甚至专家学者都在渲染这样一个说法，即玛雅人和中国人似乎有着某种神秘的联系。事实是这样吗？

有人宣称，玛雅人使用的象形文字，其中一些与中国的象形文字很是相像，于是便猜想，这之间会不会有什么联系。

考古学家们发现玛雅人钟爱玉器，并具备高水平的玉器雕琢能力，这和中国人喜爱玉器有相似之处。而且玛雅人和中国人都有将玉石与生命、繁衍联系起来的一种信仰。

玛雅人和中国人在艺术造型方面也有暗合之处。两地的玉器在造型上有惊人的相似之处，而在陶器的器形及一些细部上也有很多相似点。

在玛雅的废墟中，有考古学家发现了一张太极图。

玛雅人特别崇拜一种神，即羽蛇神。这羽蛇神和中国的龙似乎同出一形，而且都是和祈雨的祭祀有关。

所有这些一鳞半爪、吉光片羽的材料都让人浮想联翩、心驰意骋。然而到目前为止，都还没有确凿的、科学的证据来支持这些猜想。

较为有些科学依据的论断是：中国人，这当然是指以汉人为主的族群，属于较典型的蒙古人种，也就是所谓的黄色人种。其特征是：皮肤呈黄色或黄褐色，头发呈黑色且粗而直，体毛及胡须不甚发达，脸型扁平或窄长，下巴不凸出但或尖或扁，颧骨突出，鼻宽度中等，鼻梁不高，唇厚适中，眼裂较狭，眼球呈褐色，多数人具有眼内角的内眦皱裂，幼儿臀部有骶部色素斑，也就是俗称的“蒙古斑”。而玛雅人在很多方面和中国人具有同样的特征，不仅拥有内眦皱裂、骶部色素斑，连掌纹线都与中国人的极为相似，唯一不同的是玛雅人具有一只漂亮的“鹰钩鼻”，而据一些学者称，这“鹰钩鼻”应该来自于古玛雅人在穿越白令海峡来到美洲并长期在寒冷地带生活所导致的适应性变异。

所以，我们可不可以这样认为：

人类在长期的发展、繁衍、迁徙、交往的过程中，有进化、有变异、有混杂、有相似；玛雅人或美洲印第安人几万年前来自亚洲，这似乎已成定论，那么他们肯定会带有强烈的亚洲黄种人也就是蒙古人种的特征；至于几万年后他们的文化中或多或少、或隐或现地出现中国文化的印记，或与之有相似之处，这应该是人类大脑中深层次的记忆的体现，也有可能是人类对大自然的一种趋同的客观认识的体现，也有可能只是一种简单的巧合。

10. 玛雅人和外星人有关系吗？

还有一种更富有想象力的猜想便是，玛雅人似乎与外星人有着某种联系。

这猜想背后的线索是这样的：我们至今没有看到玛雅象形文字的初始阶段的文物，目前所呈现在我们面前的都已经是非常成熟、发达健硕、美轮美奂、系统完整的象形文字。难道玛雅人的象形文字一经出生便是这般成熟、美丽吗？它没有经过蹒跚学步、简单粗陋的阶段吗？由于这些谜团尚未解开，玛雅文字来自外星智慧的说法便应运而生。

前面讲到了玛雅人超强的数学本领，那巨大的天文数字完全超出了玛雅人种玉米的需求。这是否意味着玛雅人在地球上种玉米的同时，还要和远在天际之外的其他星系进行沟通、对话，探讨一些奥数题呢？

玛雅人还有一种非常超强的本领，那就是他们对天文、历法的知识异常精通。除去前面讲到的玛雅人精确地计算出地球年、金星年的天数之外，玛雅人还创造出一种叫“卓金历”的历法，这种历法以260天为一年周期。但奇怪的是，我们现在的科学家们在太阳系内却没有找到一个适用这种历法的星球。难道玛雅人的眼光真的达到了太阳系之外？这不得不使人们将玛雅智慧的来源引到了地球人至今也没有找到的所谓外星智慧。

公元20世纪50年代，人们在玛雅古城帕楞克的废墟里发现了一块浮雕石板。开始的时候，人们对浮雕的图案不解其意，但到了60年代，人类发明了宇宙飞船并进入太空后，人们才突然意识到，那块浮雕石板上的图案竟然是个宇宙飞行器。尽管图案经过抽象处理，但进气口、排气管、操纵杆、脚踏板、方向舵、天线、软管以及各种仪表部件仍清晰可辨。这真是让人难以置信啊！

难道真的如一些极富想象力的猜想所言：在几千年前，美洲的崇山峻岭中突然遭到一批具有高度文明的外星智慧的造访；这些外星智慧人乘宇宙飞行器而来，降落在玛雅人生活的地方，看到玛雅人勤劳聪明、孺子可教，便又将更为先进的知识，如文字、数学、天文等，一一传授给玛雅人；一段时间的帮贫扶教后，外星智慧人又乘飞行器飘然离去，只留下了玛雅人对他们无限美好的回忆。

11. 玛雅文明到底是怎么衰落的?

从公元3世纪至公元9世纪末，是玛雅文明在玛雅南部地区的全盛期，在这段时期内，玛雅人创造了灿烂的文明业绩。但这之后，在数十年间，玛雅文明却突然衰落，个中原因颇费思量。

关于玛雅文明在玛雅南部地区突然衰落的原因，有很多说法。有说是因为地力衰竭、迫使玛雅人寻找新的适合耕种的土地而远走他乡、致使这一文明在这一地区中断的；有说是因为瘟疫流行、人口锐减从而导致文明衰落的；有说是因为外族入侵的；有说是因为内部民众起义造反的；有说是因为玛雅祭司阶层对于知识的过于垄断、导致玛雅文明难以为继的；也有的说是因为外星智慧人在离开玛雅之前曾许诺不久后再回到地球、但玛雅人久等不来、终于引发整个民族心理崩溃、导致文明解体的。

公元20世纪80年代，一支由40多位学者组成的多学科考察队用了6年的时间对200多处的玛雅文明遗址进行了考察。其中关于玛雅文明衰落的原因，科考队给出的结论是：玛雅文明是因为为争夺财富和权势而引发的城邦之间的内讧而毁灭的。科考队认为：玛雅人并非是传说中那样温柔、和谐的族群，相反，在玛雅文明古典期的后期，玛雅地区内毗邻城邦的玛雅贵族们一直在进行着争权夺利的战争；而这玛雅人的战争就好像是一场恐怖的体育比赛，贵族们驱使着平民和奴隶们用矛或木棒作武器，袭击其他城邦，其目的是抓俘敌方人员，并把他们交给己方祭司，作为祭祀典礼上的祭品；这种祭祀很是血腥，成群成群的活人被开膛破肚、剥皮尸解；而这种战争你来我往、以血还血，终于将一个大好的文明世界送上了断头台。

这样一个说法似乎对玛雅文明衰落的原因有了一个交代，但其中仍然不乏困惑和疑团：战争的原因到底是什么，是单纯地为了祭祀呢，还是争权夺利？战争在短时间内将所有的文明都毁灭了吗？

无论如何，玛雅文明在经历了千年的辉煌之后，在数十年间突然衰落，目前仍然是一个让人纠结的课题。当然，这个课题还是留给我们的考古学家、历史学家们去慢慢研磨吧，相信他们在未来会给我们一个更为明晰的答案的。

文明的奇迹仍然湮没在深山密林处，重重迷雾仍然在阻挠着我们探寻事情的真相。尽管今日，仍有200万以上的玛雅人后裔居住在墨西哥、伯利兹、洪都拉斯以及危地马拉等地，但是古代玛雅文明中的所有精华，比如文字、天文、历法、数学、建筑、艺术等，都已经很难从这些玛雅后代人们的身上找到一些蛛丝马迹了。

玛雅，神秘的玛雅！
宇宙浩瀚！
混沌重重！

结绳记事创帝国

1. 小精灵

通观人类历史上绝大部分文明社会的发展历程，可以看出，几乎在每一个文明的起源和发展过程中，都有一个小精灵在其中起着至关重要的作用。这个小精灵虽然体格不是很强大，但其能量却不可忽视，它像是催化剂，催生了文明的诞生，也加快了文明的进程，它是人类生产劳动的一个重要工具，也是人类精神信仰的寄托和体现，它记录了人类社会一段发展历程的风风雨雨，也让今人借此得以准确地了解到那久远年代的真实面貌。

这个小精灵就是文字。

是的，据我们现在掌握的历史资料来看，几乎所有的文明社会都有文字的产生伴随在其中。

但且慢，这里有一个例外。这个例外就是大名鼎鼎的南美洲安第斯山脉上的印加帝国。

2. 前夜繁星

印加帝国从哪里来？如何强大的？又是如何灭亡的？这些问题萦绕在我们的脑际，驱使我们去探究其中的秘密。好，让我们拨开迷雾，来看一看这个文明的发展史吧。

在南美洲太平洋沿岸中部、安第斯山脉中段和玻利维亚高原这一带，在从公元13世纪至公元16世纪这一段时期内，被一个叫“印加”的部落所统治，并形成了一个强大的“印加帝国”，我们就称这片地区为“印加地区”吧。而“印加”一词则是来自印加部落的语言——克丘亚语，意为“国王”。

在从公元前80世纪至公元前30世纪这近乎5 000年左右的时间里，就在这印加地区，当地的原始部落住民们开始走出石器时代，而迈向农业文明。这是一个漫长的历史阶段，但值得注意的是，其起始时间确是非常之早，可以和亚洲大陆西部两河流域的苏美尔人所创造的农业文明相媲美。就在这段时间里，部落住民们学会了原始的种植业和畜牧业，生产力有了长足的发展。之后，随着生产力的发展，其文明的萌芽也开始滋生，经过长期的日积月累、劳作培育，逐渐形成了一些具有代表性的文化标志。

迄今为止，考古学者们已经在整个印加地区发现了很多的文化遗址，它们都是印加帝国前期在这块土地上生长出来的一个个灿烂的文化果实。

(1)“查文文化”

公元前10世纪至公元6世纪这一段时期，在印加地区的北部高原一带出现了“查文文化”，该文化由一处叫“查文-德-万塔尔”的古代部落遗迹而得名。在这个遗迹内，考古学家们发现了石屋和地下神殿等建筑物，其中一座名为“卡斯蒂略”的建筑物，已经具有房间、走廊、楼梯、通风烟囱等基本的建筑要素或结构。考古学家们还发现了大量的石柱、石碑等雕刻作品。尤其是在建筑物外的圆形广场上，考古学家们看到了一处精美的壁雕，壁雕的大部分纹样是当地的美洲虎图案，显示出当地人的美洲虎崇拜情节，尤其是壁雕上面一个头戴蛇形羽状冠饰的兽头人身像更是栩栩如生。“查文文化”的陶器和金属器也很出色，显示出“查文文化”在造型艺术上已经达到了一定的水平。

（2）“帕拉卡斯文化”

公元前10世纪至公元5世纪，在印加地区南部的沿海一带，出现了“帕拉卡斯文化”。“帕拉卡斯文化”最惊人的成就是它的纺织、刺绣工艺，其纺织、刺绣物品色彩绚丽、图案复杂，达到了高度的艺术性。

（3）“那斯卡文化”

公元1世纪左右，在印加地区南部的那斯卡地区，出现了神秘莫测的“那斯卡地画”。一片绵延数公里画在大地上的线条，构成了各种生动的图案，而这图案之大，只有今日的人们乘飞机才能看清它们的全部面目。据信这是古那斯卡人所为。但这些地画是怎样创造出来的？其目的是什么？至今仍无人能给出一个令人满意的解释。这是一个千古之谜。

公元10世纪中叶，仍然是在这一地区，出现了“那斯卡文化”。“那斯卡文化”的陶艺非常突出，其陶器色彩可以达到红、黄、褐、灰、紫、黑、白等10多种颜色，图案有鸟兽、草木、神怪等，施釉达8～10次之多。

（4）“莫契卡文化”

公元10世纪中叶，在印加地区北部沿海一带，出现了“莫契卡文化”。“莫契卡文化”的代表作是土筑金字塔，其中最大的一座金字塔长228米、宽136米、高18米，用了上亿块土坯建造完成。考古还发现，“莫契卡文化”时期，这里的人们已经知道如何提炼金银，并懂得如何用金银与铜制造合金。“莫契卡文化”时期的陶艺也很独特，其陶器兼具器皿与塑像的功能，器身被塑成人身像、人头像、动物像或家具、房屋、船只、果实等形状，造型栩栩如生。

（5）“蒂亚瓦纳科文化”

公元6世纪至公元10世纪，在现在的厄瓜多尔的南部、秘鲁、玻利维亚高原、智利的北部、阿根廷的西北部地区出现了最著名、最发达的“蒂亚瓦纳科文化”。而这“蒂亚瓦纳科文化”的中心则是位于安第斯山脉的一处巨大的遗址群。该遗址群处于海拔4 000米的高原之上，其西北方向21公里处就是著名的世界最高的淡水湖——的的喀喀湖。该遗址群占地有半个平方公里，以巨石建筑为突出特征。该遗址群于1548年为西班牙人在蒂亚瓦纳科村庄首次发现，并由此得名。

遗址群中最有名的一个建筑物就是“太阳门”。太阳门高3米多，由一整块巨石雕刻完成，重量达百余吨，每年的秋分、春分之日，黎明的第一缕阳光便从门洞中央穿过，该石门也由此得名。根据考古学家的考证，我们现在知道，太阳门大概建造于公元8世纪前后，所用石料采自于几公里外的一个采石场。但，如何建造这个巨石建筑，如何完成如此巨大石料的搬运工作却成了一个匪夷所思的谜团。

科学家们认为，在那个时代的美洲，还没有发明轮子和铁器，运输完全依靠人力的拖拽，所以要把数十吨乃至上百吨的石块从数公里外的采石场拖运到太阳门现在的位置，必须要有一支2万余人的劳动队伍才能完成，而那时的蒂亚瓦纳科要解决2万余人的吃住问题似乎也是不可能的。也有科学家在推测，依靠的的喀喀湖的水路来运输巨石是否有可能。但推测的结果发现，运送如此巨大的石头将要建造一艘巨大无比的平底驳船才可，而建造如此巨大的驳船在当时的美洲似乎也是不太可能的。

总之，在印加文明的前期，这个“蒂亚瓦纳科文化”是很辉煌的，但却给我们留下了很多疑团，让今人伤透脑筋也不得要领。

上面提到的这几处文化遗址，其生存年代都是在印加文明兴起之前的2 000多年间，虽然各有特色，但又同属南美洲印第安人的文化圈，而且他们还有一个共同的属性，那就是，迄今为止，没有发现文字的痕迹。

须知，当印加文明正要兴起之时，在北面距离他们几千公里之遥的玛雅文明此时已经结束了全盛期正要开始衰落了呢！而那个玛雅文明却创造出了非常成熟、非常优美的象形文字。

尽管印加文明也是美洲印第安人的创造，但和玛雅文明相比较起来，却又迥然不同，当然这最大的不同就是有无文字。也正是由于在印加地区没有发现文字，所以，针对上述这些文化遗址的考证，就只能是根据实物来进行了，而缺少文字的支持。

3. 印加的逐步崛起与快速灭亡

就在这众多部落兴起、文明的萌芽开始四处滋生的时候，一个不是很起眼的小小的部落开始崭露头角。这就是印加。

印加，当时整个印加地区内100多个部落的其中之一，生活在的的喀喀湖附近一个叫库斯科的谷地里，操一种叫“克丘亚语”的语言，而且，其社会生活深受“蒂亚瓦纳科文化”的影响。

公元13世纪时，印加部落开始崛起。它首先与周边的其他克丘亚语系的部落结盟，逐渐扩而大之。到公元15世纪时，印加已经成功地征服、吞并了整个印加地区，形成了一个强大的部落联盟，进而开创了一个奴隶制的帝国，首都就设在库斯科。

由于没有文字的记载，这一段历史的真相我们还不是很准确地掌握，我们所能知道的，有很多是根据当地人的传说推断而来。

根据印加的民间传说，至公元15世纪中叶，印加总共有过八位统治者，这八位统治者的名称、事迹大致如下。

第一位统治者是开国的国王、神话人物曼科•卡帕克。他开创了印加王国，在库斯科谷地建立了首都库斯科，并对百姓进行启蒙教化。

第二位统治者是辛契•罗卡。他继承先人遗志，征服了库斯科谷地周边的各个部落，形成部落联盟，并把部落联盟划分为若干个部分进行管理。在他统治时期，“政府”机制完备起来，“法律”秩序也已初步确立。

第三位统治者是略克•尤潘基。他带领初建的正规军穿过崇山峻岭远征“科里亚”人，并迫使“丘奎图”部落归顺帝国。

第四位统治者是迈塔•卡帕克。他最早在“阿普里马克”河上架起了索桥，还率军到达了现在秘鲁的“莫克瓜”和“阿雷基帕”。

第五位统治者是卡克•尤潘基。这是个勇猛善战的武士，他巩固了先辈们的征服地，并将国土拓展到现今的玻利维亚，控制了沿海的“那斯卡”人。

第六位统治者是印加•罗卡。他征服了更多的部落，包括“安科瓦柳”人和好战的“昌卡”人，他在国家的文化设施和组织建设上建树颇多。

第七位统治者是雅瓦尔•瓦卡克。在他统治期间，“昌卡”部落发生叛乱。

第八位统治者是维拉科查。他成功地镇压了“昌卡”人的叛乱，并取其父而代之。

以上这八位统治者的名称、事迹、统治年代以及所涉及的其他部落名称都是根据传说而来，没有文字做依据，不可进一步深考。但我们可以知道的是，这个印加文明大概兴起于公元13世纪，而至公元15世纪中叶前，这个印加实际上还处于部落联盟的阶段，并未形成一个强大的帝国国家。而上面提到的这八位统治者也并非真正意义上的国王，而只是部落联盟的大酋长而已。比如，第二位统治者的名字叫辛契•罗卡，在克丘亚语中，其意思就是“选出来指挥战争的领袖”，由此可见这个统治者的身份和地位。到公元15世纪中叶时，印加这个部落联盟的活动范围还主要是集中在库斯科谷地及其周边地区。

自公元15世纪中叶之后，印加的历史轨迹开始变得面目清晰、连贯可信起来。那我们就再继续看看这之后的印加历史吧，当然，还是以统治者为线索。

第九位统治者是帕查库蒂•印加•尤潘基，其在位时间为公元1438年至公元1471年。这是一位印加历史上比较有作为的统治者，或者说名声比较大的统治者。在克丘亚语中，“帕查”是土地和时间的意思，“库蒂”是转变的意思，而“帕查库蒂”就是“改革者”了。这位改革者在其统治期间，对内是政教合一、加强集权统治，对外则军事扩张、镇压部落叛乱，终于使得印加在他一任上成为一个咄咄逼人、锋芒显露的大帝国。

第十位统治者是图帕克•印加•尤潘基，其在位时间为公元1471年至公元1493年。图帕克继承先王的遗志，继续军事扩张的政策，先后征服了“卡哈马卡”、“那斯卡”、“利马”、“奇穆”和“基多”等地，将其势力范围扩展到整个安第斯山脉的中部地区，使得印加成为一个名副其实的强大繁盛的帝国。

第十一位统治者是瓦伊纳•卡帕克，其在位时间为公元1493年至公元1525年。瓦伊纳当政期间，印加帝国出现了重大转机。一是，就在这段时期，哥伦布发现了这个新大陆，西班牙人开始陆陆续续地从欧洲远道而来，相对落后的印加文明与相对发达的欧洲文明碰撞到了一起，不产生矛盾是不可能的事情；二是，这个瓦伊纳妻妾众多，且生有二子，一为嫡长子瓦斯卡尔，二为庶幼子阿塔瓦尔帕，二子之间的矛盾也在所难免。当瓦伊纳年老临终之时，宣布将帝国一分为二，嫡庶二子各领其一。这种安排无疑为日后二子的争端埋下了种子。

第十二位统治者是瓦斯卡尔，就是那位嫡长子，其在位时间为公元1525年至公元1532年。由于这个嫡长子从父王手中领到的土地是以库斯科为首都的帝国中心的大片土地，所以，我们就把这个嫡长子认作是印加帝国的第十二位统治者。在这位嫡长子瓦斯卡尔的统治时期，西班牙人开始觊觎这个强大的印加帝国。以西班牙人弗朗西斯科•皮萨罗为首的小股军事部队屡次进犯安第斯山脉，意欲消灭印加帝国。而与此同时，嫡长子瓦斯卡尔与弟弟阿塔瓦尔帕之间的矛盾则更加激烈，终于演化成帝国内部的强烈冲突。公元1532年，兄弟俩在帝国首都库斯科附近大战，双方各领帝国军队数万对阵厮杀，死伤惨重，而哥哥终因指挥失当败给了弟弟，丢失王位。

第十三位统治者自然就是这个弟弟阿塔瓦尔帕，但他的王位只存在了不到一年。阿塔瓦尔帕战胜了哥哥之后，夺取王位，但他过于忌惮于哥哥过去的威望，在夺得王位后，仍然大肆屠杀哥哥过去的追随者，致使激起民怨。而与此同时，西班牙人皮萨罗率领一支只有100余人的军队来到帝国首都，用计俘虏并挟持了这个印加帝国最后的一位统治者，于是，强大的印加帝国似乎在顷刻间便灰飞烟灭了。

4. 王室大道与巨石建筑

印加帝国在辉煌了仅仅100年左右之后，便在西班牙人的入侵下迅速瓦解了。这不能不让我们感到多多少少有些遗憾。难道在那个时候，欧洲文明真的要比印加文明高明许多吗？在欧洲文明面前，印加文明就真的不堪一击吗？不然的话，那个叫皮萨罗的西班牙人怎么就只带了100多人，顷刻间就将拥有几万军队的印加帝国消灭了呢?

历史如雾，历史似谜。

但无论如何，印加帝国的辉煌还是在人类文明史上占有一席之地的。印加帝国的政治制度、宗教信仰、生产生活、审美艺术、天文历法等等都是人类文明的瑰宝，尤其是印加人的道路系统和巨石建筑，更让印加文明在人类土木建筑史上添上了重重的一笔。

大凡一个帝国在兴起和强盛之时，都要大兴土木，这既是形象工程，也是客观所必需。中国的秦始皇在统一六国之后，便“车同轨”，随即广修“驰道”与“直道”，将帝国首都咸阳与全国各地快速地联通起来，首次奠定了人类历史上“高速公路”的基本概念。古罗马帝国也是如此，在其兴盛之时，全国各个行省都有大路与罗马相通，是谓“条条大路通罗马”。

印加帝国也有同样的壮举。在其兴盛之时，印加人耗费巨大人力、物力修建了两条贯穿整个印加地区的王室大道，一条纵跨高原地带，一条则沿海穿行。两条干道又生出许多支路通往沿途各地，形成了一个四通八达的道路网络。当然，这个网络的中心便是帝国首都库斯科。以今日眼光看这王室大道，其工程巨大及建造难度恐怕令现代社会也会知难而退。

据学者们考证，因为那时普通百姓日常的生产生活还只限于部落周边的农田、农舍，而生产工具也是极其简单，甚至连轮子、车辆这样的工具都还没有发明出来，人们不需要长距离、大规模的物资运输，旅游也还没有成为印加人的时尚，所以，印加帝国的王室大道使用率不是很高。那么，这个王室大道的用途是什么呢？学者们较为一致的看法是，王室大道最大的用途是为了帝国军队的远征。

王室大道每隔15公里或20公里，便会设一处驿站。驿站中有为印加王出巡时所用的住所，豪华如宫殿般，也有为邮差和行人服务的一般休息之处，小巧但很实用。但驿站中最主要的部分则是碉堡、兵营和仓库这些军事设施，显然，驿站的主要功能是作为帝国军队在长途行军时的临时驻地及给养补充点。由于有了这四通八达的道路系统和设施完善的驿站系统，印加帝国的军队便可以在很短的时间内集结完毕并指向要讨伐的地点，也正是由于此，印加部落，或印加部落联盟在短短的不到100年的时间里便征服了周边若干个大部落，如“昌卡”、“基多”等，而成为一个强大的帝国。

印加帝国另一个了不起的成就是其巨石建筑。帝国内，众多的城垣、宫殿、碉堡、神庙都是以巨石为材料、以人力为动力建造起来的。

现今我们能看到的一座非常了不起的军事堡垒是“萨克萨瓦

曼”，它被认为是印加帝国最伟大的军事工程之一。

传说，印加历史上最著名的统治者帕查库蒂和他的继承人图帕克将印加帝国的首都库斯科规划设计成一个巨兽形象，而这巨兽的头部便是这著名的萨克萨瓦曼。而“萨克萨瓦曼”在克丘亚语中的意思是“帝国猎鹰”。

萨克萨瓦曼确实是像一只凶猛的猎鹰一样，它背向库斯科城，面向城外一片开阔的平原，雄踞一座陡峭的山坡之上，大有敢于击退一切来犯之敌的气势。堡垒沿着山坡从下到上共修建了三道护墙，每一道护墙高18米、长500余米，将三座塔楼牢牢地拱卫其上。三座塔楼分别是国王的行宫和驻军的兵营，其内竟然有温泉供生活和享受之用。塔楼下面是用石料砌成的网状地道，曲折迂回形似迷宫。可见这个堡垒的固若金汤与设计精巧。

堡垒所用的石料甚是巨大，最大的石料其长、宽、高分别达到8米、4.2米和3.6米，体积有120余立方米之巨，而重量则高达200余吨。如此巨大的石料除了令人叹为观止外，还真是着实令人百思不得其解。

因为那时的印加人还不懂得使用金属工具，也未发明带轮子的交通车辆，更不会制造吊车、滑轮这样的机械设备，他们完全是靠人力切割岩石，也完全是靠人力将石料从采石场拖运到工地。而那采石场，距离近的有50公里，远的则要80公里之遥，中途还要跋山涉水，跨沟跃坎，如何能完成这样的旅程呢？即便是将这些巨大的石料运到了工地，又是如何将它们垒砌成石墙或堡垒呢？因为它们太大了，似乎是人力所不可企及的。

谜团！谜团！我们现在的人无法解释这些工程是如何完成的。

在印加帝国的城堡中，还有一个更是大名鼎鼎、世人皆知，那便是“马丘比丘”了。

公元1911年，美国耶鲁大学的一位历史学家、考古教授宾厄姆来到了库斯科地区。在库斯科城西北100余公里的地方，在一处被热带丛林包围、海拔2 000多米的山脊上，宾厄姆教授发现了一座让人瞠目结舌的城堡。之所以说瞠目结舌，那是因为，这个城堡就建在窄窄的山脊上，四周均是悬崖峭壁，仿佛稍不注意，城堡就有掉下山崖的危险。根据教授的考证，这个城堡大约是在公元15世纪时建造的，很有可能就是在帕查库蒂的统治时期，也就是那个对印加帝国有过重大贡献、号称“改革者”的在位时期。城堡没有名字，考古学家们便以附近的一座小山来命名它，从此，“马丘比丘”这个响亮的名字便如雷贯耳、经久不衰。

马丘比丘占地数平方公里，完全建于悬崖峭壁之巅的一层层人工台地之上。城外以石墙环绕，城内则遍布民居、神庙、堡垒、浴室、祭坛、作坊、市场、广场、庭院，建筑多达200座，且也是完全以石料建筑。城中一条为首的石阶步道沿山脊起伏盘旋、贯穿全城，将所有的建筑与庭院、广场都勾连起来。整个城堡工于设计、融于自然、巨制辉煌、宛若天成，不愧为印加帝国建筑史上的一颗明珠。

马丘比丘这个位于山巅的城堡是做什么用的呢？考古学家们有多种说法，有说是宗教场所，有说是避暑胜地，有说是军事堡垒。虽然说法众多，但不论如何，马丘比丘的魅力与谜团足以让现代人驻足冥想、感叹历史的深邃。

那个耶鲁大学的历史学家和考古学家宾厄姆由于在密林深处、高山之巅发现了这个被遗弃的城堡而功成名就，但他也借此从马丘比丘掠走了大量的文物，至今没有归还。历史会对他的功过做个公允的评判。

马丘比丘现在已是国际公认的人类文明遗产。公元1977年，一群建筑师、城市规划师来到了这里，看到这精美的城堡，想到了人类的过去，又想到了人类的未来，追昔抚今，感慨万千，于是签下了一份公约，号召世人珍爱家园，科学发展。这份公约史称《马丘比丘宪章》。

5. 结绳记事

印加文明留给我们的谜团太多了。这其中的原因除去历史的久远之外，还有一个原因更为重要，那就是，印加文明没有给我们留下文字记载。

迄今为止，考古学家们没有发现印加文明留下的只字片语，哪怕是较为原始的图画式文字也没有看到。学者们大惑不解，因为大凡一个文明发展到一定程度，都会伴随着一个小精灵在其中跳跃不止，这个小精灵便是文字。两河流域文明、尼罗河流域文明、黄河流域文明，即便是美洲的玛雅文明，其发展历程似乎都印证了这个定式。然而，在这里，在印加文明中，学者们发现了一个反证。

确实，印加文明中没有文字的影子，这似乎与印加文明发达的程度不太匹配。没有文字，这个文明靠什么来传递信息呢？没有信息的传递，一个文明又如何能延续下去呢？

公元15世纪、16世纪陆陆续续来到安第斯山脉的欧洲人发现，印加人有他们独特的信息传递和记录方式。要说独特，也不一定准确，因为这个方式在世界上别处几个文明的起源过程中也曾出现过，那就是“结绳记事”。欧洲人发现，尽管这个靠在绳子上打结来记录日常生活信息的方式非常原始，但印加人似乎对这一套情有独钟且娴熟至极、颇有效率，使得这个小小的“绳结”在帝国的生活、生产、军事以及管理等各项复杂的事务中，竟发挥了非同小可的作用。

印加人的“绳结”是用一根以毛料或棉线编制成的粗大主绳与系在主绳上的许多细绳组成。这一根主绳与它所牵挂的若干细绳便表示了一个事件或一个事物。主绳上所牵挂的细绳数量少则几十，多则上百，自然也就体现了事物复杂程度的不一。

细绳上“结”的位置与数量可以用来表示多位数。如，离主绳最远的一组结是个位数，依次是十位、百位、千位，越靠近主绳的一组结，其位数也越高。于是，这样一个绳结便表达了一个多位数。

不同颜色，不同形态，不同数量的绳结记录下了生产生活中的各种事务。

细绳还有多种颜色，不同的颜色表示不同的事物。比如，褐色表示马铃薯，白色表示银子，黄色表示金子，红色表示士兵，黑色表示时间。

有时，颜色也用来表达抽象概念，如白色代表和平，红色代表战争等。

用绳结来记录完整的历史事件，这看起来似乎是一个难以完成的任务。尽管绳结的表意功能远远不及文字，甚至不及图画，但事实是，绳结在记录历史这一任务中担当了重要的角色。印加人的历史多数是靠口口相传而流传下来，但负责记录历史的“史官”们通过绳结来记录下事件中的重大要素，这样，可以给后人以提示，从而在一定程度上保证了这口传历史的准确性。

印加人传递信息的方法就是靠“邮差”跑步接力传递这绳结。好在印加帝国的道路系统非常发达，又有星罗棋布的驿站安插其中，邮差跑步接力传递绳结成为了可能。印加的邮差是像军队一样的服役制职业，男孩子在长到一定年龄时就会被划到“可能的邮差”这一特定人群，被安排进行专门的训练，之后，再根据个人的奔跑速度和忠实可靠程度而被征服役。如此看来，印加帝国的这个“王室大道”就是当时的信息高速公路啊！

绳结，这个原始社会的产物，这个文明社会初期人类用来记事传信的简单工具，对于印加人来说，就是文字和纸张了。这绳结承担了文字和文字载体的两项功能，在印加文明史上留下不可磨灭的功绩。

印加人的“绳结”大小不一、繁简不定、形状千秋、颜色各异，可读事，可计数。张开来，形似缨络，细推敲，信息密布，退几步观之，竟也是一副立体的抽象画呢。

千古余音

1. 在留声机发明之前

几百年前、几千年前、甚至几万年前人类生活的景象是个什么样子呢？那时候，人类吃什么？喝什么？住什么样的房子？如何耕作？如何打猎？如何繁衍？这些情况，现在的人们可以通过考古、通过保存至今的人类遗物对此略知一二，或者稍加详细。

古人们通过陶罐器皿、劳动工具、服装饰配，通过壁画、雕塑、文字，将他们当时的生活情况告诉了我们这些后来人。我们这些后来人便可以通过这些实物洞晓古人们的生活，揣摩他们的思想感情。

是的，现代社会的人们，只要耐心，只要细致，再借助于一些科学手段，似乎就可以比较全面地了解古人们的生活了。

但且慢，好像古人们有一件事情，是我们现在的人类永远也不知晓的，那就是古代的声音。古时候人们说话的声音是什么样的？

唱歌的声音是什么样的？我们现在无从知晓。因为直到公元19世纪下半叶，美国人爱迪生才发明了留声机，人们从那时起才有能力将声音保存下来，供后人听到。而在此之前，人类是没有办法将声音保存下来的。所以，现代人对古人的了解，是看的很多，读的很多，然而听到的却几乎没有。

现代人对古人的说话发音，可以根据文字的记录加以推测。如诗经中记载的“蒹葭苍苍，白露为霜。所谓伊人，在水一方”，后人便可根据这些文字于现代的发音来推测古时的发音，因为，显然，这些诗句中的最后一字通常要押韵的。于是，我们便可断定，这“苍”、“霜”、“方”三字是用韵字了。再如，晚唐诗人杜牧曾有一诗：“远上寒山石径斜，白云深处有人家，停车坐爱枫林晚，霜叶红于二月花”。其中“斜”字，因要和后面押韵，我们便推断，这“斜”字在唐时应该读“霞”音而非“鞋”音。

但真实情况确是如此吗？很有可能是的，这是我们通过推理并参考现代语言的一些情况而得出的结论，应该不假。但可惜的是，我们却听不到古人们说话时的发音，我们的判断只能说是几乎正确，却不能说是绝对正确。因为我们没有真实地听到这声音。

不光是古人们说话的声音，150年前的其他任何自然界的声音，我们现在都听不到。

2. 铙与钟

乐器是一种很神奇的东西，它可以将声音“保存”下来，或者严格地说，乐器是将声音按照一定的规则一次次地“放送”出来。

我们现在虽然听不到古人讲话的声音了，但他们演奏乐器的声音，因为乐器本身还存在，所以我们还能听得到。

中国古代殷商时，人们喜欢乐舞，尤其是丰收、祭祀、祷告、欢宴时，跳舞便是必不可少的仪式。人们身披兽衣，头戴兽角，挥舞着禽羽做成的饰物翩翩起舞，而伴随着这舞蹈的便是以“铙”为乐器的音乐声。“铙”是一种拿在手里，用柄敲击可以发声的一种青铜乐器，其形状有如两片合在一起的瓦。但有些大铙则要放置于地面上，以重锤敲之。殷商时代，人们就是在这铜铙的乐声中，狂热地歌舞，把音乐、舞蹈、体育和祭祀、祷告、驱鬼、占卜很好地结合了起来。

公元1959年，在中国湖南省宁乡出土了五只殷商铜铙，其中一只兽面纹铜铙、两只象纹铜铙、两只虎纹铜铙。这些铜铙形制较大、气魄雄伟，每只都有70多厘米高，以柄敲击其侧，声音雄浑空阔、悠扬久远。

公元1993年6月，在与五只铜铙出土地相距仅20米的地方，又出土了10只殷商铜铙。这10只铜铙均呈灰褐色，其中一只上有4组虎纹图案，其余9只饰有饕餮纹和云雷纹。10只铜铙大小和重量依次递减，最大的通高54.5厘米，重30千克，最小的通高36厘米，重9.5千克。专家学者对这10只铜铙进行了测音，得出的结果是，形制相同的9只铜铙可发出C、D、E、F、G这5种调的音，部分专家学者认为这是中国最早能编组演奏的乐器，因此将之称为“编铙”。

铙随着历史的推移，到了周朝时，便逐渐演化成了“钟”。钟按其形制和悬挂方式又有甬钟、钮钟、镈钟等不同称谓。钟的大小和其发音频率有直接关系。声音频率不同的钟依大小次序成组悬挂在钟架上，形成合律合奏的音阶，称之为“编钟”。商代的钟为3枚一套或5枚一套，西周中晚期有8枚一套的，东周时增至9枚一套或13枚一套。春秋战国时期编钟风靡一时，是达官贵人的财产象征。

公元1978年，在中国湖北省随县发现了一处战国初期的古墓。墓主为战国初期曾国国君，名字叫乙。所以，这处古墓便被称作曾侯乙墓。从曾侯乙墓中出土的文物有很多，而且都很珍贵。然而，在这当中，最最珍贵的文物是一套编钟。

曾侯乙编钟是中国迄今发现的数量最多、保存最好、音律最全、气势最宏伟的一套编钟。

这套编钟共有65枚大小不同的钟，以大小和音高为序编成8组悬挂在三层钟架上。最上层有3组共19枚，是为钮钟，其体形较小，高度为20余厘米，重量为2千克左右，钟身上有方形钮和篆体铭文。中下两层有5组共45枚，是为甬钟，有长柄，钟体遍饰浮雕式蟠虺纹，细密精致。另有一枚镈钟，位于下层甬钟中间，形体硕大，高度为150余厘米，重量有200多千克，钮呈双龙蛇形，龙体卷曲，回首后顾，而蛇位于龙首之上，盘绕相对，其动势跃然浮现。这枚镈钟上镌有铭文，记述此镈钟乃楚惠王赠送的殉葬品。

这套编钟还有一个非常奇妙之处，便是，每一枚钟，当敲击其钟体的不同部位时，会发出两种不同的音高，而且两种音高之间互不干扰。

后来，在公元20世纪80年代，中国的科学技术人员用激光全息摄影和扫描电镜技术对曾侯乙编钟进行了研究。研究发现，中国人的祖先在2 400多年前就已经掌握了一整套铸造编钟的技术，这些技术包括这么几个方面：

（1）以铜、锡、铅三种金属的最佳配方比例来铸造编钟，以获得编钟最为优美的音色；

（2）依靠调整钟体的大小尺寸和钟壁的厚薄来控制准确的音高；

（3）设计所谓“合瓦式”的独特造型以及复杂的钟腔结构来创造那“一钟双音”的奇妙。

正是中国古人的聪明，使得这套编钟能够做到精准绝伦、惟妙惟肖。整套编钟全部音域贯穿5个半八度组，高音、低音明显，中间3个八度组中12个半音齐备。由于这套编钟有了完备的中间音，所以能在任何一个音上灵活自如地“旋宫转调”。

在这套编钟的钟体上，还镌刻有2 800多字的铭文，铭文记载了先秦时期的乐学理论以及曾、周、楚、齐等诸侯国的“律名”和“阶名”的相互对应关系。这些铭文说明，中国古人的编钟已经几乎做到了极致，更为重要的是，中国古人的音乐理论也已经达到了相当高的水准，遥遥领先于世界。

3. 余姚骨哨

曾侯乙编钟产生于2 400多年前。但考古发现，中国人制造乐器的历史远不止于此。

公元20世纪70年代，在中国浙江省余姚的河姆渡镇，由于修建水利设施而意外地发现了一处人类新石器时代的遗址。在遗址中发现了160余枚骨哨，据考，这些骨哨距今有7 000多年的历史。

所谓骨哨，就是以大型鸟禽类动物的肢骨加工而成的一种乐器，其具体加工方法就是将肢骨截去两头，在骨管上打出若干个孔洞。加工方法比较简单，但这似乎是已发现的人类最早的发声器具了。这些骨哨长度为4～12厘米，哨身略呈弧曲，可以吹出几个简单的音。

但其中有一件骨哨却与众不同，因为在出土时发现其骨管内还插有另一肢骨。将这个骨哨放入嘴里轻吹，同时抽动骨管内的肢骨，就可以发出不同频率的音，甚至可以吹奏出简单的乐曲来。

骨哨是用来诱捕猎物，还是用来吹奏乐曲的呢？现在的人们还在思考这个问题。从新石器时代的生产发展情况来看，骨哨可能是兼用的，捕猎时用来作为诱捕猎物的工具，闲暇时则作为娱乐消遣的乐器。当然这是现在人的一种猜想。但无论如何，骨哨已经具有了乐器的功能。

4. 贾湖骨笛

7 000年前的余姚骨哨已经可以说是人类最早的乐器了，但又一个考古发现使得我们不得不对这一结论给予否定。而这又一个考古发现甚至让我们瞠目结舌或大跌眼镜。

公元20世纪80年代，在中国河南省舞阳县北舞渡镇西南1.5公里的贾湖村，发现了一处距今9 000年的人类新石器时代遗址。在该遗址中出土的文物近5 000件，其中包括石磨盘、陶器、碳化的稻粒、陶器中疑似为酒制品的残留物、具有文字意义的契刻符号、骨笛等。这些出土文物对了解人类的农业史、酿酒史、文字史、音乐史都具有重要的意义。

在贾湖遗址内，出土了碳化稻米及石磨盘、磨棒、石铲等文物，这些文物表明9 000年至8 000年前，贾湖这个地方已出现了人工栽培稻。这个发现对研究中国地区的稻作农业起源以及这一时期人类的生产方式具有重要意义。

中国的技术人员与美国的技术人员合作对陶器中的残留物进行了研究，确认，9 000年前的贾湖人已经掌握了酿酒技术，酿酒原料有大米、蜂蜜、葡萄和山楂等。目前，中美两国技术人员已经将贾湖古酒的配方复制了出来。

中国的文字学者和技术人员对在贾湖遗址内发现的与文字起源有关的实物——契刻符号进行了研究，认为，贾湖刻符是早于安阳殷墟甲骨卜辞4 000多年的具有文字意义的刻画符号，它为“汉字从何产生”这个非常重要的研究课题提供了崭新的考古资料，是迄今为止我们发现的人类最早的文字雏形。

在贾湖遗址的出土文物中，最有震撼力、足以让现代人瞠目结舌的当属30余只贾湖骨笛。这30余只骨笛被认为是迄今为止我们发现的人类最早的、保存最完整的、而且发音准确度甚高的乐器。贾湖骨笛有二孔、五孔、六孔、七孔和八孔笛，长度在17.3～24.6厘米，直径在0.9～1.72厘米，制作材料系为鹤的尺骨，制作规范，形制固定。尤其是经过我们当代的音乐家和技术人员一起用现代化仪器对其中一只七孔骨笛进行测量后，得知，这只骨笛已经具有七声音阶，而且其音准竟然与现代乐器不相上下，也就是说，其发声频率几乎完全符合当今世界公认的“十二平均律”。

5. 十二平均律

“律”是音乐学中的一个术语，是指音阶中每个音的音高规律，也就是说，在一个音阶中，每两个相邻音之间的发音频率的关系。而“律学”则是研究这一关系的学问。

律学是一门涉及声学、音响学、乐器学、和声学及音乐数学的边缘学科。律学的发展对音乐中和声理论的研究、对转调理论的研究、对旋律音程的结构与音准、对乐器的制造都有很重要的指导意义。律学的研究主要是以物理和数学的手段对发音材料、音阶中每个音之间的相互关系进行研究，同时也涉及世界上各民族音乐中实际运用的音阶与调式等问题。

总之，律学是一门很复杂、很高深的学问，曾有人将之称为“绝学”。

中国古代春秋时期，人们对这个律学已经有了研究，提出了所谓“三分损益律”。其大致做法就是，假设以一弦长为基数，可以得到第一音，将该弦均分为三段，舍一取二，即基数的2/3，便又得到第二音，这是“三分损一”，如果将均分的三段再加一段，即基数的4/3，便又得第三音，这是“三分益一”；将这基数的4/3再作为下一个基数，按上述方法如此反复推算，最终可得到12个音。这12个音也称为“十二律”，每个律都有固定的律名。

好，我们再来看一个具体的实例。在《管子•地员篇》中有这样的话：“凡将起五音，几首，先主一而三之，四开以合九九，以是生黄钟小素之首以成宫。三分而益之以一，为百有八，为徵。不无有三分而去其乘，适足以生商。有三分而复干其所，以是生羽。有三分去其乘，适足以是成角。”

这段古文很难懂，我们还是将它翻译成现代语言吧。

这段话大概意思就是：将黄种音定位为起始音，作宫声，假定其律数为81，也就是假定吹奏乐器的管长或弹拨乐器的弦长为81，先三分益一，即乘以4/3，得律数108，这就是徵音；再用徵音三分损一，即乘以2/3，得律数72，这就是商音；再用商音三分益一，即乘以4/3，得律数96，这就是羽音；再用羽音三分损一，即乘以2/3，得律数48，这就是角音。将这5个音按大小顺序排列，并赋予一个律名，即得：

徵羽宫商角

而其律数分别是：

108 96 81 72 48

注意，这里的律数是个假设值，是指发音体——如琴弦——的长度，长度越小，振动频率越高，音越高。

古希腊的哲学家、数学家、天文学家毕达哥拉斯同时也是一个音乐理论家。毕达哥拉斯发现按整数比增加弦的长度，能产生整个音阶，例如：

假设一根弦的发音为C；

C的16/15长度则出B；

C的6/5长度则出A；

C的4/3长度则出G；

C的3/2长度则出F；

C的8/5长度则出E；

C的16/9长度则出D；

C的2/1长度则出低音C。

这个音阶也被人称为“毕达哥拉斯音阶”。

但不论是中国春秋时代的“三分损益律”，还是古希腊的“毕达哥拉斯音阶”，由于其音阶中每个音之间的差都不相同，也就是说，音阶中各个音的频率和弦长既不是等差数列，也不是等比数列，这样，就不利于在同一件乐器上在乐曲演奏中进行“旋宫转调”。

这个问题在公元16世纪时，被一个叫朱载堉的中国人解决了。

朱载堉，公元1536年生人，当时正值中国大明帝国的嘉靖年代，而这个朱载堉又出生于皇胄之门，是大明帝国的开国皇帝朱元璋的第九世孙。尽管出生于皇胄富贵之家，但朱载堉却不恋富贵，在其父病逝后，竟上书皇帝，甘愿放弃本可承袭的王位，布衣蔬食，席藁独处，埋头乐律、历算之学的研究，并撰写了大量的学术著作。

朱载堉对音乐学的最大贡献就是他创建了“十二平均律”。这是音乐学的一大革命，也是世界科学史上的一大发明。在全世界音乐学、律学的发展过程中，对如何能够实现乐曲演奏中的“旋宫转调”这一难题，古今中外都有很多学者曾孜孜不倦地进行过探索，但并没有实质性的突破，两千年来，乐曲的演奏和乐器的制造还是沿用中国古人的“三分损益率”或古希腊的“毕达哥拉斯音阶”。而朱载堉在总结前人律学理论的基础上，通过科学实验和精密的计算，成功地发现了一个“八度音”的音阶中12个音之间的等比数列规律并计算出了这个比值。朱载堉自己称这个比值为“密率”，后人则称这个数列规律为“十二平均律”。朱载堉在其《律学新说》中概述了“十二平均律”的计算方法，即“置一尺为实，以密率除之，凡十二遍。”

其实，在今天看来，这个数列的数学含义非常简单，就是一个等比数列。但在几百年前，能够从音乐的律学中发现这隐含的数列规律则是一个非常不简单的事情。

朱载堉提出的“置一尺为实，以密率除之，凡十二遍”，其数学意义如下：

从某一音高到下一个振动频率为其2倍的音高这一音程为“八度音”，将此“八度音”按照振动频率的比率分成12个等比级数，每两个相邻级数互为“半音”的音高距离，其结果就是每两个相邻半

音之间的振动频率比为2开12次方，即1.059 463。

也就是朱载堉自己所说的“密率”，也就是“十二平均律”。

“十二平均律”使得乐器能够自如地进行“旋宫转调”，并能够与“三分损益率”和“毕达哥拉斯音阶”很好地融合，因此被广泛使用。现在，“十二平均律”已经成为大部分乐器，尤其是乐器之王——钢琴的定音规则。

古人们为我们留下了许许多多的文字。这些文字记录了古人们的生产生活情况，记录了古人们的喜怒哀乐。尽管这些文字不会发出声音，但它们却是一首首美妙至极的无声之歌。

古人们还为我们留下了一些乐器以及关于乐器制作、乐器发声的法则。这些东西同样美妙至极，它让我们能够听到古人们的笑声、哭声、心灵颤动之声。这是美轮美奂、通彻天际的千古余音。

走出周口店

1. 魂牵梦绕

公元2009年6月底，中国的多家媒体都在醒目位置报道了这样一条消息：“时隔72年，周口店遗址再发掘。”报道称：这是周口店遗址自1937年大规模发掘停止后，72年内首次进行的以遗址保护为主旨的抢救性清理发掘；而且此次发掘并不以发现人类化石为第一诉求，但希望通过对遗址堆积的系统研究，在古人类确切的生存时代等重大学术问题上取得创新和突破。

此消息一出来，立即引起了世人及学者们的关注，大家又一次将目光和关注点投向了周口店这个地方。周口店，这个魂牵梦绕的地方，又将人们带回了90多年前在这里发生的一幕一幕。

2. 周口店

公元1918年，一位受聘于中国北洋政府农商部的洋人顾问安特生来到了北京房山周口店地区。安特生是瑞典的地质学家、考古学家，在中国已经工作多年，而且颇有成绩，他推动了中国的田野考古工作，发现了距今约7 000年的河南仰韶村的人类文化遗址。安特生此次到周口店来是为了进行地质调查和古生物化石采集的工作。安特生是个很敬业、很认真的科学家，当他来到周口店龙骨山这个地方时，些微的蛛丝马迹加上他特有的职业敏感，让他很快意识到，这个地方很有可能是古人类生活过的一个场所。

公元1921年，安特生又来到了周口店，这次和他一起来的还有美国古生物学家格兰阶、奥地利古生物学家斯丹斯基，几位学者在周口店龙骨山进行了详细的考察。他们先是在石灰岩地貌的洞穴里发现了一些具有锋利刃口的石英石片，显然这些石英石片对于石灰岩地貌的洞穴来说是外来物。他们意识到这些石英石片可能是古人类所使用过的工具，于是他们在洞穴里开始了进一步的发掘。终于，进一步的发掘使他们发现了古人类使用火的痕迹。这些痕迹包括五个灰烬层以及两处保存很好的灰堆遗存。对灰烬层和灰堆的进一步探寻，学者们发现了被火烧过的骨头、树枝、杂草，这些很有可能就是作为烧火的燃料，还有一些石器也有被火烧灼的痕迹。通过研究，学者们认为，在此地方生活的古人类不仅懂得用火，而且有控制火和保存火种的能力。同时，学者们判定，这些古人类生活的年代距今大约有几十万年了。

同年，斯丹斯基在周口店龙骨山发现了1颗前臼齿化石，但对于这颗牙齿化石是属于古人类的还是类人猿的，几位学者存在疑问。所以，在这之后关于古人类的考察报告里并未提到牙齿的发现。

公元1926年，安特生在周口店龙骨山清理大约几十万年前的古人类堆积物时又发现了一颗牙齿化石，经过研究后可以初步认定是古人类的前臼齿。安特生不放心，将这颗牙齿化石与几年前斯丹斯基发现的那颗牙齿化石一并交给了其好友、在北京协和医院工作的解剖学教授、加拿大人步达生，委托他做进一步鉴定。步达生在对这两颗牙齿化石做了进一步的鉴定后，确认这是两颗古人类的牙齿化石，其年代距今有50万年左右。

公元1926年的10月，恰逢瑞典皇太子古斯塔夫来访北京。皇太子是一位学识渊博、享有国际声誉的考古学家和中国文物的鉴赏家、收藏家，并担任瑞典科学研究委员会会长。而安特生在中国所进行的古生物和考古调查就是由瑞典科学研究委员会提供资助的，安特生自然要利用皇太子来访的这个机会有所作为。于是，安特生根据发现的用火遗迹以及两颗牙齿化石，并适时地选择了在迎接瑞典皇太子访问北京的欢迎仪式上，向全世界公布道：在北京房山周口店地区发现了50万年前的古人类生活遗址。

这个消息一经公布，立刻就像一颗重磅炸弹一样震撼了国际学术界。因为在当时，不仅在中国，即使是在亚洲大陆上的任何地方，都还没有发现过年代这么久的人类化石。

公元1927年，那个在协和医院工作的加拿大教授步达生根据这两颗前臼齿化石，将大约50万年前生活在周口店地区的古人类命名为“中国猿人北京种”。现在，我们通常将这一名称简化为“北京猿人”甚或“北京人”。

步达生的这一命名在当时被很多学术界人士认为是“胆子太大、证据太少”，因为很多人对这两颗牙齿的真正主人还心存疑问。步达生是一个治学严谨的科学家，同时他还是一个对探索古人类之谜极富热心之人，他决心要把这个事情彻底搞清楚。为了进一步探究周口店地区的情况，步达生致函他所供职的协和医院，建议从洛克菲勒基金会资助协和医院的经费中拿出一小部分供学者们进行周口店的挖掘研究工作。协和医院和洛克菲勒基金会在收到步达生的请求后均表示同意，但要求周口店项目必须是一项被中国科学界认可的项目，它必须有中方科学家的参与、合作。于是，步达生又就这一问题致函中国地质调查所的负责人翁文灏和丁文江，并很快就得到了他们的肯定答复。其实，翁文灏和丁文江两位中国学者与安特生、步达生等洋人学者都是好朋友加志同道合者，安特生之所以能够到中国任职还是得到了丁文江的推荐。

公元1927年，在得到中国地质调查所、协和医院及美国洛克菲勒基金会三方的认可后，中外多国的科学家开始大规模地对周口店地区进行考古发掘。中方参加周口店发掘工作的先后有李捷、杨钟健、裴文中、贾兰坡等人，而参加的外国人中除了上述几位学者外还有瑞典的布林等人。

公元1929年12月2日，中国考古学家、古生物学家裴文中在他独立主持的发掘中，首次发现了一个完整的"北京人"头盖骨。这一发现在中外学术界又引起了震动。

公元1936年11月，中国考古学家、古生物学家贾兰坡在11天之内连续发现了三个"北京人"头盖骨。这次的发现，再一次在国内外的学术界引起轰动。一位叫魏敦瑞的德国学者根据这些头盖骨，认为"北京人"是食人族。

到目前为止，在周口店地区出土的人类化石包括6件头盖骨、15件下颌骨、157枚牙齿及大量骨骼碎块，代表了约40个"北京人"的个体。这些人类化石为研究人类早期的生物学演化、人类早期的文化发展提供了难得的实物证据。

根据对这些化石及周口店地区其他文化沉积物的研究可知："北京人"生活在距今70万年至20万年之间；"北京人"的平均脑量达1 088毫升，而我们现代人脑量为1 400毫升；"北京人"的身高为男156厘米，女144厘米；"北京人"已经会制造、使用石器，加工石器的方法主要为锤击法，其次有砸击法，偶见砧击法；"北京人"已经能捕猎大型动物；"北京人"已经懂得用火和吃熟食，用火主要取于自然，而且知道如何保存火种；"北京人"的寿命较短，据推算，68.2%死于14岁前，超过50岁的不足4.5%。但"北京人"是否为食人族，学者们对这个问题还有争论。

"周口店"，这个本来默默无名的小山镇，由于其在公元20世纪初的几次重大考古发现，现在已经成为一个举世闻名的地方。周口店的考古发现，既在学术界引起了轰动，同时也在整个世界范围内再一次触动了人类长久以来不断思考、不断争论的两个话题，那就是：我们人类从何时起？我们人类从哪里来？

3. 达尔文

“江天一色无纤尘，皎皎空中孤月轮。江畔何人初见月？江月何年初照人？”1 300多年前，有一个叫张若虚的中国人站在春水波涌的江边，抬头仰望那永悬空中的明月，脑筋不知为何突然一转，竟发出了这样几句关于生命之始的疑问。

“谁是第一个看见月亮的人呢？”

其实，早在张若虚之前，很多人就提出了相同的问题，只不过没有张若虚那么咬文嚼字、那么绕弯子罢了。“我们人类从哪里来？”这个问题，是萦绕人类自身几千年的古老话题了。全世界各地区、各民族的人们都曾就这个问题演绎出了大量的内容迥异然而又似乎如出一辙的神话传说和宗教故事，可以说，这个问题是人类血脉里、灵魂里与生俱来的一个疑问。也可能就是因为人类自身能够提出这个问题，而使得人类从根本上与其他的动物区别开来。

中国古老的神话中就有人类起源的故事。比如说，盘古开辟天地之后，天地间出现女娲，女娲在这荒凉天地中感到寂寞，于是，她用泥土对照自己的形体捏出泥偶，放在地上，迎风一吹，便成为活跳跳的人，后来，女娲用藤条蘸泥水甩落到地上，就造出了更多的人。还有一说是女娲与伏羲兄妹相婚而生出人类。

希腊的神话传说中则是神王宙斯用泥土造成了人。据说，宙斯造出的第一个女人是潘多拉，目的是报复普罗米修斯盗火给人类的行径。但希腊的故事多有逻辑不合理处，仿佛在宙斯造人之前，人类已经存在了，只是宙斯造的人和当时存在的人不是一个祖先，一个天然，一个人工。当然，这些都是神话传说，不可认真，可能希腊人的逻辑就是如此。

而真正具有统治地位的说法则是《圣经•旧约•创世纪》中“上帝造人”的故事，这是对于上述问题一个最著名的诠释。故事说，上帝用地上的泥土按照自己的形象造了一个男人亚当，然后又从亚当身上取了一条肋骨造了一个女人夏娃，于是亚当和夏娃就成了人类最早的祖先了。“上帝造人”的故事统治了人类约3 000年，尽管有很多人怀疑这故事是否真实，但因为找不到另外一个更好的故事来代替，人们宁愿相信亚当和夏娃就是我们的祖先。

但这个故事到了公元19世纪却讲不下去了。一本叫《物种起源》的书搅动了“上帝造人”的故事，书的作者是达尔文。

达尔文，公元1809年出生在英国的一个小镇，其祖父、父亲都是医生，家境富裕。但青少年时期的达尔文却是个游手好闲的纨绔子弟，每日热衷于收集矿石和昆虫标本。他的父亲老达尔文有一次气愤不已地指责他说：你除了打猎、玩狗、抓老鼠，别的什么都不学，你将会是你自己和整个家族的耻辱。事后证明，老达尔文的这句预言正好相反。公元1825年秋，老达尔文准备让儿子继承自己的衣钵，把他送进了爱丁堡医学院。可惜，达尔文对医学毫无兴趣，更要命的是，他天性脆弱，不敢面对手术台上的淋漓鲜血。于是，两年之后，只好从医学院退学了。医生是当不成了，当牧师也是个体面的职业，达尔文又听从父命，进了剑桥神学院。虽然他对神学也没有什么兴趣，花在打猎和收集甲虫标本上的时间恐怕比花在学业上的时间要多得多，却也终于在几年后完成学业，准备到乡间当个牧师。

达尔文在课余打猎和收集甲虫标本的爱好，使他认识了一些博物学家，其中一位叫亨斯楼。亨斯楼的另外一些好友要求亨斯楼推荐一位对生物感兴趣、喜欢探险的年轻人一起参加“贝格尔号”的环球航行并进行一些科学探索，亨斯楼马上想到了达尔文，他推荐达尔文参加这次环球科考航行。达尔文的父亲老达尔文听说此事后竭力反对，他认为这会影响儿子在神学职业上的发展。但在达尔文的一再恳求下，老达尔文终于做出让步，同意儿子参加这次环球航行。

公元1831年，达尔文随“贝格尔号”扬帆起航，途经大西洋、南美洲、太平洋、大洋洲、非洲，沿途考察地质、植物和动物。一路上达尔文做了大量的观察笔记，采集了无数的标本。

当达尔文刚开始登上“贝格尔号”时，他还是一个虔诚的基督教徒，言必称《圣经》。但随着科考航行的继续，随着达尔文采集到了越来越多的标本，随着他自己的不断观察与思考，达尔文的思想开始发生变化。他对“一切生物都是由上帝创造”这一信条产生了怀疑。

达尔文在环球航行时，观察和思考了下面一些自然界的情况。

比如，生物种类连续性的问题。达尔文在南美洲挖到了一些已灭绝的犰狳的化石，与当地仍存活的犰狳的骨架作了比较后，他发现，化石犰狳除了个头要大得多这点外，其骨架和现今的犰狳几乎一样。所以，达尔文认为，现今的犰狳就是由这种已灭绝的大犰狳进化来的。

再比如，地方特有物种的问题。当他穿越南美大草原时，他注意到一个地区的鸵鸟和另外一个地区的鸵鸟既相似又不同，也就是说，每个地区有着既相似又不同的特有物种。达尔文认为，这种现象与其说是上帝分别创造的结果，还不如说这些物种原本具有相同的祖先，只是由于后来处于地理隔绝的状态而分别进化的结果。

还有，就是来自海洋岛屿的证据。他比较了非洲佛得角群岛和南美加拉帕格斯群岛上的生物类群。这两个群岛的地理环境比较相似，如果生物是上帝创造出来的，在相似的地理环境下应该创造出相似的生物类群才是合理的，但是这两个群岛的生物类群却差别很大。通过考察，达尔文了解到，佛得角群岛的生物类群更接近它附近的非洲大陆，显然，应该认为岛上的生物来自非洲大陆并逐渐发生了变化。在加拉帕格斯群岛上的情况也让达尔文颇费思量，达尔文发现，组成这个群岛的各个小岛虽然环境极为相似，却各自拥有独特的海龟、蜥蜴和鸟雀。达尔文想：找不到什么更充足的理由可以认为上帝故意在这些小岛上创造出这些独特的物种，难道上帝仅仅是为了好玩吗？不会，上帝不会贪玩的，更合理的解释应该是，这些特有物种都是由同一祖先在地理隔绝条件下通过进化而形成的。

就这样，达尔文随着“贝格尔号”航行了5年。5年后，“贝格尔号”绕地球一圈后回到了英国。回到英国后的达尔文没有再去当牧师，而是一头钻进了生物学，开始秘密研究生物进化的问题。

5年的环球科考航行，锻炼了达尔文的科学研究能力。达尔文通过观察、实验，通过读国内外生物学家的论文，通过与这些生物学家的通信联系，通过走访园丁和饲养员等等一些手段，发现，家养动植物的变异是由于人工精心选择而造成的，也就是说，人为的干预可以改变动物或植物的机能、外形，从而产生一种新的物种。人工干预可以使动植物产生变异，那么自然环境能使动、植物变异吗？如果能的话，又是如何发生的呢？达尔文陷入了困境，他久久地思索着。

一个偶然的机会，达尔文读到了马尔萨斯的《人口论》。《人口论》里有这样一句话："人口的增长必然快于生活资料的增长，因此也就必然导致贫困和对生活资料的争夺。"达尔文读到这里突然意识到，马尔萨斯的理论其实也可以应用于生物界的。所有生物的繁殖速度都是以指数增长的，繁衍的后代数目相当惊人，但是通观一个生物群，我们会发现，这个生物群的总数却又是相对稳定的，这说明繁衍的后代只有少数能够存活，大部分都过早地夭折了。而哪些能够生存下来，哪些又过早地就夭折了呢？这里一定存在着某种生存竞争。达尔文进一步推导：任何物种的个体都各不相同，都存在着变异，这些变异可能是既无益也无害的，也可能会影响到生存能力，从而导致个体的生存能力有强有弱，在生存竞争中，生存能力强的个体能产生较多的后代，种族得以繁衍，其遗传性状在数量上逐渐取得了优势，而生存能力弱的个体则逐渐被淘汰，长此以往，该生物物种就因为为了适应自然环境而逐渐发生了变异。达尔文把生物界在自然界中变异的这个过程称为"自然选择"，而世人则称之为"适者生存"。

因此，在达尔文看来，长颈鹿的祖先本是短脖子的，偶尔有一些长脖子的变异，在环境发生变化、食物稀少时，脖子长的鹿因为能够吃到高处的树叶子而有了生存优势，于是，一代又一代选择的结果，使得长脖子的性状在群体中扩散开来，进而产生了长颈鹿这个新的物种。

在达尔文完成"贝格尔号"环球航行20多年后，在他潜心研究生物进化的问题20多年后，在一些朋友的鼓动下，公元1859年，达尔文终于出版了他的著作《物种起源》。书一出版，立即在社会上引起轩然大波。据说，第一版的1 250本书在第一天即告售罄。

《物种起源》是一部划时代的著作，它影响了整个人类的思想认识。《物种起源》的出版第一次把生物学建立在科学研究的基础上，以一种全新的生物进化思想瓦解了“神创论”和“物种不变”的理论。

4. 布丰

达尔文由于《物种起源》一书被认为是生物进化论的奠基人。但实际上，在达尔文之前，生物进化论的思想已经开始在很多人的心中萌生了，这当然是由于欧洲文艺复兴之后，宗教逐渐失去权威，而科学逐步发展所致。

公元18世纪的法国博物学家布丰应该说是比较早的对物种起源进行科学探索的科学家。布丰，公元1707年出生于一个律师家庭，少年时期就显现出了对自然科学的偏好。大学时代，他虽然学的是法律，但毕业之后却又改行去学了两年的医学。一次偶然的机会，布丰结识了两位年轻的学者，一位是英国人，一位是德国人。布丰和他们谈话投机，遂成为了好朋友，他们利用假期一起到法国的南方、瑞士和意大利去旅游。这两个年轻人都具有科学的头脑，对传统的说教持有怀疑的态度，喜欢用实验和考察来认识世界。一路上，布丰深深受到这两位学者的影响，回来后，便一头扎进了博物学的研究。公元1733年，布丰进入了法兰西科学院任助理研究员，在这段时间里，他发表过一些有关森林学的研究报告，还翻译了英国学者的植物学论著，甚至还翻译了牛顿的《微积分术》。公元1739年，布丰当上了法兰西科学院副研究员，并被任命为皇家御花园和御书房的总管。布丰任皇家御花园和御书房总管后，除了扩建御花园外，还建立了一个“法国御花园及博物研究室通信员”的组织，通过这个组织，布丰接触到了国内外许多著名的专家、学者和旅行家，收集了大量的动物、植物、矿物样品和标本。而扩建后的御花园就成了布丰进行科学研究的实验室。布丰利用这些条件，投身于博物学研究达40余年，每天埋头研究并笔耕不辍，终于完成了一部共达36册的科学巨著——《自然史》。《自然史》是一部博物志，它包括了地球史、人类史、动物史、鸟类史和矿物史等几大部分，汇总了大量的事实材料，对自然现象以及自然界的形成做出了精确、详细、科学的描述和解释，提出了许多有价值的创见。

布丰在他的百科全书式的巨著《自然史》中描绘了宇宙、太阳系、地球以及人类的生成演化过程。布丰认为：宇宙中是不存在上帝的，用上帝的名义来解释宇宙的形成完全是宗教迷信和无知妄说。布丰认为：地球与太阳有许多相似之处，地球其实是一个冷却的小太阳；地球是由太阳与彗星碰撞而产生的一个碎块逐渐冷却而形成的；地球的诞生起码在10万年以前，这远比《圣经•创世纪》中所说的地球诞生于公元前4004年要早得多得多。布丰认为：地球表面的起伏，诸如山脉、河谷等，都是由于海底受涨潮、退潮以及海流作用的结果。布丰认为：生物是在地球的诞生发展过程中形成的，并随着地球环境的变化，如气候、营养等而产生变异；地球上的物质演变产生了植物和动物，最后有了人类。布丰甚至在当时大胆地提出：人类应当把自己列为动物的一属。他在《自然史》中写道："如果只注意面孔的话，猿是人类最初级的形式。猿除了灵魂外，它具有人类所有的一切器官。"布丰认为：人类的进化也不是如《圣经•创世纪》中所说的那样，是由于祖先亚当、夏娃偷吃了禁果才有了智慧，而是人类在漫长的生活实践中获得了知识、增长了本领。

布丰的这些思想虽然是唯物主义的和具有科学精神的，但在当时却非常不合时宜。公元1749年，他的《自然史》头三册出版时，虽然轰动了欧洲的学术界，但也遭到了保守势力的反对。当时的巴黎大学神学院就指控布丰离经叛道，并要对他给予宗教制裁。布丰在强大的保守势力面前不得不让步，连忙写了忏悔信，声明自己无意反驳《圣经》，并保证在不久即将出版的《自然史》第四册中把这封忏悔信刊在卷首。尽管布丰表面上屈从于保守的宗教势力，但他骨子里仍然坚信他自己的学说。公元1753年，布丰当选为法兰西科学院院士。公元1777年，法国政府在御花园里给他建立了一座铜像，铜像下部用拉丁文写着：“献给和大自然一样伟大的天才。”这是布丰生前就获得的一项非常高的荣誉。公元1788年，布丰去世，他在皇家御花园和御书房总管的职位上几乎工作了将近半个世纪，可以说是为科学献身了。

尽管布丰的一些学术观点今天看来还缺乏科学佐证，有些论断过于武断，如夸大了地貌形成过程中的海洋地质作用、地球年龄也不甚准确等，但布丰关于物种可变性和进化论的思想，在当时有着非常积极的启蒙作用。达尔文的《物种起源》以及生物进化论其实是受了布丰的很大影响。达尔文在他的《物种起源》一书的导言中就直接说道：“布丰是现代以科学眼光对待这个问题的第一人。”

5. 拉马克

在布丰之后，又有一位法国的博物学家对生物进化学说的产生发挥过重大的作用。这位博物学家的名字叫拉马克。他比布丰晚出生了37年。

拉马克，公元1744年出生于法国北部的皮卡第。公元1768年，年轻的拉马克与卢梭相识，而卢梭是当时法国著名的思想家、哲学家、教育家、文学家，卢梭对拉马克的思想影响巨大。卢梭经常带拉马克到他自己的研究室里去参观，并向拉马克介绍许多科学研究的经验和方法。就这样，逐渐地，拉马克对生物学的研究发生了兴趣，从此他花了20多年的时间，系统地研究了植物学。公元1778年，拉马克写出了他的第一部科学著作——《法国全境植物志》。公元1791年，拉马克历经9年编纂的《植物学辞典》出版了，这是法兰西百科全书的一部分。在这部辞典中，拉马克详细地描述了2 000多种植物，并为900多种植物配了图鉴。在植物学研究方面取得成功后，拉马克又开始研究动物学。公元1793年，拉马克被聘为巴黎博物馆无脊椎动物学教授。拉马克收集了许多千奇百怪的无脊椎小动物，在显微镜下，他仔细观察它们的构造与形状，研究它们的生存条件、生活习性，然后再按类给出代表及名称。无脊椎动物的分类是一项枯燥无味的工作，但拉马克却醉心于此，他很乐于在纷繁复杂的自然界中，为这些眼花缭乱的小动物们找到一条条属于它们自己的道路。公元1801年，拉马克完成了《无脊椎动物系统》一书，这是他在博物馆勤奋研究试验8年时光的结晶。拉马克在这本书中第一次阐述了他的生物进化思想，系统地论述了环境对有机体变异产生的影响。而“环境影响有机体发生变异”这一观点成为他日后的进化学论的一个重要原则。因为《无脊椎动物系统》这本书，拉马克成为了无脊椎动物学的创始人。公元1817年，拉马克又出版了《无脊椎动物自然史》。这部著作对当时所知道的无脊椎动物的种类和形态做了详尽的描述，成为公元19世纪生物学领域里的重要文献之一。

拉马克最重要的著作是他在公元1809年完成的《动物学哲学》。拉马克在《动物学哲学》中提出了两个重要概念。

第一个概念是“用进废退”。拉马克认为：人类起源于高级猿类，以后环境的变化，使猿直立行走，才变成了人类现在的“两手类”。他提出：动物的某一器官在没有达到发育限度前，使用得愈是频繁，愈能得到加强、发展，并增大起来，反之，若这个器官不常使用，就会逐渐地衰退，其能力亦逐渐减弱，直至器官完全退化，这就是著名的“用进废退”法则。

第二个概念是“获得性遗传”。拉马克认为物种经过不断的“用进废退”过程，便加强了该物种在某一方面的性状并适应了环境，而且该物种由于“用进废退”而在后天获得的性状还可以遗传给它的下一代，这样，该物种就逐渐变成了一个新的物种。拉马克认为，生物就是这样逐渐演变的，并认为，适应是生物进化的主要过程。

拉马克认为，“用进废退”和“获得性遗传”既是物种产生变异的原因，也是物种适应环境的过程。但是，这一观点由于受到当时生产水平和科学水平的限制，拉马克在说明进化原因时，把环境对于生物体的直接作用以及生物将自身获得的“用进废退”遗传给后代的过程过于简单化了，成为缺乏科学依据的一种推论，并武断地认为生物天生具有向上发展的趋向，以及动物的意志和欲望也在进化中发生作用。但无论如何，拉马克是第一个从生物和环境的相互关系来探讨生物进化动力的人，他的“用进废退”和“获得性遗传”为达尔文的进化论提供了相当厚实的理论奠基，甚至可以认为，达尔文的理论和拉马克的理论几乎如出一辙。

拉马克的生物进化说同样也遭到了宗教势力和保守势力的反对。但拉马克却坚信“承认真理比发现真理更困难”。晚年的拉马克生活拮据、疾病缠身。由于他长期使用显微镜，用眼过度，他终于双目失明，但他却没有放弃工作。他把女儿叫到身边，口述自己超越时代的生物学思想。《无脊椎动物自然史》的第6卷后半部分和整个第7卷就是在他双目失明后口述而成的。就这样，拉马克也是一直奋斗到生命的最后一刻。公元1829年，拉马克逝世，终年85岁。拉马克从25岁开始接触自然科学，60年如一日，一生孜孜不倦、探寻真理。公元1909年，在纪念他的名著《动物学哲学》出版100周年之际，巴黎博物馆为他建立了纪念碑，让人们永远缅怀这位伟大的生物进化论的先驱者。

6. 华莱士

如同布丰一样，拉马克的理论对达尔文的“生物进化论”同样具有很大的启发。

还有没有人对达尔文产生过影响吗？有的。其实，达尔文的祖父、父亲都是医生，他们在多年的行医职业中已经产生了生物进化论的思想，只是他们当时缺乏足够的科学依据，同时他们还受宗教的束缚，所以只是萌生了这样的念头而没有大张旗鼓地宣传。但是，他们的思想多多少少地影响到了达尔文。少年时的达尔文在思想深处是受到了祖父和父亲的潜移默化。

由于布丰、拉马克的思想，由于祖父和父亲的影响，同时也由于达尔文跟随“贝格尔号”进行了为期5年的科学考察，达尔文才逐渐生出并坚定了完整的“生物进化”的思想。但生出“生物进化”的思想，并且著有缜密理论之论文的人在当时还不只达尔文一人。还有一人几乎与达尔文同时提出了“生物进化”的观点。他是英国人华莱士。

华莱士是一个年轻的生物地理学家，有一年，他到了马来群岛进行考察。在马来群岛，华莱士观察到了很多生物的地理分布特点，这些生物的地理分布特点促使他开始思考生物进化的问题。由于工作的艰辛加上生活条件较差，华莱士病倒了，他生了一场间歇热。躺在病床上的华莱士仍然不忘读书，巧合的是，他也读了马尔萨斯的《人口论》。如同达尔文一样，当华莱士读完《人口论》后，他很自然地将《人口论》中的观点应用在了对生物进化的思考中，华莱士也得出了“生物进化、自然选择”的理论。华莱士出身贫寒，骨子里又极其反对基督教，所以他没有达尔文做为上层社会人士的种种顾虑，因此以一股初生牛犊不怕虎的劲头，用三个晚上就写成了一篇论证“自然选择”的论文，并把论文寄给达尔文征求意见。此时，华莱士并不知道达尔文对生物进化理论已经研究了20年，而华莱士之所以会找上达尔文，完全是由于达尔文在生物地理学学界的崇高地位。

当达尔文读了华莱士的论文后，见到他自己多年研究的理论几乎一模一样地出现在别人的笔下时，既感到欣慰，又感到震惊。欣慰的是，已经有人和自己的观点相同了，震惊的是，两人的观点竟然如此一样。达尔文的第一个念头是，压下自己的研究成果，而让华莱士首先发表论文。但是达尔文的两个朋友，地理学家赖尔和植物学家胡克都建议达尔文尽早公布他的“生物进化”理论。在两位朋友的鼓动下，达尔文把自己的研究手稿压缩成一篇论文，和华莱士的论文同时发表在了公元1859年林耐学会的学报上，但这两篇论文都没有引起多大的反响。这之后，也是在赖尔和胡克的催促下，达尔文在同一年出版了著作《物种起源》。而这部书的篇幅只是他多年研究手稿的1/3。《物种起源》出版后，受到社会广泛关注，也旋即引起轩然大波。

由于《物种起源》的广泛影响，也可能是被达尔文的名气、智慧所笼罩，虽然华莱士与达尔文同时提出了“自然选择”的理论，但华莱士总是把这一理论的发明权归功于达尔文一人，并把“自然选择”理论称为“达尔文学说”。直到今日，我们仍然沿用这一称呼。

7. 赫胥黎

有布丰、拉马克的启蒙和奠基，有华莱士的刺激和陪伴，在潜心研究20多年后，达尔文终于将“生物进化论”抛到了世人的面前。这“生物进化论”一经面世，便在社会上引起了轩然大波，有人积极赞同，有人却激烈反对。

反对方当然离不开教会。以当时的大主教威伯福士为首的一批教会首领对《物种起源》中的观点深恶痛绝，他们扬言说达尔文是英国最危险的敌人，开始了对达尔文的声讨和人身攻击。科学家中也有不赞同达尔文的观点的，如达尔文的大学老师、地质学家塞茨威克就对自己的学生持有强烈的反对态度，他写信给达尔文说：“当读着你的这本书时，我感到痛苦多于快乐。书中有些部分使我觉得好笑，有些部分则使我忧愁。”这位老师甚至还在学术刊物上发表匿名文章，讽刺挖苦说达尔文的理论是“企图用一串气泡拧成一条坚固的绳索”。老师的肚量之窄小及语言之刻薄由此可见。

尽管反对的呼声此起彼伏、甚嚣尘上，但社会大众从心底里还是比较赞同进化论的。因为，说世界上万物都是那个谁也没见过的上帝创造的，而且一成不变，这让文艺复兴之后的欧洲人如何都不太相信。有些人不光从心底里赞同进化论，而且挺身而出、舌战群儒，坚决捍卫这个观点，这其中的代表人物就是赫胥黎。

英国著名博物学家赫胥黎，公元1825年出生在英国一个教师的家庭。早年的赫胥黎因为家境贫寒而过早地离开了学校，但他凭借自己的勤奋，靠自学考进了医学院。公元1845年，赫胥黎在伦敦大学获得了医学学位，毕业后，他曾作为随船的外科医生去澳大利亚旅行，一边当医生，一边进行生物和地质的科学考察。后来他又到了伦敦矿物学院做了一名地质学教授，成为一个博物学者。由于热爱自然科学，加上多年的实践和思考，赫胥黎逐渐树立了这样一个信条：只有事实才是说明问题的证据。

公元1859年，达尔文的《物种起源》出版后，社会上议论纷纷。达尔文非常希望能得到一些有科学头脑之士的支持，于是，他给时任伦敦矿物学院地质学教授的赫胥黎郑重地寄去了一本自己的著作，请他谈谈对这本书的看法和评价。

赫胥黎以极大的兴趣一口气读完了这本书，并对书中的观点进行了研究和探讨。他认为，尽管书中的某些结论还有待继续研究与探讨，但通篇而论，这部论著有着极宝贵的科学价值，是一本划时代的杰作，而且它必将会引发一场在科学思想领域里的深刻革命。赫胥黎写信告诉达尔文说：他将全力以赴地投入到这场捍卫科学思想的大论战中去，如果必要的话，他甚至准备接受火刑。赫胥黎还郑重地向外界宣布："我是达尔文的斗犬，我正在磨利我的爪牙，以时刻准备来保卫这一高贵的著作。"

公元1860年6月30日，关于进化论的一场大论战在牛津大学展开了。以大主教威伯福士率领的一批教会人士和保守学者为一方，以赫胥黎、胡克等达尔文学说的坚决支持者为另一方开始了面对面的交锋。威伯福士大主教先发制人，他走上讲坛，语无伦次、内容空洞地对达尔文的进化论进行了攻击，语言中多有谩骂和诽谤，却少有论证和逻辑。这位大主教说："一想到我们是猴子的后代，我就感到羞耻。"而赫胥黎首先用平静、坚定、通俗的语言简要地介绍了进化论的基本内容，然后用大量的、无可辩驳的事实以及富有逻辑性的论证说明了进化论的科学性。赫胥黎的讲话赢得了会场里热烈的掌声，显然，进化论比上帝创造论更深得人心。赫胥黎在讲话的最后说道：“我要反复强调，人以猿为自己的祖先，这并不是一件什么羞耻的事。可羞耻的倒是这样一种人，他们惯于信口雌黄，并且不满足于他自己活动范围里的那些令人怀疑的成就，还要粗暴地干涉他根本不理解的科学问题。所以他只能避开辩论的焦点，用花言巧语和诡辩的辞令来转移听众的注意力，企图煽动一部分人的宗教偏见来压制别人，这才是真正的羞耻啊！”

在赫胥黎的一生中，他为宣传进化论进行了几十年的不懈努力。赫胥黎前前后后共发表过150多篇科学论文，内容不仅包括动物学和古生物学，而且涉及地质学、人类学和植物学等方面。赫胥黎不仅积极宣传达尔文的进化论，而且他还进一步发展了达尔文的思想，他是最早提出人类起源问题的学者之一。

公元1893年，他以68岁的高龄应友人邀请，到牛津大学作了一次著名的讲演，题为《进化论与伦理学》，主要讲述了有关宇宙演化过程中的自然力量与伦理生成教化过程中的人为力量相互激扬、相互制约、相互依存的问题，对于生物的发生和进化做出了科学的解释，比达尔文的《物种起源》又向前迈进了一步。《进化论与伦理学》的基本观点是：自然界的生物不是万古不变，而是不断进化的；进化的原因在于“物竞天择”，“物竞”就是生存竞争，“天择”就是自然选择；“物竞天择”这一原理同样适用于人类，不过人类文明愈发展，适于生存的人们就愈是那些伦理上最优秀的人。和布丰的观点相仿，赫胥黎将生物进化论用在了人类的发展过程中，又一次向世人宣布：人是动物大家庭中的一员，人和动物一样都是通过进化而发展来的。

中国近代一位启蒙思想家严复将赫胥黎的《进化论与伦理学》翻译成了中文，名称叫做《天演论》，并将赫胥黎的主要观点归结为“物竞天择，适者生存”这八个字。但严复翻译此书并不尽依原文，而是有选择地意译，甚或借题发挥。严复借赫胥黎的《天演论》将自然科学问题引入到了社会和政治领域，在当时的中国引起了不小的波动，对中国社会的思想复兴和奋争崛起起到了积极的推动作用。当然这是另外一个话题了。

8. 最初的证据

由于达尔文的进化论和赫胥黎的“物竞天择，适者生存”理论，人类是进化而来，而非上帝的创造这一观念已经开始植入人心。但人类是如何进化而来的呢？这还需要大量的证据，尤其是需要发现古人类的化石。

公元1890年至公元1892年间，也就是在赫胥黎的牛津大学生物进化论大辩论之后30年左右，人类终于发现了自己早期祖先的化石。发现地是印度尼西亚的爪哇岛，发现者是荷兰的解剖学家杜布瓦。杜布瓦在考古过程中首先在中爪哇梭罗河边的特里尼尔附近发现了两枚臼齿、一具头盖骨和一根左侧股骨。这些化石的特征为：平均脑量900毫升，低于后期直立人；颅骨侧视显得低平，额部小，头顶有附着下腭骨强大肌群的矢状嵴和枕外隆起嵴，颅骨壁很厚实，眉嵴粗隆，腭骨巨大，下腭骨粗壮，没有颏隆凸；牙齿基本上为人齿，但也具有猿齿的某些特征，例如犬齿较大，部分交错；大腿骨的形态表明，他们一如现代人，完全直立行走，身高大约1.72米。杜布瓦认为这些特征应该界于猿与人之间，故将这些化石命名为“爪哇直立猿人”或“爪哇人”。后经钾-氩法断代，知其生活在70万年至50万年前。

这之后，就是在北京房山周口店“北京人”的大发现，也就是本文最开始提到的那段震惊中外的考古历史。周口店的发现与爪哇的发现互相印证，确认了大约在50万年前，亚洲地区已经有了人类的踪迹。

公元1936年以后，荷兰古生物学家孔尼华等人又在爪哇地区不断发现了古人类化石，至今已有头盖骨9个、下颌骨5块、股骨6根。而其中最为著名的是在爪哇莫佐克托发现的一个幼童头盖骨，其头盖骨已经显出眉嵴粗隆和额部低平的特点。经研究测定，该幼童5岁，其生活年代竟然是100多万年到180多万年前。该幼童被命名为“莫佐克托猿人”。

9. 蓝田人

公元1963年，中国科学院古脊椎动物与古人类研究所在陕西省蓝田县西北的陈家窝村附近发现了一些哺乳动物化石和一个老年女性的古人类下颌骨化石。经测定，该老年女性下颌骨的年代大约有50万年至65万年。科学家们将这个古人类化石称为“陈家窝人”。

公元1964年，还是这个研究所，在蓝田县县城以东的公主岭又发掘出土了一系列的动物和古人类头骨化石。公主岭位于灞河左岸，这里堆积着约30米厚的棕红色沙质黏土，化石就埋藏在这厚厚的黏土中。在这里，科学家们发现了哺乳类动物化石42种，这其中有中国缟鬣狗、李氏野猪、三门马、葛氏梅花鹿、蓝田剑齿虎、中国奈王爪兽、更新猎豹和短角丽牛等，而发现的古人类头骨化石则属于一个30多岁的女性个体，经测定，其生活年代大约在100万年前。科学家们将这个古人类化石称为“蓝田直立人”，或简称“蓝田人”。

“蓝田人”头骨有许多明显的原始性状。眉嵴硕大粗壮，在眼眶上方几乎形成一条横行的骨嵴；额骨很宽，明显地向后倾斜；头骨骨壁极厚，超过了北京人、爪哇人头骨骨壁的厚度；脑容量估计为780毫升左右。“蓝田人”比“爪哇人”和“北京人”都古老，只有爪哇的“莫佐克托人”可与之相比。

在公主岭，科学家们还发现了古人类用火的痕迹。于是，可以推断，那时的人类已经开始使用火了。

至此，在中国境内发现的古人类已经上溯到100万年前了。

10. 元谋人

公元1965年5月1日，在云南省元谋县大那乌村以北约500米的山腰地段，中国的地质工作者钱方、蒲庆余等人在大那乌村从事第四纪地质考察时，偶然发现两颗呈浅灰色、石化程度很深的猿人牙齿化石。经研究分析，这两颗牙齿同属一个男性成年人个体，牙齿的形态特征与“北京人”相似，但较粗壮，具有明显的原始性状。经中国科学院古脊椎动物与古人类研究所用古地磁法测定，其生存年代距今约170万年，为亚洲最早的原始人类。科学家们将它称为“元谋人”。经过进一步的发掘，科学家们又发现了很多同时代的石制工具、碳屑、烧骨，这说明，远在170万年前，“元谋人”很有可能已经会制造石器和使用火了。

11. 巫山人

公元1985年，考古工作者在重庆巫山县庙宇镇龙坪村龙骨坡，发掘出一段带有2颗臼齿的残破直立人左侧下颌骨化石以及一些有人工加工痕迹的骨片。1986年，考古工作者又发掘出3颗门齿和一段带有2颗牙齿的下牙床化石。经过研究分析，科学家们认为，这些化石代表了一种直立人的新亚种，并将其命名为“直立人巫山亚种”，简称“巫山人”。经过测定，巫山人的生活年代距今有200万年。

“巫山人”的发现，在世界学术界又掀起了一场关于人类起源的大讨论。这场讨论的焦点已经不是“人是上帝创造还是进化而来？”，而是“人类的最早祖先到底起源于哪里？”。

过去，由于东非大裂谷人类的发现，西方学者提出了人类起源于非洲、亚洲直立人是从非洲扩散而来的结论。

中国学者虽曾提出过“亚洲也可能是人类起源地之一”的看法，但一直缺少200万年至400万年前人类化石材料的证明。而“巫山人”化石是中国境内迄今发现最早的人类化石，它对于研究人类的起源和三峡河谷的发育史，具有极为重要的科学价值。

有科学家认为，200万年前出现在长江三峡地区的人类，很有可能就是中华民族或黄种人最早的祖先。当然这一论断现在还存在很多质疑。

12. 人字洞

公元1998年5月，一些考古学者在安徽繁昌县孙村镇附近的一个山坡上发现了一个洞穴，进一步的探寻后得知，这是一处发育在三叠纪岩层中又经水溶蚀而形成的洞穴，洞穴宽8米至12米，而堆积厚度则有30多米，在堆积层中，有大量的古代动物化石存在。由于这个洞穴自然剖面呈“人”字形，故被称为“人字洞”。考古学者们随即对这个“人字洞”进行了进一步的发掘。

在随后的两年中，考古学者们对“人字洞”进行了5次大规模的发掘。在发掘出土的化石中，除了5 000余件动物化石外，还发现了100余件石器和10余件骨器，这些石器和骨器都有明显的人工打磨痕迹，其中有些甚至连极其细致的修理疤痕都清晰可见。经测定，这些石器和骨器的年代已经有200万年至250万年之久了。

“人字洞”遗址是迄今为止在亚洲发现的最早的古人类文化遗址，它将亚洲人类的历史推到了250万年前。

13. 少女露西

比起在中国境内发现的古人类化石年代更久远的则是在非洲的发现了。在非洲的东部地区，东非大裂谷周围，科学家们陆续发现了一些更为久远的古人类化石。

公元20世纪50年代末期，在东非大裂谷东支的西侧、坦桑尼亚北部的奥杜韦谷地，科学家们发现了一具古人类的头骨化石，据分析测定，其生存年代距今足有200万年。

公元1972年，在东非大裂谷北段的图尔卡纳湖畔，科学家们又发现一具其生存年代已经有290万年的头骨化石，其头骨化石与现代人的头骨已经相当近似，被认为是从“猿”到“人”过渡时期的“能人”。

公元1976年，科学家们在东非大裂谷地带一处硬化的火山灰烬层中，发现了一段绵延达22米的人类足印。经测定，其年代有360万年之久。

而在这人类足印发现的前两年，公元1974年，还是在东非大裂谷，在埃塞俄比亚东北部一个干涸的湖里，科学家们发现了一具年轻女性的遗骨化石，测定后得知，其年代距今有350万年。这些发现向世人说明，早在350万年以前，东非大裂谷地区已经出现能够直立行走的人了，这些人应该是迄今为止我们发现的人类的最早的祖先了。

在发现年轻女性遗骨化石的那个夜晚，科学家们很是高兴，在那个干涸的湖边开起了派对。大家说着、笑着、唱着，啤酒喝了一罐又一罐，录音机里反复播放着甲壳虫的歌曲《钻石般天空中的露西》。突然，科学家们灵机一动：“对，就为我们今天发现的这个年轻女人取名‘露西’吧！”于是，那个生活在350万年前的年轻女性，那个标本代号为AL288-I的年轻女性，就有了一个漂亮的名字——“少女露西”。

“少女露西”的发现，似乎是告诉我们当今的人类，我们已经找到了350万年前的“祖母”了。

14. 关于“人”的定义

人不是由上帝创造的，人是在自然环境中逐步进化而来。通过几百年的探索和发现，这个结论现在已成为世界上公认的事实了。

但在这个自然环境中，在这个漫长的生物进化过程中，从哪一个时刻开始，人才真正成为了“人”呢？或者换一个较为科学的说法，就是，“人”的定义是什么？

较早的教科书中曾宣称，会使用和制造工具是“人猿揖别”的标识，也就是说，制造和使用工具是人区别于其他动物的根本特征。但科学家们很快就发现，黑猩猩等一些动物也会制造和使用工具。鸟类的筑巢行为是不是也可以认为是制造和使用工具呢？

又有科学家说，两足直立行走应该是人类最初的独有特征，但同样，科学家们很快又发现，能够两足直立行走的还有高等灵长类动物，甚至企鹅、袋鼠都可以两足直立行走。

公元1871年，达尔文在《人类的由来和性的选择》一书中提出人类的特征是：两足直立行走、脑量大、智力高。这是一个较为综合的定义了。但通过对人类化石的研究又发现，两足直立行走、脑量大以及智力高这三方面的发展是不同步的。化石研究表明：在700万年至500万年前，人类就开始了两足直立行走；而到260万年至250万年前，人类开始制造和使用工具，这是高智力的表现；而脑量的增加，则是20万年前随着智人的出现才有的事情。所以，“人”在生物界漫长的进化过程中，究竟是在哪一时刻出现仍然是一个颇有争论和悬疑的未解之谜。

但我们的科学家们还是根据化石的研究、根据高科技的分子生物学技术、甚至根据合理的推测，将人类的发展进程给予了一个大致的描述。这一描述可以称为“人类发展五阶段论”。

大约在700万年至600万年前，一种或一些类似猿的动物在进化过程中转变成为两足直立行走的物种，这个物种被科学家认为是“人”科的祖先了。而且科学家认为，这一阶段是“人猿揖别”的时刻，也就是说，从这时起，人类从动物界中开始分化出来。我们就称这个阶段为“人猿揖别”阶段吧。到目前为止，这个阶段的化石全部发现于非洲，大概有4、5个属种。

大约在350万年至100万年前，这种两足直立行走的物种达到繁盛，进入晚期猿人阶段，其代表属种主要是东非和南非的南方古猿。南方古猿的化石表明，这个阶段，南方古猿的脑量为440～520毫升，已采用两足直立行走的方式，且身体各方面都具备了人的特征，可以肯定地说，南方古猿是“人”而非“猿”了。在非洲东非大裂谷东部发现的“少女露西”就属于他们之一。有科学家认为，南方古猿可以细分为纤细型和粗壮型两种，而纤细型后来进化成更进步的人类。但这一观点尚存较大争议，我们可以暂且不用去管它了。科学家们将这个阶段称为晚期猿人阶段，我们称这个阶段为“少女露西”阶段好了。

大约在250万年至160万年前，“能人”开始出现。所谓“能人”意即能干、手巧，他们可以用石头制造简单的工具，下肢骨与现代人很相似，头骨比较纤细、光滑，平均脑量为646毫升。这一阶段的化石仍然主要出现在东非和南非。这个阶段可以叫“能人”阶段。

大约在180万年至20万年前，人类走入“直立人-匠人”阶段。这个阶段的人居住在洞穴里，并学会了使用火。这个阶段的化石在非洲、亚洲、欧洲都有发现。前面讲到的“北京人”、“爪哇人”应该都属于这个阶段。

从大约20万年前至今，是“智人”阶段。从解剖结构上看，“智人”已经和“现代人”无异，其脑量达1 300毫升以上，并且最重要的是，“智人”已经具有语言、艺术想象力和技术革新的能力。

仔细分析上面这五个阶段的情况，不难看出，这五个阶段并不是依次递进的关系，他们之间还有时间上的断裂和交叉，其发展关系也很难说是传承关系。但科学家们给出了这五个阶段，可能有助于我们对人类的发展有一个概括性的了解，也有助于科学研究的开展。

“现代人”，即现今生活在地球上的人类，也属于“智人”阶段。有科学家将“现代人”细分为四大人种，即黄种人（蒙古人种）、白种人（欧罗巴人种）、黑种人和棕种人（澳大利亚人种）。各人种之间存在许多呈渐变的特征，虽然他们在皮肤、眼睛、头发的颜色方面有差异，在鼻子、嘴唇、头发、体型的形状方面有不同，但是他们身体的解剖构造、生理和遗传物质基本上是一致的，智力也不相上下，且不同人种之间可以通婚，通婚所产生的后代也具有正常的生育能力。

通过对人类发展的阶段分析，通过对“现代人”的缜密考察研究，现代科学界对“人”的定义已经是一个相当综合性的描述了。

“人”应该是具备如下特征的一种动物：两足直立行走，脑量大，能有意识地制造和使用工具，间断进食与杂食性，成年个体四季都有性欲，皮肤除少数几处有毛发外基本上裸露，拇指与其余四指相对，具有高度的群体性与社会性，具有发达的语言系统，具有文化和意识等。

15. “人”从哪里来？

科学家通过长期的研究，终于给出了一个虽然文字描述很长，但基本让“人”自己满意的关于“人”的定义。

但最早的人类是先在地球的某一个地方进化成功后，再辗转流浪到地球各处呢？还是在地球各处分别进化成“现代人”呢？这又是一个悬而未决的疑问，很多科学家还在为此殚精竭虑、寻根溯源，所形成的初步论断也是纷繁复杂、不一而足。但概括起来，现在的科学家对这个问题主要持有三种倾向性意见，即单地起源说、多地起源说、连续进化附带杂交说。我们现在简单地了解一下这些学说，也来尝试考证一下我们的祖先到底源自于哪里吧。

首先，影响最大、最具权威性的学说是“单地起源说”。

根据公元20世纪后半期的考古发现，人类单地起源说开始形成。该学说认为，全世界的人类都起源于东非古猿的一个群体，这个群体跨越红海，通过阿拉伯半岛分散到世界各地，并在世界各地进一步繁衍、进化，而形成了“现代人”。这一学说在刚刚开始形成时，还只是一个假说或猜测，然而现在，若干个国家的科学家通过科学的基因检测手段，似乎证明了地球上的所有“现代人”都起源于同一群体。这其中对人类起源研究最有说服力的一门新兴学科就是“分子人类学”

“分子人类学”的基本原理是这样的：由于人类细胞中的Y染色体与线粒体都是通过直系亲属直接遗传下来的，其间只是发生很小的变动，所以通过分析Y染色体与线粒体出现的分布与时间，就可以比较可靠地推演出人类的起源、演化、迁徙、交流的图谱。

公元1987年，英国《自然》周刊上刊登了美国加州大学伯克利分校几位分子人类学家的《线粒体DNA与人类进化》一文。文章介绍说，这些分子人类学家选择了其祖先来自非洲、欧洲、亚洲、中东以及巴布亚新几内亚和澳大利亚土著的100多名妇女，从她们生产后婴儿的胎盘细胞中成功地提取出线粒体，并对其序列进行了分析，然后再根据分析结果绘制出了一个“系统树”，由这个“系统树”可以推测出，几乎所有的“现代人”都可以追溯到大约20万年前生活在非洲的一位妇女，也就是说，今天生活在地球上各个角落的人都是这位“祖母”的后代。其后，这些分子人类学家又根据线粒体发生突变的速率计算出非洲人群分化出世界其他人群的大致时间。他们认为，在大约13万年前，这个“祖母”的一群后裔离开了他们的非洲家园，向世界各地迁徙扩散，并逐渐取代了生活在世界各地的原有土著居民，及至演化发展成现在的我们。美国加州大学伯克利分校的这几个分子人类学家的实验及理论在学术界轰动一时，成为了著名的有关“现代人”起源的“夏娃假说”。

这个学说似乎已经给我们“现代人”找到了出处，但是在13万年前，在世界各地居住的原有土著居民是“从哪里来的、又到哪里去了”，该学说则没有证明。

公元2000年，美国斯坦福大学的科学家利用变性高效液相层析技术，对全世界各地1 000多名具有代表性的男性个体进行分析研究，同样根据分析结果绘制出了一个Y染色体系统树。Y染色体系统树所展示的结果与线粒体系统树的结果竟然非常相似，表明欧洲和亚洲等世界各地的现代人群都起源于非洲，而美洲和大洋洲现代人群又都起源于亚洲人群。斯坦福大学的科学家同样根据Y染色体发生突变的速率计算出非洲人群分化出世界各地其他人群的大致时间在14万年至4万年前，平均约6万年前。斯坦福大学的这一实验及理论就成了与“夏娃假说”相互印证的“亚当假说”。

中国的科学家也利用分子人类学技术对中国汉族和其他少数民族人群进行了分析研究，分析研究的结果也支持现代人源自非洲的学说。

其次，很多科学家也相信“多地起源说”。

公元20世纪30年代，一位德国的人类学家魏敦瑞在研究北京猿人时发现，北京猿人和现代亚洲人有很多相似的特征。于是，他提出：人类的种族是由世界各地的古代直立人独自演化成以后的智人的；在这独自演化的过程中，“基因流动”也同时发生在不同的人种之间，而一些能普遍适应各人类种族的基因流动较快，也就使得人类的不同种族的演化最后趋于大体一致。

公元20世纪60年代，一位美国人类学家卡尔顿•库恩也提出类似的理论。他说，现代人是由高加索人种、刚果人种、开普人种、蒙古人种和澳大利亚人种这五种不同的人类平行演化而来。他还说，一些种族比另外一些种族要早一些演化到现代人，这也就导致了一些人类的文明要进步于另外一些人类的文明。此番理论一出笼，便被认为有种族优劣论之嫌，库恩也因此被迫辞去美国形态人类学协会会长的职务。

公元20世纪80年代，美国密西根大学沃波夫教授提出，在150万年前，人类的祖先离开非洲流浪于世界各地，并在这漫长的流浪过程中进行演化，不同地区的人类由于地理环境的因素而往不同的方向演化，但同时，选择、突变、遗传漂变与基因流动等其他复杂的因素又促使人类往大概一致的方向进行演化，而最终平行演化成了当今的现代人。这一说法其实和前面讲的“单地起源说”没有本质的区别，只是从非洲出走的时间有差异。另一方面，这个说法提到多种复杂因素又使人类往大概一致的方向演化，似乎也有些牵强。

总之，“多地起源说”虽有一定市场，但没有形成强势，科学研究的支持也嫌不足。

第三是“连续进化附带杂交说”。

中国学者在探寻中国人的起源时也遇到了前面讲的两个假说的困扰。一些中国学者根据分子人类学的分析研究及其他一些证据，坚持认为现代亚洲人与古代亚洲直立人之间并没有直接关系存在，现代的中国人则是约5万年前由非洲迁徙而来的人类后代。

然而这一论点却又被另一个强有力的证据所否定或质疑，那就是，如果中国古人类真的被从非洲迁徙而来的移民所完全取代，那为什么中国古人类在身体性状及文化特征上存在如此强的连续性而没有出现断层或突变？为什么中国的现代人从体质特征上更加接近以“北京人”为代表的中国古人类而不是非洲古人类。

中国学者已经在继周口店之后的一系列考古发掘中掌握了大量的古人类化石证据，这些证据就像一个链条一样，将我们现代的中国人和远古时期生活在同一地方的古人类连接了在一起，如：

我们已经发现了生活在大约1万年至4万年前的晚期智人，如广西柳江人、内蒙古河套人、北京山顶洞人、云南丽江人、四川资阳人、贵州穿洞人、陕西黄洞人等；

我们已经发现了生活在大约8万年至10万年前的古人类，如河南许昌人；

我们已经发现了生活在大约10万年至20万年前的早期智人，如辽宁金牛山人、陕西大荔人、安徽含银山人、山西许家窑人、山西丁村人、广东马坝人、湖北长阳人；

我们已经发现了生活在大约30万年前的安徽和县人和南京汤山人；

我们已经发现了生活在大约50万年前的北京人和湖北郧县人；

我们已经发现了生活在大约115万年前的陕西蓝田人；

我们已经发现了生活在大约170万年前的云南元谋人；

我们已经发现了生活在大约200万年前的早期直立人巫山人；

我们甚至还发现了生活在大约800万年前的一种更接近人类早期形态的禄丰古猿。

这几乎就是一个完整的链条了。除了非洲外，中国这块地方也是一个连续不断的古人类化石发现地。

还有一些中国学者对中国的古人类体质特征和旧石器时代文化进行了系统研究，指出：尽管存在着外来的基因交流和文化交流，但在中国现代智人的形成过程中，连续进化仍是主流；从中国的古人类到中国的现代人，其体质特征基本上是一脉相承的，并未出现由于被非洲古人类取代而造成的体质上的改变，而北京猿人身上的一些特征在现代华北人身上仍有反映；中国的旧石器时代文化、新石器时代文化、原始社会文化等等也基本上都是一脉相承，没有出现断层或大的改变。

所有这些证据及研究结果都促使相当数量的中国学者认为，现代中国人是独立起源于中国这块地方的。然而，这个观点与分子人类学的研究结果相矛盾。

于是，一些中国学者又提出了“连续进化附带杂交”的中国人起源学说。该学说主张：中国古人类在发展的过程中以连续的、相对独立的进化为主，这样就使得进化后的中国人保有与其他人群易于识别的形态特征；在中国古人类的进化过程中，也伴有与其他地区人群的杂交，但这个杂交是少量的；尽管这个杂交是少量的，但仍足以使中国人与其他人群能维系在同一个物种内。

16. 悬案疑踪

“江畔何人初见月？江月何年初照人？”

是的，我们人类究竟是什么？我们人类到底从哪里来？我们人类到底从何时开始？张若虚当年的疑问仍然萦绕在我们的脑海，困扰着我们。

从爪哇岛到中国的周口店、到中国的蓝田、到中国的元谋、到中国的巫山、到东非大裂谷、到大洋洲、到美洲，我们一路追寻、一路探求，以期解答这个亘古不衰的问题。但到目前为止，我们还没有一个十分确切的答案。也可能最后解答这个问题还需要很长很长的时间，也可能答案会有很多很多种，以至于我们眼花缭乱、争论不休，但无论怎样，人类寻根探祖、溯本求源的欲望会支持着我们朝着正确的答案一步步前行。或许正是因为我们人类自身能够提出这样的问题，正是因为我们人类自身具有“寻根访祖”的这种欲望，也就使得我们真正脱离开了一般的动物而成为“人”。

当年，当周口店的考古发掘取得重大突破时，学术界为之一振，国人也欣喜有加。而且几年之后，同样是在周口店，又发现了距今3万年的“山顶洞人”。然而不久，卢沟桥事变爆发，战争开始了，考古发掘出的化石等珍贵物品受到了极大威胁。中外科学家翁文灏、魏敦瑞等人为了保护这些珍贵的化石，费尽周章，广为联系，终于和有关方面达成协议，决定将包括“北京人”头盖骨、“山顶洞人”头盖骨在内的众多化石运送到美国纽约妥为保存。公元1941年12月5日，两件装有化石的行李与其他一些用来障眼的私人行李，共计27件大行李箱，在美国海军陆战队的押送下由北京启程经铁路运抵秦皇岛港，并被放置在秦皇岛美国海军陆战队的兵营里，准备不日后再由秦皇岛港搭乘美国的“哈德逊总统号”前往美国。然而就在这时，12月8日，日本偷袭珍珠港，太平洋战争爆发了。日军随即占领了秦皇岛的美国海军陆战队的兵营，负责押送的美国人弗利和戴维斯成了日军的俘虏，27件行李箱也被日军没收。

之后，美国人弗利和戴维斯在战俘营中陆续收到日军转来的行李，但唯独不见那两个装有化石的行李箱。从此，周口店考古大发现中出土的“北京人”头盖骨连同其他众多的珍贵化石就这样消失了，再没有了踪影。从后来事件的发展情况来看，似乎日军也没有发现那两个装有化石的行李箱。这个事件成了公元20世纪考古史上的一大悬案，至今未被破解。那几个曾埋藏在地下达几十万年的头盖骨在出土了短短的十几年后又从世人的眼中消失了，消失得如此诡异、如此悬疑，真令世人百思不得其解。

周口店，这个本来非常安静、默默无闻的小山镇，由于人类的好奇，由于人类探寻自身根源的欲望而终于闻名遐迩起来。多少人慕名前来，都是为了或探寻、或窥视那几十万年前人类的秘密。然而我们知道，周口店这个小山镇一定还隐埋着更多的不为人知的秘密，还有很多谜团需要从这里得到破解，无论是那几十万年前遥不可及的人类生活的真实场景，还是六十多年前那匪夷所思的化石丢失疑案，还都有待后人去循着蛛丝马迹仔细地、慢慢地破译呢。

天边已发亮
（代跋）

1. 冬

几年前，冬从美国学习回来，送给我一张小油画，题目是《克里斯蒂娜的世界》，作者叫韦思。画面上的场景很是普通：一个纤弱的少女在长满青草的山坡上爬行着、张望着，远处是农舍样的小房子。

不解该画其意，于是上网查资料。嗷，原来这是个残疾少女，得了小儿麻痹症，她在费劲地爬向那农舍，爬向那象征着家、象征着温馨、象征着生命的农舍，可她四肢发育不全，力不从心，于是只能抬起头来张望着那农舍，企盼着有人来帮助她。

网上资料说，韦思的这幅《克里斯蒂娜的世界》具有悲剧感、忧郁感，超越现实、近乎梦幻。我端详了好久，没觉得画面如此邪乎，但“企盼”、“希望”的意境还是有一些的。

过了几年，冬从希腊开会回来，送给我一本关于“克里特”的小册子，图文并茂。于是，我便对古代欧洲文明的起源产生了兴趣，翻书，上网，还曾想有机会也到克里特去看一看。虽然至今也没有去成那个小岛，但我发现，读书、上网比旅游的效率要高一些，省钱，省时间。

又过了几年，冬从台湾回来，送我一个小礼物，《毛公鼎》铭文，我发现恰好为这本书增添了一个素材。

冬进步很快，现在已经是“总”了。估计跟他经常出国、出境有关。

2. 梅

两年前，梅送我一本书，《量子物理史话》，让我仔细读。

我读了前几章后，不禁拍案叫绝。一个人能用故事的形式、故事的语言将量子物理的原理及其发展历史讲得如此明白、清晰，既要尊重科学、不歪曲原理，又要娓娓道来、引人入胜，于丝麻之中捋出条理，于纷杂之中拣出精华，此作者乃高人也，一定是一个具有文学修养的科学家。

待我读完全书，读完作者写的后记时，我更拍案了。因为据作者自已说，他根本就于“量子物理”是外行，书中所讲述的那些高深玄奥的数学物理知识完全是作者自己靠后天的努力才搞清楚的，而并非他的专业。

真的很佩服这位作者。在我的想象中，文字功夫比起数学物理知识毕竟还是要容易一些的，一个有成就的科学家可以同时是一个有成就的文学家，但一个文学家要想成为一个有成就的科学家就几乎没有可能了。

但这位作者实现了这个可能。

3. 平

一年过生日，平送我一份礼物，一本厚厚的书，《存在与虚无》。拿过来一看，作者叫萨特。

一日，阳光明媚，正襟危坐，打开这本书的第一章恭恭敬敬地读了起来。读了第一页，又读第二页，又读第三页……每个字都是汉字，都认识，每个单词也都懂，但每句话却不太懂，整段文字或整篇文章就是根本不懂了。

于是叹气，翻到书的前面"译者序言"部分，再读。这是中国的译者写的关于本书的介绍，每个字都是汉字，都认识，每个单词也都懂，每句话似懂非懂，整篇文章也是似懂非懂。

好，有了似懂非懂就好，又翻回第一章，继续读，但最后还是……不懂。

终于泄气了。翻到书的扉页，见萨特写到："献给卡斯道尔"。

下面有注释："卡斯道尔"，海狸的意思，是波伏娃的昵称。于是，便开始了了解波伏娃、追踪波伏娃，于是也就似乎读懂了萨特、波伏娃的情感故事。这故事比起那《存在与虚无》来要好理解得多，也感人得多。

后来，我明白了，平不是送我一份礼物，而是给我布置了一份作业，一份厚重的作业。

4. 艳

一次在单位的业务学习会上，我正在台上眉飞色舞地讲所谓的世界历史，一位刚刚大学毕业的女学生艳站了起来，说，人类社会要经过三个阶段，蒙昧阶段、野蛮阶段、文明阶段。

我被这三段论愣住了，嗷，这是你发明的三段论吗？

不是，是美国人摩尔根讲的。

几天后，艳送来了一本摩尔根写的书，《古代社会》。果然，摩尔根确实讲了人类社会经历的三个阶段。尤其是，摩尔根讲到，人类的文明社会始于标音字母的发明和文字的使用，直至今天。从这点看，摩尔根和我的观点一致。

摩尔根的书很有价值，因为马克思、恩格斯都对这本书给予了很高的评价。据说，恩格斯读了摩尔根的书后，大受启发，于是也写出了一本书，《家庭、私有制和国家的起源》，号称伟大的经典著作。

连马克思、恩格斯都给予很高评价的书我以前都没有读过！枉为读书人啊！古人说“书山有路勤为径”，我想，应该是“书海无涯”才对。

5. “四大文明古国”

梁启超曾于公元1900年写过一首诗，《二十世纪太平洋歌》。估计是在流亡日本期间所写。梁诗中提到人类文明经历了三个时代，即“河流文明时代”、“内海文明时代”和“大洋文明时代”。按照梁的观点，人类文明社会也有三段论，由河流走向内海，继而大洋，文明程度越高，人的活动范围越大。

梁诗中还提出，在“河流文明时代”，存在着四个“文明古国”，即中国、印度、埃及和小亚细亚是也。估计此处的“小亚细亚”应该是“两河流域”。但不管怎样，从梁启超的这首诗开始，遂有了“四大文明古国”的说法。

现在来看，“四大文明古国”的提法不是很准确，值得商榷。但在100年前，梁启超能有这个概括，应该是不容易的。

6. “文明”种种

据说，是法国的启蒙学者最先使用“文明”一词。开始时，“文明”一词是指个人对知识进步、技术进步、道德进步和社会进步的一种美好且朦胧的向往，后来，这个词逐渐地由个人行为转变为社会行为，用来指社会进步的一种过程或者社会进步所达到的一种状态。此说可信，法国人，尤其是启蒙运动时代的法国人小资情调很严重。

法国学者布罗代尔（公元1902年至公元1985年）关于“文明”的解释是这样的：文明是一种地域范围；文明可以等同于社会；文明具有经济的意义；文明也包含着思维方式。这个解释需要仔细琢磨。

美国学者亨廷顿（公元1927年至公元2008年）在对于“文明”的解释上更强调其精神内容，认为全世界在冷战后“文明”最主要的区别在于宗教和文化的差异，于是他提出有中华文明、日本文明、印度文明、伊斯兰文明、西方文明、东正教文明、拉美文明和非洲文明等等。亨氏近年来很有影响力，但他的这种划分可能只适用于“冷战后”。

德国学者斯宾格勒（公元1880年至公元1936年）讲到，世界上有八大“文化形态”。注意，这里用的是“文化”而非“文明”。哪八个文化呢？斯宾格勒说是古埃及文化、古巴比伦文化、古印度文化、古代中国文化、欧洲古典文化、阿拉伯文化、近代西方文化和墨西哥文化。斯宾格勒认为，“文明”是文化的凝固，也就是文化的衰亡形态，在他所处的那个时代，除西方近代文化以外，其余的七种都已凝固成“文明”，丧失了进一步自我完善、自我发展的活力，而西方近代文化也正在凝固成一种“文明”。斯宾格勒的观点有些消极和悲观，这可能和他所处的一战前后那个时代有关。斯宾格勒写了一本书，叫《西方的没落》，有人以“骇人听闻”来形容书中的一些观点。

英国学者汤因比（公元1889年至公元1975年）认为，从哲学意义上来看，在世界范围内出现的所有文明都是等价的。他总结出，全世界不同时间、不同区域内共存在过26种“文明”，分别是：埃及、苏美尔、米诺斯、古代中国（商周）、安第斯、玛雅、赫梯、巴比伦、古代印度、希腊、伊朗、叙利亚、阿拉伯、中国（唐以后）、印度、朝鲜、日本、拜占庭、俄罗斯、墨西哥（阿兹特克）、尤卡坦、波利尼西亚、爱斯基摩、游牧民族、斯巴达和奥斯曼。其中，前6个是直接从原始社会产生的第一代文明，中间15个是从第一代文明派生出来的子文明，最后5个是中途夭折或停滞的文明。汤氏的总结比较细致、比较具体，但这个总结分类好像也不是很完美，比如将中国一分为二就没有太多道理，尤卡坦和玛雅似乎也不能分开，还有很多文明“中途夭折或停顿”这一论断也要再仔细考量。另外，汤氏在划分这些文明时，其划分标准有些混乱，有时是以宗教来划分，有时是以人种来划分，有时是以物质文化来划分，难怪汤因比会罗列出这么多的文明来呢。

还有一位叫巴格比的美国学者将文明划分为“大文明”和“周边文明”两种形态。巴格比说，所谓“大文明”的特点就是独立性强、几乎不受其他文明影响、始终保持自己的命脉，而“周边文明”的特点是持续性较短、对其他文明有较多借鉴、缺乏创造性、不像“大文明”那样经历基础性制度的发展、但仍然具有其个性。巴格比的观点对汤因比后来的理论有较大的影响。巴格比还认为应该将历史学和人类学结合起来研究，我也是这样认为。

7. 文字

人类因为有了语言而区别于动物；人类因为有了文字而进入文明。

忘记了这句话是谁说的了。

人类之间最初的信息交往是靠语言，是人与人之间的口耳相传、心记脑存，既不能通之于万里、推之于百年，也不能保证信息在这种传播中不被扭曲、变形、重组或丢失。而由于有了文字，人类之间的信息交往便多了一种形式，且可以于不同的时间、不同的地点进行，信息交往的效率大大提高。随着文字信息交往的普及，文字这个工具也变得神圣起来，成为经艺之本、王政之始，前人所以垂后、后人所以识古。文字的发明及其应用，可谓是人类历史上的一大创举，是人类社会跨入文明阶段的重要标志。

人类历史上一共出现过多少种文字？确切的数字笔者不知道，要问文字学家或历史学家、人类学家，但据说少于人类的语言数量，因为有些语言是没有文字对应的。而人类的语言，据说现已查明的有5 600余种，包括了非独立性语言和已经衰亡的语言。所以，通过语言种类的数量大致可以推测，人类历史上的文字种类数量应该是上千种乃至几千种。

在现在的中国境内，除了汉字之外，从古至今也出现过许许多多的文字种类。如少数民族文字：蒙文、藏文、回文、满文、西夏文、契丹文、东巴文、古彝文等等。还有为一部分特殊人群所使用的文字，如：女书、小经文、东干文、夜郎天书等等。坡芽歌书也具有文字的功能和特征。现代的汉语拼音也可算是一种文字。另外，蝌蚪文、红岩天书是否可算作一种文字还在学术探讨之中。

8. 天边已发亮

感谢高保义先生在本书刚刚写成之际，即一句一字一标点地对所有文字进行修改、校对、勘正。感谢他成为本书的第一位读者。

感谢李红侠女士、童云女士为本书所付出的努力。感谢她们在繁忙的工作中仍然孜孜不倦、潜心涤虑地对本书予以指导、改正。

感谢陈少军先生、周雪梅女士在本书写作、编辑、出版过程中所给予的关心和帮助。

感谢张一弛先生又一次提要钩玄、巧点笔墨，为本书设计封面和版式。有了这些设计，我的丑陋文字才得以粉饰，才得以登上大雅之堂。

特别要感谢褚爽然同学为本书绘制了许多精巧的插图。有了这些插图，原本枯涩的文字好像久旱逢甘霖，立马有了生气，有了这些插图，也使得这本沉重、顽冥的书顿时灵动了起来，跃然眼前。

还要感谢所有对我有过帮助的人，大事不惊我，小事不烦我，以至于我有时间、精力和心情上网、看书、查资料，以至于我写出这洋洋洒洒多少万字的读书笔记来。

当然还要感谢未来的读者。哪怕这读者只是我一人。

本来是想写一些历史故事的，给自己看，好玩而已，结果不成想写着写着就成读书笔记了。本来是想写轻松的好玩的事情的，结果是越写越枯燥，越写越八股，年代、地点、人物、事件。但越写越有责任感，越写越不忍放弃，此时已经不是兴趣使然，而是责任在驱使。

白天写，夜里写，甚至梦里都在写。当然更多的是长夜无眠。

几百万年里，从少女露西那个时候起，人类度过了多少这样的不眠之夜啊。然而，可能就是在这不眠之夜里，人类的思想更加活跃。

兴许，正是在这长夜将过、天边已经发亮之际，人类的思想又产生了一次躁动，又产生了一次飞跃。

是的，当我写完这后记时，天边真的已经发亮了。

参考文献

路易斯•亨利•摩尔根.古代社会.杨东莼，等译.北京：中央编译出版社，2007.

北京大陆桥文化传媒编译.记录世界变迁的七大文字.北京：中国发展出版社，2006.

沐涛，倪华强.失落的文明：埃及.上海：华东师范大学出版社，1999.

陈晓红，毛锐.失落的文明：巴比伦.上海：华东师范大学出版社，2001.

郭长刚.失落的文明：古罗马.上海：华东师范大学出版社，2001.

林大雄.失落的文明：玛雅.上海：华东师范大学出版社，2001.

沈小榆.失落的文明：印加.上海：华东师范大学出版社，2001.

Jean Vercoutter.古埃及探秘——尼罗河畔的金字塔世界.吴岳添译.上海：上海书店出版社，1998.

Pierre Leveque.希腊的诞生——灿烂的古典文明.王鹏，等译.上海：上海书店出版社，1998.

Claude Moatti.罗马考古——永恒之城重现.郑克鲁译.上海：上海书店出版社，1998.

Claude Baudez/Sydney Picasso.玛雅古城——淹没在森林里的奇迹.马振聘译.上海：上海书店出版社，1998.

曾秉泰.图解古文明.海南：南海出版公司，2008.

王其钧.古埃及的故事.北京：机械工业出版社，2008.

《汉字五千年》编委会.汉字五千年.北京：新星出版社，2009.

任德山，任犀然.汉字博物馆.北京：商务印书馆，2007.

李梵.汉字简史.北京：中国友谊出版公司，2005.

王瑨.消失的王国.北京：中国工人出版社，2007.

沈国威.近代中日词汇交流研究——汉字新词的创制、容受与共享.北京：中华书局，2010.